알기쉬운

법학개론

현세준 著

우공출판사

머리말

　법학이란 과목이 방대한 이론과 추상적인 개념으로 인하여 법학에 대한 체계적인 지식 습득이 어려운 경우가 많았다. 여기에서는 방대한 내용을 싣기보다는 중요한 분야를 중점적으로 서술하여 전체적인 법적 마인드를 형성하는데 보탬이 되었으면 한다. 현대법학은 다양한 법이 산재되어 있고 더욱이 전문화 세분화되어 가는 추세로 전체의 법 개념을 완벽히 이해하는데 상당한 어려움이 있다. 인간의 생활에서 법의 존재는 질서를 유지하고 오늘날 인간생활에 미치는 영향이 지대하여 인간생활과 밀접한 관계를 가지고 있어 본서에 이를 반영하고자 하였다.

　따라서 법학의 초심자들에게는 법학의 전반적인 개념정립과 토대를 형성하고 흥미를 유발시키는데 도움이 되었으면 하는 바램이며 법의 이론과 체계적인 법률지식을 통해 법적인 친근감을 가져갔으면 한다.

　본서의 구성내용은 실체법과 절차법, 공법과 사법, 소송법 및 사회법 등을 기술함으로써 법적수요를 갖추도록 하였다.

　또한 본서가 시대상황을 고려하여 이를 반영하려고 노력하였으나 다소 아쉬움이 남지만 법학의 기본방향과 내용을 유지하고 있다고 생각된다. 그러나 본서가 법조문, 판례와 사례 법이론 등을 완벽히 기술하지 못한 점은 추후 계속해서 보완하고자 한다.

　끝으로 본 책의 발간에 물심양면으로 도움을 주신 신현기 교수님을 비롯한 모든 분들에게 감사드리며 본 책이 법학의 기초지식을 익히고자 하는 학생들에게 많은 도움이 되기를 간절히 바란다.

2019년 4월　일

현 세 준 씀

목 차(Contents)

제1편 법학 일반

제1장 법의 개념
제1절 법과 자연법칙 ·· 8
제2절 법과 도덕 ·· 9
제3절 법과 관습 ·· 11
제4절 법과 종교 ·· 12
제5절 법의 개념과 특성 ·· 13
제6절 법의 구조(행위규범, 재판규범, 조직규범) ······················ 13

제2장 법의 이념과 목적
제1절 정의 ··· 15
제2절 합목적성 ··· 15
제3절 법적 안정성 ··· 17
제4절 법 이념 사이의 모순과 갈등 ·· 18

제3장 법의 형식과 법원(法源)
제1절 법원의 의의 ··· 19
제2절 법원과 체계 ··· 19
제3절 성문법주의와 불문법주의 장,단점 ································· 20
제4절 성문법원 ··· 20
제5절 불문법원 ··· 22

제4장 법의 분류
제1절 국내법과 국제법 ··· 24
제2절 공법(公法)과 사법(私法) 그리고 사회법 ······················· 24
제3절 실체법과 절차법 ··· 26
제4절 일반법과 특별법 ··· 26

제5절 강행법(규)과 임의법(규) ··· 27
제6절 자연법과 실정법 ··· 27

제5장 법의 해석과 적용

제1절 법해석의 의의 ··· 29
제2절 법 해석의 방법 ··· 29
제3절 법의 적용 ··· 31

제6장 법의 효력

제1절 법의 실질적 효력 ··· 34
제2절 법의 형식적 효력 ··· 34

제7장 법률관계와 권리·의무

제1절 법률관계 ··· 36
제2절 권리 ··· 37
제3절 의무 ··· 40
제4절 권리·의무의 주체 ··· 40
제5절 권리·의무의 객체 ··· 41
제6절 권리·의무의 이행 ··· 41

제2편 헌법

제1장 헌법 총설

제1절 헌법의 의의 ··· 44
제2절 헌법의 분류 ··· 45
제3절 헌법의 특성 ··· 47
제4절 헌법의 제정과 개정 ··· 47
제5절 우리나라 헌법의 개정절차 ··· 50
제6절 우리나라 헌법 ··· 51
제7절 헌법전문과 헌법의 기본원리 ··· 54

제8절 대한민국 헌법의 기본제도 ································ 57

제2장 기본권

　　제1절 기본권의 의의 ··· 64
　　제2절 기본권의 발전사 ·· 64
　　제3절 기본권의 법적 성격 ··· 65
　　제4절 기본권의 주체 ··· 66
　　제5절 기본권의 효력 ··· 67
　　제6절 기본권의 제한 ··· 67
　　제7절 기본권 각론 ·· 69
　　제8절 국민의 기본의무 ·· 77

제3장 통치구조

　　제1절 통치구조의 의의 ·· 78
　　제2절 기통치구조의 조직원리 ······································ 79
　　제3절 통치구조의 형태 ·· 81
　　제4절 국회 ·· 82
　　제5절 대통령 ··· 88
　　제6절 행정부 ··· 91
　　제7절 법원 ·· 93
　　제8절 헌법재판소 ··· 96
　　제9절 선거관리위원회 ··· 99

제3편 민사법

제1장 민법

　　제1절 민법의 의의 ·· 101
　　제2절 민법의 기본원리 ·· 101
　　제3절 우리민법의 기본원리 ·· 102

제4절 민법 총칙 ··· 103
제5절 물권법 ··· 122
제6절 채권법 ··· 126
제7절 상속법 ··· 130

제2장 민사소송법

제1절 민사소송법의 개념 ····································· 130
제2절 민사소송제도의 4대 이념 ···························· 131
제3절 민사소송절차의 종류 ·································· 132
제4절 민사소송의 종류 ·· 134
제5절 심리의 제원칙 ·· 137
제6절 판결의 종류 ··· 138

제4편 형사법

제1장 형 법

제1절 형법의 의의 ··· 141
제2절 죄형법정주의 ·· 142
제3절 형법의 적용범위 ·· 143
제4절 범죄론 ··· 144
제5절 구성요건 ·· 147
제6절 위법성론 ·· 149
제7절 책임론 ··· 150
제8절 미수론 ··· 151
제9절 정범 및 공범론 ··· 152
제10절 죄수론 ·· 154
제11절 형벌론 ·· 155
제12절 형법 각론 ··· 158

제2장 형사소송법 일반

제1절 형사소송법의 개념과 성격 ··· 163
제2절 형사소송법의 이념 ·· 163
제3절 형사소송법의 기본구조(소송구조론) ································· 166
제4절 현행 형사소송법의 기본구조 ·· 167
제5절 소송의 주체(법원·검사·피고인) ······································ 168
제6절 수사와 공소제기 ·· 171
제7절 공판절차 ·· 174
제8절 특별절차 ·· 175

제5편 국제법

제1장 국제법의 기초

제1절 국제법의 의의 ·· 178
제2절 국제법의 법원 ·· 179
제3절 국제법과 국내법의 관계 ·· 181
제4절 국제법의 주체 ·· 183

제2장 국가

제1절 국가의 의의와 권리 의무 ··· 184
제2절 국가의 의의와 권리 의무 ··· 185
제3절 국가의 승계 ··· 187

제3장 국가의 관할권 행사와 주권면제

제1절 국가의 관할권 행사 ··· 188
제2절 국가의 주권면제 ·· 191
제3절 외교면제 ·· 193

제4장 국가책임

제1절 서 론 ··· 195

제2절 국가책임의 성립요건 ··· 195
제3절 국가책임의 내용 ··· 196
제4절 국가책임의 추궁과 외교적 보호권의 행사 ················ 196

제5장 조약법
제1절 조약의 의의 ·· 197
제2절 조약의 체결 ·· 198
제3절 조약의 발효와 적용 ·· 198
제4절 조약의 유보 ·· 198
제5절 조약의 해석 ·· 199
제6절 조약의 무효와 종료 ·· 200

제6장 국가 영역과 해양법
제1절 국가영역 ·· 200
제2절 해양법 ··· 202

제7장 국제기구와 국제분쟁의 해결
제1절 국제기구의 의의 ·· 205
제2절 국제연합(UN) ·· 205
제3절 국제분쟁의 평화적 해결 ··································· 206
제4절 국제사회에서의 무력 사용 ································ 207
제5절 현대국제법의 추세 ··· 208

제6편 상법 일반

제1장 상법의 개요
제1절 상법전의 구성 ··· 210
제2절 상법의 개념 ·· 210
제3절 상법의 특성 ·· 211
제4절 상법총칙 ·· 212
제5절 상행위 ··· 214

제2장 회사법

제1절 회사의 의의 및 특성 ·· 217
제2절 회사설립에 관한 입법주의 ·· 217
제3절 회사의 분류 ·· 218

제3장 보험법

제1절 보험의 개념 ·· 222
제2절 손해보험 ·· 226
제3절 인보험 ·· 227

제7편 사회법 일반

제1장 사회법의 개념

제1절 근대시민법의 원리와 사회법의 등장 배경 ···························· 230
제2절 사회법 ·· 231

제2장 노동법

제1절 노동법 서설 ·· 231
제2절 근로기준법 ·· 235
제3절 노동조합 및 노동관계조정법 ·· 240

제3장 사회보장법

제1절 사회보장법의 의의 ··· 249
제2절 사회보장기본법 ··· 249

제8편 행정법 일반

제1장 행정법의 개요

제1절 행정의 개념과 행정법의 의의 ·· 254

제2절 행정법의 특성 ·· 257
제3절 행정법의 일반원칙 ··· 258
제4절 행정상 법률관계 ·· 260
제5절 행정법관계의 당사자 ·· 260
제6절 행정법관계의 특질 ··· 261
제7절 행정법상의 법률요건과 법률사실 ························· 263

제2장 행정조직법

제1절 행정조직법의 의의 ··· 264
제2절 행정조직법정주의 ·· 264
제3절 현대 행정조직의 특성 ·· 264
제4절 현대 행정기관의 의의 및 종류 ···························· 265

제3장 행정작용법

제1절 행정입법 ·· 266
제2절 행정행위 ·· 270

제4장 행정의 실효성 확보수단

제1절 행정상 강제집행 ·· 278
제2절 행정상 즉시강제 ·· 280
제3절 행정벌 ··· 281

제5장 행정상 손해전보

제1절 행정상 손해배상 ·· 283
제2절 행정상 손실보상 ·· 285

제6장 행정쟁송의 의의

제1절 행정쟁송의 의의 ·· 286
제2절 행정심판 ·· 287
제3절 행정소송 ·· 289

Chapter I

법학 일반

제1장 법의 개념

제2장 법원

제3장 법의 구조(체계)와 분류

제4장 법의 적용과 해석

제5장 권리와 의무

제1편 법학일반

제1장 법의 개념

「사회가 있는 곳에 법이 있다.」라는 말이 있다. 인간의 사회생활에는 반드시 다툼이 있으며 이를 해결하기 위한 규범이 필요하다. 이러한 사회규범에는 관습규범, 도덕규범, 종교규범 및 법규범 등이 있다. 역사적으로 인간사회는 법, 윤리, 도덕, 규범, 관습 등의 제도를 통하여 그 다양한 모습을 보여 왔고 이 제도들은 각각 다양한 방식으로 인간행위를 규율하는 규범으로 작용하였다. 법은 지켜야 할 Sollen의 법칙이고, 사회규범의 하나이며 국가에 의해 강제하는 강제규범이라는 특징이 있다. 따라서 법 이외의 사회규범 및 자연법칙과의 비교적 개념을 살피고자 한다.

> ① 法은 공평하게 시비와 선악을 판단하여 악을 제거한다는 의미이다
> ② 「사회가 있는 곳에 법이 있다.」라고 할 때의 법
>   ⇒ 일체의 사회규범 즉 도덕, 관습, 종교, 법을 의미한다.
>   ⇒ 사회는 법(규범)이 없으면 존재할 수 없으며, 법은 사회가 있는 곳에서 존재 할 수 있다는 뜻이다.

제1절 법과 자연법칙

자연법칙은 존재(Sein)의 법칙이나 법은 당위(Sollen)의 법칙이다.

☞ 자연법칙과 사회규범의 비교

자연법칙	사회규범
① 존재법칙이 존재한다 　⇒ '사실상 그러하다.' ② 인과법칙 : 원인 발생하면 반드시 결과가 나타남 ③ 필연법칙 : 예외가 없다. 　⇒ "물은 위에서 아래로 흐른다." 　⇒ "봄이 지나면 여름이 온다."	① 당위법칙이 지배된다. 　⇒ '마땅히 그래야 한다.' ② 자유법칙 : 적용되는 상황에 따라 예외가 있다. ③ 목적법칙 : 정의·선과 같은 목적의 실현을 추구하는 법칙 　⇒ "이웃을 사랑하라." 　⇒ "부모에게 효도하라."

제2절 법과 도덕

　도덕은 사회의 존속을 위하여 필요한 가치의 기준으로 인간의 양심에 바탕을 두고 있다. 법에는 도덕과 일치되는 것도 있고(예, 살인죄), 전혀 관계없는 것도 있다.(예, 교통법규) 법철학자인 예링(Jhering은 "법과 도덕의 구별은 매우 어려운 일이다."라고 한 바 있다.

(1) 법과 도덕의 구별(일원론과 이원론)

① **자연법론(일원론)** : 법은 궁극적으로 도덕에 기초하고 그에 합치되어야만 법으로서의 효력을 갖고, '부정당한 법'(Unjust Law)이란 있을 수 없다고 주장하며 법과 도덕을 일원적으로 본다. 즉, 자연법론에서는 법은 도덕적 기준에 의해 평가될 수 있고, 도덕적이지 않은 법의 효력은 부정되기 때문에 법과 도덕은 일치되는 것으로 본다.

② **법실증주의(이원론)** : 법과 도덕을 구별하여 이원적으로 보는 입장으로 이 입장에서는 구체적으로 존재하지도 않는 법이란 있을 수 없고, 악법도 법'이며 사악한 법이라도 절차에 따라 제정하기만 하면 법으로서의 효력을 가진다고 본다.

(2) 법과 도덕의 차이점

법	도덕
① 타율성 : 법은 타율성을 가진 규범이다. 또한 권리자와 의무자, 채권자와 채무자 사이의 규칙으로 다툼을 조정하는 타율적인 입법과 사법에 의하여 법이 운용된다. ② 강제성 : 법은 위반 시 국가권력에 의해 강제적으로 그 실현이 집행 된다. ③ 외면성 : 법은 인간의 외면적 행위를 규율한다. ④ 양면성 : 법은 권리와 의무를 동시에 강조한다. ⑤ 목적 : 정의의 실현	① 자율성 : 도덕은 주로 자율성을 기초로 한다. 도덕상의 갈등은 개인의 내심속에서 양심과 탐욕, 정직과 사기 등과 같은 갈등으로 나타나며, 그 해결방안도 양심속에서 스스로의 결단에 의해 이루어 진다. ② 비강제성 : 위반시 사회의 비난이 따른다. ③ 내면성 : 사람의 양심문제를 중시한다. ④ 편면성 : 도덕은 권리와 의무 중 의무를 주로 강조한다.(일면성) ⑤ 목적 : 선(善)의 실현

(3) 법과 도덕의 구별에 의한 법언(法諺)

옐리네크(Jellinek)는 법은 도덕의 최소한이다.

⇒ 도덕 중에서 그 실현을 강제할 필요가 있는 것을 택하여 법으로 삼는다는 의미이다.

(4) 도덕의 강제와 법의 탈윤리화

① 도덕의 강제(Enforcement of Moral) : 어느 사회에나 지배적 또는 건전한 도덕이라는 것이 있는데 이러한 지배적 도덕을 법적으로 강제하는 것이다.

☞ 우라나라 도덕의 강제 규정

1 존속살해죄의 가중처벌(형법 제250조 제2항)
2 간통죄의 처벌 : 2016. 1. 26 헌재에 의해 위헌판결로 효력 상실
3 동성동본 혼인금지 : 1995년 헌재에 의해 헌법불합치 결정으로 폐지

② 사회가 다원화되어 감에 따라 법에서 도덕적 요소를 축소해 가는 법의 탈윤리화가 주장 되기도 했다.

③ 법의 새로운 윤리화 현상

> 사례 ① 도심의 행길에서 대낮에 강도를 당하였는데 수십명의 사람들이 구조해 주기는 커녕 신고조차도 하지 않는다.
> 사례 ② 교통사고를 당하여 도로에 쓰러져 있는데도 지나가는 사람이 보고도 구조해 주지 않는다.

위의 사례에서 도움이 필요한 사람을 구조하지 않는 자에 대하여 벌금 등의 규정을 **착한 사마라인 조항**(The Good Samaritan Clause) 또는 사랑 조항이라 한다. 유럽의 독일과 프랑스 등의 나라가 형법에 도입하였다. 이것은 법의 새로운 윤리화 현상이라고 할 수 있다.

우리나라의 경우 응급의료에 관한 법률(제5조의2)에 따르면 응급종사자가 아닌 자, 법령에 의해 응급처치 제공의무를 가진 자가 아닌 자, 응급의료 중 사자 및 응급처치 제공의무자가 업무 수행 중 이 아닌 때에 각각 응급의료 또는 응급처치를 제공하여 발생한 재산상 손해와 사상에 대하여 고의 또는 중대한 과실이 없는 경우 그 행위자는 민사책임과 상해에 대한 형사책임을 지지 아니하고 사망에 대한 형사책임은 감면하도록 되어 있다.(2013년 도입)

제3절 법과 관습

(1) 관습의 의의와 발생

① 의의 : 관습이란 사회생활 중에서 관혼상제, 의식주와 같이 오랜세월 동안 반복되어 온 행위준칙이다.

② 발생 : 관습은 법과 도덕이 분리되기 이전의 형태라 할 수 있다.

(2) 관습의 존재형식과 효력

① 존재양식

㉠ 관습은 공서양속 또는 사회상규라는 용어로써 실정법 속에 포함되어 있다.

㉡ 관습은 '선량한 풍속'이라는 용어로 법에 포함되기도 하고 법적확신을 '관습법'이라는 형태로 법원으로서 가능하기도 하다.

㉢ 민법 제106조 사실인 관습 : 법령 상 선량한 풍속 기타 사회질서에 관계없는 규정과 다른 관습이 있는 경우에 당사자의 의사가 명확하지 아니한 때에는 그 관습에 의한 다(민법 제106조).

② 효력 : 관습은 그 효력 범위와 강제성의 유무에서 법과 차이가 있다.

심화연구 ☞ 관련 판례 - 수도가 서울이라는 것은 관습헌법이다.

서울이 수도라는 점은 우리의 제정헌법이 있기 전부터 전통적으로 존재하여 온 헌법적 관습이며 우리 헌법조항에서 명문으로 밝힌 것은 아니지만 자명하고 헌법에 전제된 규범으로서, 관습헌법으로 성립된 불문헌법에 해당한다.(신행정수도이전건설을 위한특별조치법 위헌판결(2004헌마554)

제4절 법과 종교

(1) 법과 종교의 관계

① 신정일치 : 고대에는 신정일치가 행해져 종교가 국가, 사회를 지배하였다.

② 정교분리 : 근세이후 정교분리가 행해지고 법은 국가법을 의미하고 교회법은 종교내부의 자치법으로서의 효력만을 갖게 되었다.

③ 종교의 자유 : 대부분의 국가가 정교분리를 행하고 헌법에서 종교의 자유를 인정하고 있다.

④ 국교의 유무 : 이란과 같은 이슬람국가, 태국과 같은 불교국가가 존재하며 유럽의 일부 국가는 카톨릭을 사실상 국교로 인정하고 있다.

(2) 법과 종교의 차이점

구분	법	종교
강제성	강제성	비강제성(신앙심)
규율영역	외면성(행위)	내면성(양심)
성격	양면성(권리와 의무)	일면성(신에 대한 봉사, 헌신)

제5절 법의 개념과 특성

(1) 법은 사회규범이다.

(2) 법은 정치적으로 조직된 사회(국가)의 강제성을 가진 규범이다.

① 『강제가 없는 법은 타지 않는 불꽃과 같다.』 Jhering

② 『법에서 강제성은 본질적 속성이다.』 Kelsen

(3) 법은 상대적이면서도 절대적인 규범이다.

법은 시간적·공간적 제약을 받는 상대적 규범이며 정의라는 보편적 가치를 추구하는 절대적 규범이라는 의미를 갖는다.

제6절 법의 구조(행위규범, 재판규범, 조직규범)

법의 구조는 여러 견해가 있으나, 모든 사회의 법질서는 논리적 성격을 달리하는 세 가지 법규범으로 구분되고 있다. 일반적으로 당위를 내용으로 하는 행위규범이고, 위법한 행위에 대하여 평가를 내리는 재판규범, 제도나 조직 자체에 관한 조직규범으로 구성되어 있다.

(1) 행위규범

행위규범은 사회구성원이나 그 법적 공동체가 구성원에 대하여 직접 어떤 행위의 모형을 제시하여 '하여야 할 것', '할 수 있는 것' 또는 '하여서는 안 될것' 등을 지시하는 것 이다. 이러한 규범은 실천적 입장에서 인간의 행위에 대하여 어떤 제약을 가하는 것이므로, 행위규범이라고 불린다. 행위규범은 명령규범과 금지규범으로 구성된다.

(2) 재판규범

행위규범을 위반한 경웨 법은 강제력을 행사하게 된다. 강제규범은 재판을 통해 강제력이 확정되고 집행되므로 재판규범이라고도 하며, 법관을 비롯한 사법관계자에게 일정한 기준을 제시한다.

(3) 조직규범

조직규범은 어떤 법질서를 동동으로 하는 전체적인 사회단체 및 그 내부의 각종 사회단체의 구성, 기관조직, 기관의 권한, 책무의 기준을 정하는 것이다. 그리고 직접 일정한 행위를 지시하는 것이 아니라 행위의 기반인 일정한 제도의 구성에 관하여 규제하는 것을 말한다. 헌법, 국회법, 정부조직법, 국가공무원법, 법원조직법 등이 조직규범에 해당한다. 따라서 법의 구조는 행위규범, 재판규범, 조직규범의 복합구조로 되어있다.

제2장 법의 이념과 목적

법의 이념이란 법이 추구하고 법이 실현해야 할 궁극적인 가치를 말한다. 법의 목적은 법의 현실적 가치, 즉 실현적 가치를 의미하나, 법의 이념은 궁극적·이상적 가치를 뜻하는 점에서 양자는 구별된다. 학자에 따라서 일반적인 법의 목적과 법의 이념을 동일시하기도 한다. 법의 이념론을 가장 총체적이고 다면적으로 서술한 학자는 독일의 법학자 라드브르흐(Radbruch)라고 할 수 있다. 그에 의하면 법의 이념은 세 가지의 기본가치. 즉 정의, 합목 적성, 법적안정성이 집중된 형태로 나타난다고 한다.

제1절 정의

(1) 의의

이성적 존재인 인간이 언제 어디서나 추구하고자 하는 바르고(正) 곧은 (直) 것을 의미한다.

(2) 정의의 실현

법은 각자의 행위에 대하여 각자의 몫을 주는 것을 그 이념으로 하고 있다.

(3) 정의 개념의 변화

① 아리스토텔레스 : 정의의 본질을 평등에서 찾았다.
  ㉠ 평균적 정의 : 모든 인간을 같이 취급한다(절대적 평등)
    예) 사법의 정의, 선거·투표권의 평등 등
  ㉡ 배분적 정의 : 능력과 공헌도에 따라 차등 대우하는 정의이다.
    예) 공법상의 평등, 승진, 임금결정, 누진세 등 (비례적 평등)
② 오늘날 정의의 개념 : 평등, 공정, 인권존중 등

제2절 합목적성

(1) 개념

합목적성이란 '목적에 맞게 방향을 설정하는 것'을 의미한다. 법의 경우는 법이 따라야 할 가치 또는 기준을 의미한다.

(2) 기능

정의가 단지 공허한 형식으로만 존재하지 않기 위해서는 법이 추구하는 정의를 실현시켜 줄 기준이 필요하다. 추상적인 정의를 구체화하여 법의 목적을 현실화 하는 기능을 한다.

(3) 이데올로기에 의한 내용의 변화

① 자유주의 국가 : 개인의 자유를 최상의 가치로 본다.

② 전체주의 국가 : 민족이나 국가와 같은 단체에 최상의 가치를 둔다.

③ 현대국가 : 개인 이익과 전체 이익의 조화를 통하여 공공복리의 증진을 법의 이념으로 지향한다.

(4) 정의와의 비교

① 정의 : 같은 것은 같게. 다른 것은 다르게 취급하는 추상적 이념이다.

② 합목적성 : 같은 것은 같지 않은 것을 구별해 주는 구체적기준이 된다.

심화연구 ☞ 라드브르흐(Radbruch)의 합목적성

법의 합목적성을 위하여 국가가 선택하고 결정할 수 있는 가치관에는 개인주의, 단체주의, 문화주의가 있다고 라드브르흐는 주장했다.

개인주의	* 인간을 궁극적 가치로 지향 * 개인의 자유와 행복을 최대한 보장 * 평균적 정의(개인 대 개인) 강조
단체주의	* 단체(민족이나 국가)를 최고의 가치로 본다. * 개인의 가치는 단체의 가치보다 하위 개념 * 배분적 정의(개인 대 단체) 강조
문화주의	* 인간이 만든 문화 혹은 작품을 최고의 가치로 평가 * 개인과 국가의 가치는 문화의 가치보다 하위 * 카톨릭 사회의 이념

- 합목적성을 강조하는 법언들 -

① 민중의 행복이 최고의 법률이다.
② 국민이 원하는 것이 법이다.

제3절 법적 안정성

(1) 의미와 기능

법에 의해 보호되는 사회생활의 질서와 안정을 의미하며, 국민생활의 안정과 사회질서를 유지시켜 주는 기능을 한다.

(2) 법적 안정성 유지의 조건

① 법이 자주 변경되면 국민이 행동의 지침을 잃게되고 사회도 안정될 수 없다.

② 법의 제정이 신중하게 이루어져야 한다.

③ 법의 내용이 명확하고 실제로 실현가능한 것이어야 한다.

④ 국민의 법의식과 합치되어야 한다.

- 법적 안정성을 강조하는 법언들 -

① 악법도 법이다.
② 정의(법)의 극치는 부정의(법률)의 극치이다.
③ 정의롭지 못한 법이 무질서보다 낫다.

심화연구 ☞ 실정법상 법적 안정성을 위한 제도

민법상 소멸시효, 취득시효, 점유보호, 형법상 공소시효, 국제법상 현상유지 등

제4절 법 이념 사이의 모순과 갈등

(1) 법 이념간의 이율배반성

① 정의는 일반화의 성향을 띠고, 합목적성은 개별화 성향을 가진다.
② 정의와 합목적성은 이념적인 것에 비해, 법적안정성은 사실상이다.

(2) 우리 헌법의 규정

"국민의 모든 자유와 권리는 국가의 안전보장, 질서유지 또는 공공복리를 위하여 필요한 경우에 한하여 법률로써 제한할 수 있으며, 제한하는 경우에도 자유와 권리의 본질적인 내용을 침해할 수 없다"(헌법 제37조 제2항)

(3) 법이념이 충돌하는 경우

헌법은 법적 안정성과 합목적성의 바탕위에서 정의 원칙인 인간의 자유와 권리가 우선하도록 함으로써 법이념의 상호관계를 조절하고 있다.

심화연구 ☞ 법 이념의 갈등

---

1 극단적으로 정의만을 강조하게 되면 "세상은 망하더라도 정의는 세우라."고 하고, "정의만이 통치의 기초이다."라고 주장한다.
2 합목적성만 강조하면 "민중의 행복이 최고의 법률이다."라고 하고 "국민이 원하는 것이 법이다."라고 하게 된다.
3 법적안정성을 강조하면 "악법도 법이다."라고 하고, "정의는 망해도 세계는 살아야 한다."라고 하게된다.
4 정의만 강조하면 법적 안정성을 해치고, 법적 안정성만 강조하면 정의를 망각하게 된다.

제3장 법의 형식과 법원(法源)

제1절 법원의 의의

법 규범이 어떠한 모습으로 존재하는가 하는 법의 존재형식 또는 법의 인식근거를 법원이라 하고 성문법과 불문법으로 대별된다.

제2절 법원과 체계

(1) 대륙법계 국가

독일, 프랑스, 이탈리아, 북유럽국가, 일본, 한국

(2) 영미법계 국가

영국, 미국, 캐나다, 인도, 호주, 뉴질랜드

구 분	대륙법계	영미법계
의 의	독일, 프랑스 중심의 법계	영국, 미국의 법계
형식적 특징	성문법주의	불문법주의
내용적 특징	로마법 영향, 제정법	로마법 영향 약함, 판례법
법관의 역할	법전의 조정자	판례중시로 창조자
법의 형성	일원적	이원적(보통법과 행정법)

제3절 성문법주의와 불문법주의 장,단점

구 분	성문법주의	불문법주의
장점	*법의 존재와 의미가 명확 　→법적행동에 편리함 * 국가권력의 전횡을 방지하여 국민의 자유를 보호함 　→죄형법정주의 * 법의 통일정비가 쉽다. * 입법기간이 짧다.	* 구체적 현실에 맞게 융통성 있는 적용이 가능하다. * 입법부의 전횡을 예방할 수 있다
단점	* 문장화, 조문화되어 있어 사회 변동에 능동적으로 대처가 어렵다 * 법이 고정화되기 쉽다. * 문장의 불명확한 의미로 법적의 문제가 발생한다.	* 법의 존재와 의미가 불명확하다. * 수범자가 법적 변동을 예측하기 곤란하다. * 법체계의 통일이 어렵다.

제4절 성문법원

(1) 헌법

① 국가의 통치구조의 원리를 규정하고 국민의 기본권을 보장하는 국가의 근본규범이다.
② 법체계 속에서 최고의 단계에 위치하며 형식적으로 최상의 효력을 갖는 법이다.
③ 헌법은 최소규범으로서 법률, 명령, 규칙의 정립근거나 한계, 해석기준이 된다.

(2) 법률

광의의 법률은 법 그 자체를 말하는 것으로 여기에서의 법률은 협의의 법률로서 헌법에 말하는 법률, 즉, 국회에서 의결, 제정되는 성문법을 말한다.

(3) 명령

① 국회의 의결을 거치지 않고 행정주체에 의하여 제정된다.

② 제정주체에 따라 대통령령, 총리령, 부령이 있다.

③ 명령의 성질에 따라 법규명령과 행정명령(행정규칙)이 있고 법규명령은 위임명령과 집행명령으로 구분된다.

(4) 자치법규

① 자치법규란 지방자치단체가 법령의 범위에서 제정하는 자치에 관한 법규로서 조례와 규칙이 있다.

② 조례는 지방자치단체가 지방의회의 의결을 거쳐 제정하는 것이고, 규칙은 지방 자치단체의 장이 법령과 조례의 범위 내에서 그 권한에 속하는 사무에 관하여 정하는 것이다.

(5) 조약

① 조약이란 명칭에 상관없이 문서에 의한 국가 간의 합의를 말한다.

② 조약은 일반적으로 국회의 동의를 얻어 대통령이 비준, 공포하면 국내법과 동일한 효력을 갖게 된다.

③ 헌법 제6조 제1항에서는 일반적으로 승인된 국제법규도 국내법과 동일한 효력을 갖는다고 규정하고 있다.

심화연구 ☞ 조약과 일반적으로 승인된 국제법규(헌법 제6조 제1항)

헌법에 의하여 체결, 공포된 조약과 일반적으로 승인된 국제법규는 국내법과 동일한 효력을 가진다.

제5절 불문법원

(1) 관습법

① 의의 : 사회에서 스스로 발생하는 관행이 단순한 예의적 도덕적 규범으로서 지켜질 뿐만아니라 사회의 법적확신 내지 법적인식을 수반하여 대다수 사람들에 의해 지켜질 정도로 된 것을 말한다.

② 성립요건

  ㉠ 관행의 존재 : 사실인 관습으로서의 존재를 말하며 관행은 시간적·지역적으로 계속 되어야 한다.

  ㉡ 법적확신 또는 법적인식 : 이 요건 구비 여하에 따라 관습과 관습법은 구별이 된다.

  ㉢ 헌법과 법률 : 선량한 풍속 기타 사회질서에 반하지 않아야 한다.

③ 성립시기 : 관습법은 법원의 판결에 의하여 비로소 그 존재가 인정되나 그 성립시기는 그 관행이 법적 확신을 획득하게 된 때로 소급하게 된다.

④ 효력

  ㉠ 관습법은 성문법을 보충하는 효력이 있다.(민법 제1조)

  ㉡ 보충적 효력의 예외(대등적·변경적 효력)

   ⓐ 상법 제1조 : 상관습법은 성문민법에 대하여 변경적(우선적)효력을 갖는다.

   ⓑ 민법 제185조 : 물권은 법률 또는 관습법에 의하는 외에는 임의로 창설하지 못한다.

심화연구 ☞ 관습법의 효력과 관련된 조문정리

1. 민법 제1조(법원) : 민사에 관하여 법률에 규정이 없으면 관습법에 의하고, 관습법이 없으면 조리에 의한다.

2. 민법 제106조(사실인 관습) : 법령중의 선량한 풍속 기타 사회질서에 관계없는 규정과 다른 관습이 없는 경우에, 당사자의 의사가 명확하지 아니한 때에는 그 관습에 의한다.

3. 민법 제185조(물권의 종류) : 물권은 법률 또는 관습법에 의하는 외에는 임의로 창설하지 못한다.

4. 상법 제1조(상사적용법규) : 상사에 관하여 본법에 규정이 없으면 상관습법에 의하고, 상관습법이 없으면 민법의 규정에 의한다.

(2) 판례법

① 의의와 역할 : 판례법은 법원의 판결이 집적된 것을 말하며, 추상적인 성문법규의 내용을 구체적으로 명확하게 하고 관습법의 존재나 내용을 명확히 하며 조리를 적용하는 역할을 담당한다.

② 효력

  ㉠ 영미법계 국가 : 판례기속의 원칙이 확립되어 판례의 기속력은 극히 엄격하다. 즉, 판례법은 법원으로서의 가치는 거의 절대적이다.

  ㉡ 대륙법계 국가 : 상급심의 하급심에 대한 기속력은 법률상 존재하지 않고 사실상으로만 인정된다.

③ 법원성 : 성문법 국가인 우리나라에서는 판례의 법원성에 대하여는 부정설이 일반적이다.

심화연구 ☞ 판례의 기속력에 관한 실정법적 규정

1 법원조직법 제8조(상급심재판의 기속력) : 상급법원 재판에서의 판단은 해당사건에 관하여 하급심을 기속한다.
2 민사소송법 제436조 제2항(파기환송·이송) : 사건을 환송받거나 이송받은 법원은 다시 변론을 거쳐 재판하여야 한다. 이 경우에는 상고법원이 파기의 이유로 삼은 사실상 및 법률상 판단에
기속된다.

---

(3) 조리

① 의의 : 조리란 사물의 본성 또는 사물의 본질적 법칙을 말하며 경험칙·사회통념, 사회적 타당성, 신의성실, 사회질서, 공서양속, 형평, 정의, 법의 일반원칙 등이라고 한다. 일종의 자연법적 존재라 할 수 있다.

② 헌법 제1조에는 민사에 관하여 법률에 규정이 없으면 관습법에 의하고, 관습법이 없으면 조리에 의한다.

③ 조리의 기능 : 법의 흠결시에 법관의 의하여 최종적으로 원용되는 법원이라 할 수 있다.

제4장 법의 분류

제1절 국내법과 국제법

(1) 국내법

한 국가에 의하여 인정되어 그 국가의 주권이 미치는 범위 내에서 국가와 국민 또는 국민 상호간의 권리·의무관계를 정하는 법을 말한다.

(2) 국제법(국제공법)

다수 국가들 사이에 적용되는 법으로서 국가 상호간의 관계 또는 국제조직 등에 의해 규율하는 법이다.

심화연구 ☞ 국제사법은 국제법이 아니라 국내법이다

국제사법이란 국가 상호간의 관계를 정하는 법이 아니라 국가 안에서의 국민과 외국인과의 법률관계를 정하는데 있어서 자국법을 정하느냐 그 외국인의 본국법을 정하느냐를 정하는 (준거법 결정) 법을 말한다. 섭외사법이라고 한다.

제2절 공법(公法)과 사법(私法) 그리고 사회법

공법과 사법의 구분은 가장 보편적으로 행해지는 법의 분류방식으로 로마법에서 기원되고 있다고 한다.

(1) 공법

국가 또는 공공단체 등을 법적 주체의 한 당사자로서 하여 공권력 관계를 다루는 법 (예, 헌법, 행정법, 형법, 형사소송법, 민사소송법 등)

(2) 사법

자연인, 사법인 등 사인을 주체로 하여 대등한 법률관계를 다루는 법률(예, 민법, 상법 등)

심화연구 ☞ 공법과 사법의 구별기준에 관한 학설 등

---

1. 이익설(목적설) : 공익보호를 목적으로 하는 법이 공법이고, 사익의 보호를 목적으로 하는 법이 사법이라고 한다.
2. 주체설 : 법률관계의 주체를 표준으로 국가 기타 공법인이 법률관계의 주체가 되는 법이 공법이고, 사인 상호간의 관계를 규정하는 법이 사법이라고 보는 견해이다
3. 법률관계설(성질설) : 법률관계의 성질을 표준으로 권리·복종의 관계 즉, 종적 수직적인 생활관계를 규율하는 법이 공법이고, 사인간의 평등·대등의 관계 즉, 횡적·수평적인 생활관계를 규율하는 법이 사법이라고 한다.
4. 생활관계설 : 인간의 생활을 국가생활관계와 사회생활관계로 나누고, 전자를 규율하는 법이 공법이고, 후자를 규율하는 법을 사법이라고 한다.

---

(3) 사회법

자본주의의 발전과정에서 대두하게 된 여러 문제점들을 극복하기 위하여 정부가 개인 또는 집단 간의 생활관계에 적극적으로 개입하여 국민의 경제생활과 노사 관계를 규제·조정하면서 공법과 사법의 중간적인 성격의 법이 발전하게 되었는데 이러한 법을 사회법이라고 한다 (노동법, 경제법, 사회보장법 등)

심화연구 ☞ 제3의 법 영역

사회법은 공법도 사법도 아닌 중간적인 성격을 가지고 있는 '새로운 제3의 법이다'(Radbruch)

제3절 실체법과 절차법

(1) 실체법

실체법은 법률관계 자체 즉, 권리와 의무의 내용, 종류, 주체, 발생, 변경, 소멸 등을 규정한 것이다(예, 민법, 형법, 상법 등)

(2) 절차법

절차법은 실체법에 규정된 권리와 의무를 실현하기 위한 수단과 방법을 규율하는 법이다 (예, 민사소송법, 형사소송법, 행정소송법 등)

제4절 일반법과 특별법

(1) 일반법

일반법은 사람, 장소, 사물에 대하여 보편적으로 적용되는 법을 말한다 (예, 민법, 형법, 등)

(2) 특별법

특별법은 특수한 사람, 장소, 사물에 대해 제한적으로 적용하는 법이다. (예, 상법, 군형법, 임대차보호법 등)

(3) 구별의 상대성

일반법과 특별법의 구별은 상대적인 것이다. 상법은 민법에 대한 특별법이지만 은행법이나 보험법 등에서는 일반법이다.

제5절 강행법(규)과 임의법(규)

(1) 강행법

강행법이란 당사자의 의사로 배제할 수 없고 당연히 강제․적용되는 법이다. 헌법, 형법 등 대부분의 공법은 강행법이다.

(2) 임의법

임의법이란 당사자의 의사로 그 적용을 배제할 수 있는 법이다. 민법 등 사법 규정은 사적 자치를 위하여 대부분 임의규정으로 구성되어 있다.

심화연구 ☞ 임의규정(임의법규) 민법 제105조

법률행위의 당사자가 법령 중의 선량한 풍속 기타 사회질서에 관계없는 규정과 다른 의사를 표시한 때에는 그 의사에 의한다.

제6절 자연법과 실정법

(1) 자연법

① 의미 : 자연법은 사회질서의 근본이념을 자연적 정의 또는 자연적 질서에 두고 이념에 맞추어 형성된 법으로서 시대, 민족, 사회 등을 초월하여 보편타당성을 가진다.

② 자연법사상의 인식근거 : 자연법은 고대 그리스에서는 대자연의 원리로 중세 봉건사회에서는 신의 섭리로, 그리고 근대 이후에는 자연의 본성이나 이성 등을 근거로 하여 인간사회를 지배하여 왔다.

(2) 실정법

① 의미 : 실정법은 경험적·역사적 사실에 의하여 법적 타당성과 사회적 적합성을 기준으로 제정된 법으로, 각 사회와 민족의 법의식과 법문화에 따라 다양하게 나타난다.

② 실정법 등장의 의의
문화가 발전되고 사회생활이 시대에 따라 변천됨으로써 사람들은 사회생활에서 발생되는 분쟁들을 자연법에 의해서만 해결할 수 없다는 것을 경험하게 되었다. 그 결과, 사람들은 그들이 사회생활에 적합하도록 하는 법적 타당성을 근거로 하여 여러 가지 실정법을 만들어 왔다.

(3) 자연법과 실정법의 관계

① 실정법의 기능 강화 : 법은 처음에는 자연법이 중심이 되고 실정법은 보완적 역할을 담당했다. 그러나 사회가 발전함에 따라 제도가 다양화 되고 실정법의 기능이 점차 강화되어 이제는 오히려 실정법이 법의 중심이 되었다.

② 상호보완관계 : 실정법의 제정을 아무리 현실에 적합하게 한다 하더라도 시대와 지역에 따라 변하게 된다. 따라서 법의 가치나 이념 등은 자연법에 근거해야 한다. 그리고 현실적으로 자연법과 실정법은 상호대립관계에 있는 것이 아니고 상호보완관계에 있다는 점을 상기하여 서로 조화를 이루는 속에서 법의 이상과 목적 등을 설정해야 한다.

심화연구 ☞ 자연법 사상의 공통점

1 자연법은 이성을 통해서 명백하게 인식할 수 있다.
2 자연법은 법자연, 신 이성이 불변적이고, 보편타당한 것과 같이 모든 시대와 모든 민족에 공통적으로 보편타당하다.
3 정의의 원리에 위배되는 법은 법이 될 수 없다.

제5장 법의 해석과 적용

제1절 법해석의 의의

　추상적인 법 규정을 구체적인 사실에 적용하려면, 우선 법이 내포하고 있는 뜻을 체계적으로 이해하고, 법이 제정된 목적에 따라 그 의미와 내용을 명확히 할 필요가 있다. 이와 같이 법을 구체적 사실에 적용하고자 법의 의미와 내용을 밝히고 확정하는 것이 법의 해석이다.

제2절 법 해석의 방법

(1) 법 해석의 주체에 따라

　① 유권해석 : 유권해석은 국가의 권위 있는 기관에 의한 해석을 말한다. 이 해석은 구속력을 가지므로 강제해석 또는 공권해석이라고도 한다. 이는 다시 법을 해성하는 자에 따라 입법해석, 사법해석, 행정해석으로 구분된다.

　　㉠ 입법해석 : 입법기관이 법을 제정하는 권한에 기하여 법령의 조문 자체에 해석규정을 두는 경우를 말한다. 예컨대, 민법 제98조에 『본법에서 물건이라 함은 유체물 기타 전기 관리할 수 있는 자연력을 말한다.』라고한 정의 규정이 그 대표적인 예이다. 이는 독립된 법규를 이루고 있으므로 법규해석 또는 행정해석 이라고도 한다. 가장 구속력이 강한 절대적 해석이라고 할 수 있다.

　　㉡ 사법해석 : 법원에 위해 행해지는 해석이며, 법관이 재판을 할 경우 법을 적용하는데 있어서 그 적용된 법의 의의를 재판서(판결문)에 밝히는 것을 말한다. 보통 판결의 형식으로 이루어지므로 재판해석이라고도 한다. 법원은 최종적인 유권해석 기관이다.

　　㉢ 행정해석 : 행정기관에 의해 행해지는 해석이며 이는 법의 집행에 에 있어서 구체적으로 행해지는 수도 있고, 상급행정기관이 하급행정기관에 대한 통보 등의 형식으로 일반적이고 추상적으로 행해지기도 한다.

② 무권해석 : 무권해석이란 사인에 의한 학리적 해석을 말한다. 특히 법 학자가 학설로써 전개한 법해석을 가리키므로, 이것을 학리해석이라고도 한다. 보통법의 해석이라고 하면 이를 말한다.

(2) 법 해석의 방법에 따라

① 문리해석 : 법규의 문자나 문장에 중점을 두는 언어학적 해석방법을 말한다. 문언해석이라고도 한다. 문리해석은 성문법 해석의 출발점이다. 이러한 의미에서 가장 기초적이며 제1단계적인 해석이라고 할 수 있다.

② 논리해석 : 당해 법령 전체에 있어서의 구성적 관련, 법질서 전체와의 논리적 관련, 입법의 목적·취지, 적용결과의 기초 위에 논리적 사유의 법칙에 따라서 법의 객관적 의미를 찾으려는 해석을 말한다. 이에는 다음과 같은 여러 방법이 있다.

　㉠ 축소해석 : 축소해석이란 법문의 문리적 의미가 너무나 넓기 때문에 이를 입법의 취지에 비추어 법규의 용어의 의미를 좁혀서 해석하는 방법을 대립되며, 제한해석이라고도 한다 (예, 차마의 통행금지에서 유모차는 차마에 포함되지 않음)

　㉡ 확장해석 : 확장해석이란 법문의 문리적 의미가 법의 목적하는 바에 비추어 보아 너무나 좁다고 생각되는 경우에 법규의 용어의 의미를 언어적 표현의 의미보다 넓혀서 해석하는 방법을 말한다 (예, "공원의 수목을 꺾지마라"에서 수목에는 화초도 포함)

　㉢ 반대해석 : 법문이 정하는 요건과 반대의 요건이 존재하는 경우에는 법문이 정하는 반대의 효과를 발생하는 것이라고 해석하는 것을 말한다.

　㉣ 물론해석 : 물론해석이란 법문이 규정하는 사항에 관한 입법상의 취지와 이유로 사물의 당연한 성질로 미루어 어떤 다른 사항에 관하여는 더 한층 강한 타당한 경우에 그 법문의 규정이 당연히 적용된다고 해석하는 것을 말한다.
　　(예, 자동차 운행금지의 경우 이보다 훨씬 무거운 탱크의 통행도 금지된다)

　㉤ 유추해석 : 유추해석이란 어떤 사항에 대하여 직접적인 명문의 규정이 없는 경우에 이와 유사한 사항에 대하여 규정한 법 규정을 적용하여 같은 법적 효과를 인정하는 것을 말한다.

심화연구 ☞ 법의 해석방법 정리

① 다른 법규의 제정형식을 취하는 해석 -- 입법해석
② 가장 구속력이 강한 절대적 해석 -- 입법해석
③ 최종적인 유권해석기관 -- 법원
④ 법의 이념과 정신을 객관화하는 데 중요시되는 해석 -- 논리해석
⑤ 유권해석 -- 공권적해석
　학리해석 -- 무권해석
⑥ 제1단계 해석방법 -- 문리해석

심화연구 ☞ 형법과 유추해석의 금지

유추해석은 어떤 사항을 직접 규정한 법규가 없는 경우 이와 가장 유사한 사항을 규정한 법규를 끌어다 적용하는 해석방법으로 민사법에 있어서는 법원이 법규의 결함을 이유로 재판을 거부할 수 없기 때문에 인정되지 않을 수 없으나 형법상으로는 죄형법정주의에 입각하여 유추해석은 금지된다.

제3절 법의 적용

(1) 의의

입법부에서는 법률을 제정하고, 행정부에서는 집행하며, 사법부에서는 법률을 적용한다. 즉, 법의 적용이란 구체적 사실에 해당하는 법을 찾아 판결을 내리는 것이다.

(2) 법 적용의 방식

법의 적용은 법규범을 대전제로 하고 구체적인 사실을 소전제(사실의 확정)으로 하여 결론을 내라는 삼단논법의 형식을 취한다.

【예】 살인죄의 경우

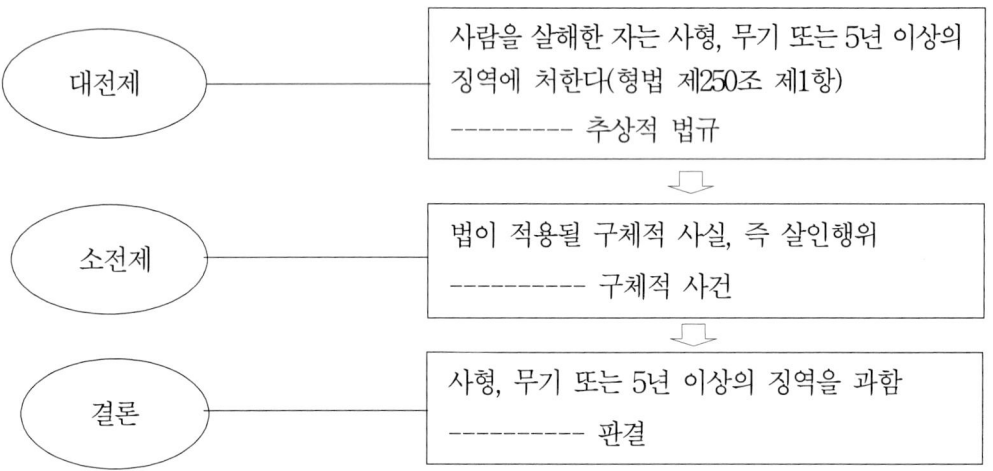

(3) 사실 확정의 방법관계

법 적용시 그 전단계로 먼저 사실이 확정되어야 한다. 사실의 확정(인정)이라는 것은 사회적 사실을 있는 그대로, 자연적으로 인식하는 것이 아니고 법적으로 인식하는 것을 말한다. 사실문제라고 하며 사실 확정 방법에는 다음과 같다.

① 입증 : 사실의 존부에 관하여 확신을 얻게 하는 자료인 증거를 주장하는 것이다. 입증을 부담하는 것을 '입증책임' 또는 '거증책임'이라고 한다. 형사소송은 원칙적으로 검사가 입증책임을 지며, 민사소송에서는 원고와 피고가 주장하는 바에 따라 입증책임을 진다.

② 추정 : 입증으로써 확정되지 못한 사실을 우선 있는 사실대로 확정하여 법률효과를 발생시키는 것이다. 예컨대 민법 제84조 제1항에서는 "처가 혼인 중 포태한 자는 부의 자로 추정한다."라고 규정한다. 그러나 만약 사실은 그 자가 처의 불륜행위로 인한 타인의 자라는 것이 입증되면 추정의 효과는 생기지 아니한다. 이것은 입증의 번거로움

을 방지하기 위한 것이다.

③ 간주(의제) : 추정은 반대의 증거로 제출되면 규정의 적용을 면할 수 있지만, 간주는 반대의 증거의 제출을 허용하지 않고서 법률이 정한 효력을 당연히 생기게 하는 것이다. 따라서 사실의 확정에 있어서 추정보다 효력이 강하다. 법에서는 간주조항을 보통 「----으로 본다」고 표현한다. 〔예, 민법 제28조(실종선고의 효과) : 실종선고를 받은자는 전조의 기간이 만료한 때(실종기간이 종료한 때)에 사망한 것으로 본다.〕

심화연구 ☞ 기초 법률용어

1. 준용 : 유추와 비슷한 말이나 유추는 법해석의 한 방법이지만, 준용은 입법기술상의 한 방법이다. 비슷한 사항에 관하여 법규를 제정할 때에 법률을 간결하게 할 목적으로 다른 유사한 법규를 유추 적용할 것을 규정한 것이다.
2. 선의·악의 : 선의란 어떤 사항을 알지 못한 것이고, 악의는 이를 알고 있는 것이다. 이와 같이 법률에서의 선의·악의는 일반적인 의미와는 다르다.
3. 제3자 : 원칙적으로 당사자 이외의 모든 자를 말한다, 그 범위는 경우에 따라 제한된다.
4. 대항하지 못한다 : 법률행위의 당사자가 제3자에 대하여 법률행위의 효력을 주장하지 못하지만 제3자가 그 효력을 인정하는 것은 무방한 것이다.

제6장 법의 효력

제1절 법의 실질적 효력

법의 실질적 효력은 규범이 사실상 실현되어야 한다는 당위와 사실로서 실현되고 있는 상태 즉, 실효성의 문제로 타당성과 실효성이 합치될 때 실질적 효력이 있다고 말할 수 있다.

(1) 법의 타당성(妥當性 : Validity)

법의 내용이 사회정의에 부합되어야 한다. 즉, 법의 적용이란 구체적 사실에 해당하는 법을 찾아 판결을 내리는 것이다.

(2) 법의 실효성(實效性 : Efficacy)

국가권력에 의해 실제로 실현됨으로써 그 효력을 현실적으로 발휘할 수 있어야 한다.

제2절 법의 형식적 효력

(1) 법의 시간적 효력

① 법의 시행시간 : 성문법은 그 시행일로부터 폐지일까지 효력을 갖는다.

② 법의 효력발생시기 : 효력발생시기에 대한 명문규정이 있으면 그것에 의하고 효력발생 시기가 구체적으로 명시되지 않았을 때에는 공포한 날로부터 20일을 경과함으로써 효력을 발생한다(헌법 제53조 제7항)

③ 법률불소급(法律不遡及)의 원칙 : 법률생활의 안정, 기득권의 보장 등을 위해 법령은 원칙적으로 그 효력이 발생한 때부터 장래의 일에 적용되며 과거에 거슬러 적용되지 않는다는 원칙이다.

④ 경과법(경과규정) : 법령의 제정, 개·폐가 있었을 때 구법 시행시의 사항에는 구법을 적용하고 신법 시행 후의 사항에는 신법을 적용하는 것이 원칙이지만 대개 법의 부칙에 어떠한 사실이 신법의 적용을 받는가, 구법의 적용을 받는가에 대하여 규정한 것을 경과법 또는 경과규정이라고 한다.

⑤ 신법 우선의 원칙 : 동일한 사항에 대한 새로운 법령이 다시 제정되어 두 법령이 서로 대립될 때에는 신법을 적용하는 신법 우선의 원칙이 적용된다.

(2) 법의 장소적 효력

① 원칙 : 속지주의

  ㉠ 한 나라의 법은 그 나의 전 영역에 있는 모든 사람과 물건에 적용되므로 내·외국인을 구별하지 않고 적용됨을 원칙으로 한다.

  ㉡ 속지주의는 그 영역 내에서의 국가권력을 존중하는 영토고권(領土高權)을 토대로 한 것이다.

② 예외

  ㉠ 외교 특권을 누리는 자, 국제사법에 의해 본국법의 적용을 받도록 하는 자는 예외이다.

  ㉡ 지방자치단체의 조례와 규칙은 그 지방자치단체에서만 적용되고 도시계획법은 도시에 한해 적용된다.

  ㉢ 타국의 영역 내 있는 자국의 항공기, 선박 등은 자국연장으로써 자국법이 적용된다.

(3) 법의 대인적 효력(법의 인적 효력)

① 속지주의 : 한 나라의 법은 내국인 물론 외국인까지 포함하여 그 영역 내에 있는 모든 사람에게 적용된다는 원칙이다.

② 속인주의 : 한 나라의 법은 국적을 기준으로 하여 국내외 어느 곳에 있든지 간에 모든 자국의 국민에게 적용된다는 원칙이다.

③ 국제법상의 원칙 : 대부분의 국가는 상대방 국가의 영토고권을 존중하여 속지주의를 원칙으로 하고 참정권, 청원권, 병역의무 등에 관해 보충적으로 속인주의를 채택한다.

제7장 법률관계와 권리·의무

제1절 법률관계

(1) 법률관계의 의미

인간의 사회생활관계는 매우 복잡하고 다양하여 종교, 관습, 도덕, 법 등 각종 사회규범에 의하여 규제된다. 이 중 매매관계, 혼인관계, 상속관계 등과 같이 법에 의하여 규율되는 생활관계를 법률관계라 한다.

(2) 법률관계의 내용

법률관계는 권리와 의무를 그 내용으로 한다. 매매관계를 예로 들면 물건을 판 사람은 대금을 청구할 권리와 인도할 의무가 있고, 물건을 산 사람은 물건을 인도받을 권리와 대금을 지급할 의무가 있는 것이다.

(3) 법률관계의 변천

① 중세봉건사회 : 상하의 신분제도를 배경으로 ▷ 의무본위
② 근대사회 : 자유와 평등의 시민사회(신분에서 계약으로) ▷ 권리본위
③ 현대사회 자유주의와 개인주의, 자본주의 경제의 모순 대두로 ▷ 의무 중시

심화연구 ☞ 현대사회의 '의무중시' 법률관계

1 소유권은 의무를 수반한다(1919년 독일 바이마르 헌법).
2 재산권의 행사는 공공복리에 적합하도록 하여야 한다(헌법 제23조 제2항).

---

(4) 법률관계의 변동

생활관계가 변함에 따라 법률관계도 변동한다. 즉, 권리는 발생·변경·소멸한다. 이러한

권리의 발생·변경·소멸을 법률효과라고 한다. 그리고 법률효과를 발생하게 원인을 법률요건이라고 하며, 법률요건을 구성하는 사실을 법률사실이라고 한다.

심화연구 ☞ 법률효과 · 법률요건 · 법률사실

매매를 하게 되면 일방은 목적물에 대한 인도청구권을 갖게 되고, 상대방은 대금지급청구권을 갖게 될 것이다. 즉, 권리가 발생되는 것이다. 여기에서는 매매라는 법률요건으로써 인도청구권과 대금지급청구권 발생의 법률효과가 생긴 것이다. 그리고 매매라는 법률요건은 청약의 의사표시와 승낙의 의사표시로 성립되는데, 법률요건을 구성하는 사실을 법률사실이라고 한다.

제2절 권리

(1) 권리의 개념

특정한 이익을 위하여 법에 의하여 특정인에게 주어진 법률상의 힘이다.

(2) 권리와 구별되는 개념들

① 권한 : 타인에게 일정한 법률효과를 발생하게 하는 행위를 할 수 있는 법률상의 자격을 권한이라 한다.(예, 대리인의 대리권, 법인 이사의 대표권, 사단법인 사원의 결의권, 선택 채권의 선택권, 대통령의 권한 등).

② 권능 : 권리의 내용을 이루는 각각의 법률상의 힘을 권능이라 한다(예, 소유권의 경우 그로부터 파생되는 사용권·수익권·처분권 등).

③ 권원 : 어떤 행위를 하는 것을 정당화시켜 주는 원인을 권원이라 한다(예, 타인의 부동산에 물건을 부속시킬 수 있는 권원은 지상권·임차권 등).

④ 반사적 이익 : 법의 규정의 결과로 저절로 받게 되는 이익을 말한다. 적극적으로 어떤 힘이 부여되어 있는 것이 아니기 때문에, 타인이 그 향유를 방해하더라도 권리를 주장

하여 청구하지 못하는 것으로 일반적으로 해석되고 있다. 그러나 오늘날 실질적 법치주의 내지 인권보장을 강조하게 됨에 따라 반사적 이익의 공권화 또는 보호 이익화 경향이 대두하고 있다.

(3) 권리의 분류

권리는 여러 표준에 따라 분류할 수 있으나 가장 기본적인 법의 분류에 따르는 것이다. 즉, 공법관계에서의 공권과 사법관계에서의 사권 및 사회법관계에서의 사회권으로 분류할 수 있다.

① 공권의 분류
  ㉠ 국가적 공권 : 입법권, 사법권, 행정권 등으로 국가 또는 공공단체가 그 자체의 존립을 위하여 가지는 권리 및 국민에 대하여 강제할 수 있는 권리를 말한다.
  ㉡ 개인적 공권 : 자유권, 수익권, 참정권 등으로 개인(국민)이 국가나 공공단체에 대하여 갖는 권리를 말한다.

② 사권의 분류
  ㉠ 권리의 내용에 의한 분류
    ⓐ 인격권 : 생명권, 신체권, 자유권, 명예권, 정조권 등
    ⓑ 재산권
      ㉮ 물권 : 일정한 물건을 직접 지배하여 이익을 얻는 배타적 권리를 말한다. 민법이 인정하는 물건의 종류는 점유권, 소유권, 지상권, 지역권, 전세권, 유치권, 질권, 저당권 등 8종류가 있다.
      ㉯ 채권 : 특정인(채권자)이 특정인(채무자)에 대하여 일정한 행위를 청구할 수 있는 권리를 말한다.
      ㉰ 무체재산권 : 저작, 발명 등과 같이 정신적·지능적 창조물인 무형의 이익을 목적으로 하는 권리로서 저작권, 특허권, 의장권, 상표권 등이 있다.
    ⓒ 신분권 : 친족권(친권, 후견권), 상속권 등
  ㉡ 권리의 작용에 의한 분류

ⓐ 지배권 : 권리의 내용인 일정한 이익을 직접 지배하는 권리를 말한다. 지배권은 타인의 간섭을 배제할 수 있는 배타성을 가지는 것이 원칙이다(예, 물권, 무체재산권, 친족권의 대부분).

ⓑ 청구권 : 타인의 작위 또는 부작위를 요구할 수 있는 권리를 말한다. 청구권은 지배권과 달리 권리의 목적인 이익을 향유하기 위하여 타인의 행위를 필요로 하는 것이 특색이다. 채권이 전형적인 예이다.

ⓒ 형성권 : 권리자의 일방적 의사표시에 의하여 권리의 발생, 변경, 소멸 기타의 법률상의 효과를 발생시키는 권리를 말한다(예, 취소권, 추인권, 해제권, 선택권, 인지권, 상계권 등)

ⓓ 항변권 : 타인이 행사하는 청구권에 대하여 이를 거절할 수 있는 권리를 말한다. 항변권의 행사는 상대방에게 단지 청구의 작용을 일시 정지시키는데 그치는 것이다(예, 보증인의 최고·검색의 항변권(민법 제437조)이나 동시이행의 항변권

ⓒ 권리의 효력범위에 의한 분류

 ⓐ 절대권 : 모든 사람에게 주장할 수 있는 권리(예, 물권, 인격권 등).

 ⓑ 상대권 : 특정인에게만 주장할 수 있는 권리(예, 채권)

ⓔ 권리의 이전성에 의한 분류

 ⓐ 일신전속권 : 인격권, 신분권

 ⓑ 비전속권 : 재산권1

심화연구 ☞ 동시이행 항변권(민법 제536조)

매매계약을 예를 들면 매수인이 대금은 지급하지 않고 목적물을 인할 것을 요구하는 경우에 매도인이 대금지급과 함께 인도하겠다고 하며 물건의 인도를 거절할 수 있는 권리를

제3절 의무

의무는 일정한 행위를 해야 할, 또는 해서는 안되는 법률상의 구속이다. 전자를 작위의무 후자를 부작위의무라고 한다. 공법, 사법, 사회법에 의하여 각각 공법상의 의무, 사법상의 의무, 사회법상의 의무가 있다.

심화연구 ☞ 의무의 정리

---

1 권리와 의무는 서로 대응하는 것이 보통이다.
2 그러나 대응하는 권리 없이 의무만 존재하기도 한다(예, 법인의 등기 의무, 자동차의 우측통행의무)
3 대응하는 의무없이 권리만 있는 것도 있다(예, 취소권, 동의권, 해제권 등)
4 동일인의 권리이며 의무인 것도 있다(예, 미성년자에 대한 친권자의 양육권과 양육의무)

제4절 권리·의무의 주체

(1) 권리·의무의 주체의 의미

권리를 가지며 의무를 부담할 수 있는 자를 권리·의무의 주체라 한다.

(2) 권리·의무의 주체

① 자연인 : 법률상 의무의 주체가 될 수 있는 것은 원칙적으로 자연인과 법인에 한한다.

② 법인 : 출생하면서부터 누구나 권리, 의무의 주체가 될 수 있다.

제5절 권리·의무의 객체

권리·의무의 객체라 함은 권리 또는 의무의 목적으로써 지배하고 지배당하는 대상을 말한다. 권리·의무의 객체는 그 목적·내용 또는 종류에 따라 다르다. 특히, 권리와의 관계에 있어서 물권에서는 물권, 채권에서는 채무자의 급부·급여, 형성권에서는 법률관계, 무체재산권에서는 저작, 발명 등 정신적 산물, 인격권에 있어서는 권리 주체의 자신, 친족권에서는 친족법상의 지위, 상속권에서는 상속재산 등이 각각 권리의 객체가 된다.

심화연구 ☞ 지적재산권

---

1. 의의 : 무형(無形)의 재산적 이익을 배타적으로 지배할 수 있는 권리이다. 산업상의 정신적 창조물을 대상으로 하는 특허권, 실용신안권, 디자인권, 상표권 등 산업재산권과 문예, 학문, 미술, 음악 등에 관한 창작물을 대상으로 하는 저작권의 두 가지가 대표적이다.
2. 지적재산권의 객체 : 저작권, 특허권, 실용신안권, 상표권 등 정신적 활동에 의한 산물을 직접적이고 배타적으로 지배할 수 있는 지적재산권의 객체는 정신적 산물이다.

제6절 권리·의무의 이행

(1) 권리의 행사

① 권리의 행사의 의미 : 어떤 권리를 가진 사람은 자신의 의사에 따라 자유롭게 권리를 행사할 수 있다.

② 권리행사의 한계

㉠ 헌법상의 제약

ⓐ "국민의 모든 자유와 권리는 국가안전보장, 질서유지 또는 공공복리를 위하여 필요한 경우에 한하여 법률로써 제한할 수 있으며 … ,"(헌법 제37조 2항)

ⓑ "언론, 출판은 타인의 명예나 권리 또는 공중도덕이나 사회윤리를 침해하여서는 아니된다."(헌법 제21조 제4항)

ⓒ "사유재산권은 공공복리에 적합하도록 하여야 한다."(제23조 2항)

ⓛ 민법상의 제약

ⓐ 신의성실의 원칙 : "권리의 행사와 의무의 이행은 신의 좇아 성실히 하여야 한다."(제2조 제1항)

ⓑ 권리남용금지의 원칙 : "외형상으로는 권리의 행사처럼 보이나, 실질적으로는 권리행사가 사회질서에 위반한 경우에는 정당한 권리행사라고 인정할 수 없으며, 이러한 권리행사는 권리의 남용이다."(제2조 제2항)

(2) 의무의 이행

① 의무 : 의무자가 자기가 부담하는 의무의 내용을 실현하는 것을 말한다.

② 의무를 이행하지 않을 경우 : 강제집행이나 손해배상, 또는 형사상의 제재를 받기도 한다.

③ 신의성실의 원칙 : 권리의 행사에 있어서와 마찬가지로 의무이행의 경우에도 신의성실의 원칙이 요구된다.

Chapter II

헌법

제1장 헌법 총설

제2장 기본권

제3장 통치구조

제2편 헌법

제1장 헌법 총설

제1절 헌법의 의의

국가의 통치구조의 원리를 규정하고 국민의 기본권을 보장하는 국가의 근본규범을 의미한다. 국가의 기본적 법질서를 의미하는 헌법은 '국가'의 법이므로 공법·국내법에 속하고 '기본적'인 법이므로 법질서에 기초를 둔 법률(특히 행정법)과 구별된다.

(1) 헌법개념의 이중성(정치적 사실로서의 헌법과 법규범으로서의 헌법)

① 정치적 사실로서의 헌법 : 헌법의 본질을 정치적 사실(Sein) 도는 사실적 권력관계, 즉, 국가의 정치적 통일 및 사회질서의 구체적 상태로 본다.
  ㉠ 국가에 존재하는 사실적 권력관계
  ㉡ 정치적 통일이 부단히 형성되어 가는 과정의 원리
  ㉢ 헌법제정권력자의 정치적 근본 결단

② 법규범으로서의 헌법 : 헌법의 본질을 국가생활에 있어야 할 당위(Sollen)로서의 법규범으로 본다.
  ㉠ 국가의 법적 기본질서로서의 헌법
  ㉡ 국가의 최고 법규범체계로서의 헌법
  ㉢ 궁극적 규범의 통일적이고 완결된 체계로서의 헌법

(2) 헌법사항

헌법에 반드시 포함되어야 할 사항을 헌법사항이라고 한다. 즉, 기본권보장과 통치조직을 헌법사항이라고 한다.

(3) 헌법의 역사적 발전과정

① 고유한 의미의 헌법(본래적 의미의 헌법)

국가가 존재하는 한 어떠한 형태로든 존재하는 헌법을 말하며, 헌법은 국가기관의 조직, 권한 및 그 상호 간의 관계 그리고 국가의 국민의 기본적 원칙을 정한 기본법이다. 헌법은 모든 국가에 존재한다는 의미이다(성문 또는 불문법과 무관)

② 근대입헌주의의 헌법(시민국가의 헌법)

개인의 자유와 권리의 보장 그리고 권력분립에 의하여 국가권력의 남용을 억제하는 것을 내용으로 한다(1791년 프랑스 헌법). 근대입헌주의 헌법은 국민주권주의, 권력분립주의, 법치주의, 성문·경성헌법이며, 자유방임주의 및 시민적 법치국가를 지향하고 소극국가, 질서국가, 야경국가, 입법국가를 표방한다.

③ 현대복지국가(현대 사회국가적) 헌법

자본주의 경제제도의 모순과 제1차, 제2차 세계대전으로부터 실질적 평등과, 재산권행사의 의무화, 경제활동의 규제와 조정, 사회적 법치주의를 지향하며, 독일의 바이마르(Weimar(1919)) 헌법에서 구체화되어 실질적 법치주의, 적극국가(경제헌법), 후생·급부국가, 행적원의 강화(행정국가)가 특징이다.

제2절 헌법의 분류

(1) 제정주체에 따라

① 흠정헌법 : 군주 1인이 제정(1889년 일본의 명치헌법)

② 민정헌법 : 국민주권을 기초로 국민이 제정 - 버지니아 헌법(1776년), 미합중국 헌법(1787년), 프랑스 헌법(1791년)

③ 협약헌법 : 군주와 국민대표 간의 합의에 의해 제정

④ 국약헌법 : 국가(연방·주) 간의 합의에 의해 제정(미국, 러시아, 독일 등)

(2) 존재형식에 따라

① 성문헌법 : 헌법이 단일·통일 헌법전으로 존재(최초의 근대적 성문헌법은 1776년 버지니아헌법)

② 불문헌법 : 헌법전이 아닌 일반 법률이나 관습법 등의 형식으로 존재(예, 영국)

심화연구 ☞ 불문헌법으로서의 관습헌법(헌재 2004. 10. 21. 2004 헌마554)

---

1 관습헌법이란 헌법적 사항에 대한 관습법을 의미하며 관습헌법의 성립요건에는 헌법사항에 대한 관행의 존재, 반복, 계속성, 항상성, 명료성, 국민적 합의가 있다. 이러한 요건을 갖춘 관습헌법은 헌법적 효력을 갖기 때문에 헌법개정을 통해서만 변경될 수 있다.
2 우리나라에서 수도가 서울인 것은 관습법이다.
3 따라서, 헌법개정에 의하지 않고 법률에 의하여 서울을 이전하는 것은 헌법에 위반된다.
4 헌법재판소는 「신행정수도의 건설을 위한 특별조치법」을 관습법의 논거를 들어 위헌으로 판결했다.

---

(3) 개정절차의 난이도에 따라

① 경성헌법 : 헌법개정을 일반 법률개정 절차보다 엄격하게 하는 경우

② 연성헌법 : 헌법개정을 일반 법률개정 절차와 동일하게 하는 경우

(4) 헌법의 효력에 따라(칼 뢰벤스타인)

① 규범적 헌법 : 헌법규범과 헌법현실이 일치하는 헌법 예컨대 맞춤복과 같은 헌법으로 미국·독일 등의 민주선진국가의 헌법이 이에 속한다.

② 명목적 헌법 : 헌법현실이 헌법규범에 따르지 못하는 헌법이다. 예컨대 기성복과 같은 헌법으로 아시아·아프리카의 개발국가 헌법이 대부분 이에 속한다.

③ 형식적 헌법 : 대외적 과시·권력자의 자기정당화 수단인 헌법이다. 예컨대 변장복과 같은 헌법으로 사회주의 국가 및 독재국가 헌법의 대부분이 이에 속한다.

제3절 헌법의 특성[1]

(1) 사실적 특성

① 정치성 : 정치적 투쟁과 타협의 산물로서 미완성성, 간결성, 개방성, 추상성, 유동성, 불확실성을 띤다.

② 역사성 : 역사적 발전단계에 상응하는 이념이나 가치질서를 내용으로 한다.

③ 이념성 : 특정한 이념과 가치질서를 내재한다.

(2) 규범적 특성

① 최고규범성 : 실정법질서의 최상위 규범이다.

② 조직규범성 : 국가권력을 조직하고 권한을 부여하는 수권규범이다.

③ 권력제한규범성 : 권력의 행사를 제한하는 제한 규범이다.

④ 기본권보장성 : 불가침의 기본적 인권을 확인하고 보장한다.

⑤ 생활규범성 : 전 생활영역에서의 가치규범, 행동규범의 역할을 띤다.

제4절 헌법의 제정과 개정

(1) 헌법의 제정

① 헌법의 제정 : 헌법의 제정이란 실질적으로는 정치적 통일체의 종류와 형태에 관하여 헌법제정권력권자가 행하는 법 창조행위(헌법제정행위)를 의미하며, 형식적으로는 헌법사항을 성문헌법화시키는 것을 말한다.

---

[1] 헌법 전문의 효력(헌재, 2004헌마859) ; "… 헌법은 국가유공자 인정에 관하여 명문규정을 두고 있지 않으나 前文에서 "3. 1운동으로 건립된 대한민국임시정부의 법통을 계승"한다고 선언하고 있다. 이는 대한민국이 일제에 항거한 독립운동가의 공헌과 희생을 바탕으로 이룩된 것임을 선언한 것이고, 그렇다면 국가는 일제로부터 조국의 자주독립은 위하여 공헌한 독립유공자와 그 유족에 대하여는 응분의 예우를 하여야 할 법적의무를 지닌다. …,"

② 헌법제정권력 : 헌법제정권력이란 국가의 근본법인 헌법을 창조하는 힘을 의미한다. 헌법을 제정하는 권력이므로 헌법제정권력에 의하여 비로소 조직된 헌법제정권력과는 구별되며 헌법제정권력은 주권과 동일한 의미로 이해된다.

③ 헌법제정권력 이론의 시초 : 헌법제정권력 이론을 처음으로 체계화시킨 사람은 사이예스(Sieyes)이다. 그는 "제3신분이란 무엇인가"에서

㉠ 헌법제정권력의 주체는 국민(그 당시는 제3계급, 시민계급)이다.

㉡ 헌법제정권력의 발동은 언제나 자연법에 적합한 것이어서 아무런 제한을 받지 않으며(무한계설), 또한 시원성으로부터 제정권력을 정당화시킬 수 있는 힘이 나온다고 한다(자기정당화 이론).

㉢ 헌법개정권력은 전래된 헌법제정권력(창조된 권력)이므로 창조적 권력인 헌법제정권력과는 구별된다. 아울러 헌법제정권력은 형성하는 권력이므로 헌법제정권력에 의하여 형성된 권력인 국가권력과 구별되며, 국가권력의 전제가 된다(권력의 권력이고, 모든 국가질서의 창설자이다).

㉣ 국민투표 대신에 제헌의회에서 헌법을 제정할 것을 요구하였다.

(2) 헌법의 개정

① 의의 : 헌법의 개정이란 헌법의 규범적 기능을 제고하기 위해서 헌법의 기본적인 동일성을 유지하면서 헌법의 내용을 수정하고 삭제・추가하는 것을 말한다. 헌법의 개정에는 전면적인 개정과 부분적인 개정이 있으며, 일반적인 형태는 부분적인 개정이다.

심화연구 ☞ 헌법개정의 특징

1 헌법 개정은 성문헌법과 형식적 의미의 헌법을 전제로 하기 때문에 불문헌법 국가인 영국에서는 실익이 없다.
2 동일성의 범위 내의 변경이라는 점에서 헌법제정과 구별된다.

② 헌법개정의 형식

구분	증보형식(Additional amendment)	수정형식(Revision)
의의	헌법의 개정조항만을 추가·증보하는 형식, 기존의 조항은 그대로 유지	헌법의 기존 조항을 수정·삭제 및 삽입하는 형태
국가	미국의 연방헌법	세계 대부분의 국가 및 우리 헌법

③ 헌법개정의 방법

특별한 헌법회의	-----	노르웨이, 네덜란드, 벨기에
의회의 의결	-----	한국 건국헌법, 독일 헌법, 호주 헌법
국민투표로 확정	-----	필수적 : 일본, 한국의 현행 헌법 임의적 : 프랑스 헌법, 한국의 유신헌법
의회의 의결 후 특별한 기관의 동의	-----	대만 헌법, 한국의 유신헌법
연방주의 동의	-----	미국, 스위스

④ 헌법개정의 한계

　㉠ 헌법 외재적 한계 : 헌법개정은 실정헌법보다 상위에 있는 자연법상의 원리와 국제법상의 원리 등에 의해서 헌법개정시 제한을 받는 것을 말하며, 초헌법적인 한계라고도 한다.

　㉡ 헌법 내재적 한계 : 헌법의 본질적인 내용인 헌법제정권자의 의지나 동일성 등은 헌법개정의 대상이 될 수 없다는 것을 말하며, 법 논리의 한계라고도 한다.

　㉢ 실정법상의 한계 : 헌법에 명문으로 특정조항의 개정은 금지하고 있음을 명시하는 것을 말한다.

⑤ 현행 헌법상 헌법개정의 한계(관련조문)

　㉠ 헌법 제70조〔대통령의 임기〕: 대통령의 임기는 5년으로 하며, 중임할 수 없다.

　㉡ 헌법 제128조〔헌법 개정안〕제2항 : 대통령의 임기연장 또는 중임변경을 위한 헌법개정은 그 헌법개정제안 당시의 대통령에 대하여는 효력이 없다.

☞ 개별적 헌법규정 상호간에 효력상의 차등이 있는가 ? (헌재 1996.6.13 헌바20)

1 위헌심사의 대상이 되는 '법률'이란 국회의 의결을 거쳐 제정된 이른바 형식적 의미의 법률을 의미하므로 헌법의 개별규정 자체는 헌법소원에 의한 위헌심사의 대상이 아니다.

2 헌법은 전문과 각 개별조항이 서로 밀접한 관련을 맺으며 하나의 통일된 가치체계를 의미하고 있는 것으로서, 헌법의 제규정 가운데는 헌법의 근본가치를 보다 추상적으로 선언한 것도 있고, 이를 보다 구체적으로 표현한 것도 있으므로 이념적·논리적으로는 헌법규범 상호간의 우열을 인정할 수 있는 것이 사실이다. 그러나 이때 인정되는 헌법 상호간의 우열은 추상적 가치규범의 구체화에 따른 것으로서 헌법의 통일적 해석에 있어서는 유용할 것이지만, 그것이 헌법의 어느 특정규정이 다른 규정의 효력을 전면적으로 부인할 수 있을 정도의 개별적 헌법규정 상호간에 효력상의 차등을 의미하는 것이라고는 볼 수 없다.

제5절 우리나라 헌법의 개정절차

(1) 관련조문

1 헌법 제128조

　① 헌법개정은 국회재적의원 과반수 또는 대통령의 발의로 제안된다.

　② 대통령의 임기연장 또는 중임변경을 위한 헌법개정은 그 헌법개정제안 당시의 대통령에 대하여는 효력이 없다.

2 헌법 제129조 : 제안된 헌법개정안은 대통령이 20일 이상의 기간 이를 공고하여야 한다.

3 헌법 제130조

① 국회는 헌법개정안이 공고된 날로부터 60일 이내에 의결하여야 하며, 국회 의결은 재적의원 3분의2 이상의 찬성을 얻어야 한다.

② 헌법개정안은 국회가 의결한 후 30일 이내에 국민투표를 붙여 국회의원선거권자 과반수의 투표와 투표자 과반수의 찬성을 얻어야 한다.

③ 헌법개정안이 제2항의 찬성을 얻은 때에는 헌법개정은 확정되며, 대통령은 즉시 이를 공포하여야 한다.

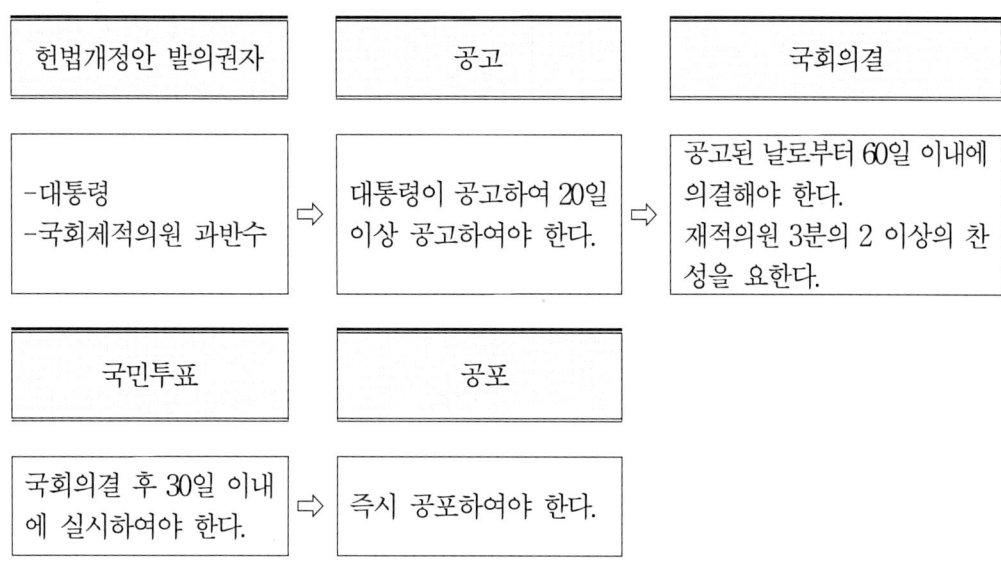

제6절 우리나라 헌법

(1) 대한민국 헌법의 제정과 개정과정

① 건국헌법의 제정

㉠ 헌정사상 최초의 국회의원 선거(1948.5.10) - 198명

ⓒ 건국헌법 제정 공포(1948.7.17)

② 건국헌법의 주요 내용

㉠ 민주공화국, 국민주권, 기본권보장, 사기업에 있어서 근로자의 이익분배균점권

㉡ 단원제 국회

㉢ 대통령과 부통령 국회 선출(임기 4년, 1차 중임)

㉣ 대통령의 법률거부권 및 법률안제출권 허용

㉤ 부서제도

㉥ 국무총리는 대통령이 임명(국회 승인)

㉦ 국무원

㉧ 가예산 제도

㉨ 통제경제를 주축으로 함

㉩ 헌법개정은 국회의결로 가능

㉪ 헌법위원회와 탄핵재판소

㉫ 자연자원의 원칙적 국유화

㉬ 정당조항과 통일조항은 없었음

(2) 대한민국 헌법의 개정과정

헌법은 1948년 7월 17일 제정된 후 9차례 개헌이 있었다. 개헌 과정의 특징은 개정의 빈도가 잦았고 대통령의 임기나 선출방법에 관 것이 주된 내용이며, 절차의 위헌성이 많았고, 국민투표로써 확정지었다는 것이다.

공화국	구분	주요내용	비고
제1	제1차 개헌 (1952. 7. 7)	● 대통령·부통령의 직선제 ● 양원제 국회(민의원과 참의원) ● 국회의 국무원불신임제도	※ 발췌개헌 : 야당의 개헌안과 정부의 개헌안을 절충한 발췌개헌. ※ 문제점 : 공고절차 위반(공고되지 않은 헌법안이 통과됨). 국회에서 토론의 자유가 보장되지 않고 의결이 강제됨(기립 공개표결).
	제2차 개헌 (1954.11.27)	● 초대대통령의 중임제한 철폐 ● 주권의 제약, 국가 안위에 관한 중대사항 국민투표제 ● 국무위원에 대한 개별적 불신임제 채택 ● 국무총리제 폐지 ● 헌법개정안에 대한 국민발안 허용	※ 사사오입개헌 : 개정안에 대한 국회 표결 결과 재적의원 203명 중 135명이 찬성하여 재적의원 3분의 2(136명)에 미치지 못하였으나 집권당은 203의 3분의 2가 135.33이므로 사사오입하면 135명이라고 주장하여 통과시킴 ※ 문제점 : 절차상 의결정족수에 미달, 초대 대통령에 한하여 중임제한 규정을 철폐한 것은 평등원칙에 위배
제2	제3차 개헌 (1960. 6.15)	● 내각책임제 채택 ● 국민의 기본권 강화(검열제, 허가제 근지) ● 정당조항 신설 ● 헌법재판소 설치	※ 1960년 4월 19일의 4·19혁명에 의한 개헌, 최초의 합헌적 개정절차
	제4차 개헌 (1960.11.29)	● 1960.3.15 부정선거 관련자 및 4·19혁명 관련 반민주 행위자에 대한 처벌근거 마련 ● 특별재판소와 특별감찰부 ● 헌법부칙만을 개정	※ 문제점 : 형벌불소급에 대한 예외를 인정, 소급입법에 의한 참정권과 재산권 침해로 위헌 소지

제3	제5차 개헌 (1962.12.26)	• 헌법조문이 최초로 개정됨. • 인간의 존엄성 조항 신설 • 대통령제로 환원 • 단원제 국회 • 극단적 정당국가 지향 • 법관임명에 법관추천회의 제청 • 국가안전보장회의 신설	※ 국가재건최고회의
	제6차 개헌 (1969.10.21)	• 대통령의 계속 재임을 3기로 연장 • 국회의원의 국무위원 겸직 허용	※ 3선 개헌 : 대통령의 장기집권의 계기를 마련함.
제4	제7차 개헌 (1972.12.27)	• 통일주체국민회의 신설 • 대통령의 권한 강화(긴급조치권, 법관임명권, 국회예산권)	※ 유신헌법 : 대통령의 권한을 강화시킨 절대적 대통령제 ⇒ 권력분립의 기본 정신에 위배
제5	제8차 개헌 (1980.10.27)	• 대통령 7년 단임제, 간선제 • 연좌제 금지 • 국회 국정조사권 신설	※ 국민투표로 확정
제6	제9차 개헌 (1987.10.29)	• 대통령 직접선거 • 대통령 권한 축소 (국회 해산권 폐지) • 헌법재판소 설치	※ 1987년 6·10 항쟁 여·야 합의에 의한 헌법 개정

제7절 헌법전문과 헌법의 기본원리

(1) 헌법전문

① 헌법전문의 의의 : 헌법전문이란 헌법의 본문 앞에 있는 서문으로서 헌법의 지도이념

이 구체화된 문장이다. 일반적으로 헌법전문은 헌법의 성립유래, 헌법제정권자, 헌법의 제정목적, 헌법의 기본원리 등을 명시하고 있다.

② 헌법 전문의 법적성격

    ㉠ 최고규범성

    ㉡ 법해석의 기준

    ㉢ 헌법개정의 한계

    ㉣ 재판규범성 : 법적 성격을 인정하면서도 재판규범의 성격을 인정할 것인가에 대하여 긍정설과 부정설이 있으나 다수설과 헌법재판소는 재판규범을 인정한다.

③ 헌법전문의 내용

    ㉠ 대한민국의 건국이념

    ㉡ 국민주권주의

    ㉢ 자유민주적 기본질서 확립

    ㉣ 기본권의 존중

    ㉤ 국제평화주의와 평화통일의 원리

    ㉥ 정의로운 복지사회의 구현

심화연구 ☞ 헌법전문의 내용이 아닌 것

1 대한민국의 영토   2 재외국민보호   3 권력분립
4 정치보복의 금지   5 모든 헌법 개정일자

---

(2) 헌법의 기본원리

① 헌법의 기본원리의 의의 : 헌법의 기본원리는 헌법의 이념적 기초인 동시에 헌법을 지배하는 지도원리로서, 입법이나 정책결정의 방향을 제시하며, 공무원을 비롯한 모든 국민·국가기관이 헌법을 존중하고 수호하도록 하는 지침이 되며, 구체적 기본권

을 도출하는 근거로 될 수는 없으나 기본권의 해석 및 기본권제한입법의 합헌성 심사에 있어 해석 기준의 하나로서 작용한다(1994. 4.25 92헌바47).

② 국민주권주의 : 우리 헌법은 "대한민국의 주권은 국민에게 있고 모든 권력은 국민으로부터 나온다."(제1조 제2항)고 규정하여 주권이 국민에게 있음 선언하고 있고, 헌법전문의 규정을 통하여 헌법의 제정 및 개정의 주체가 국민임을 선언하고 있다. 이는 최종·최고의 결정권력으로서의 주권이 대한민국 국민 전체에게 귀속된다는 원리를 선언한 것이다.

③ 권력분립주의 : 권력분립주의는 국민의 기본권을 보장하기 위하여 국가권력을 그 성질에 따라 분리·분립시키는 통치조직에 관한 원리이다. 권력분립주의의 본질은 권력의 분리·분립과 권력상호 간의 견제와 균형에 있다.

④ 법치주의 : 법치주의[2]란 국가의 권력작용은 헌법이나 법률에 의해서 이루어져야 한다는 원리를 말한다. 법치주의에 대한 개념은 경찰국가와 권력국가에 대한 반대개념으로 사용되기 시작한 것이다. 법치주의는 행정작용은 국회가 제정한 형식적 법률의 근거가 요청된다는 법률유보를 핵심적 내용으로 한다.

⑤ 복지(사회)국가의 원리 : 복지국가란 모든 국민이 건강하고 문화적인 생활을 하는 것이 정부의 책임인 동시에 국민의 권리로서 인정된 국가를 의미한다. 복지국가는 자본주의 질서에 대한 수정을 의미하는 것으로 국민의 빈곤을 해소하는 것을 목적으로 한다.

⑥ 문화국가주의 : 문화국가주의란 문화의 자주성을 인정하면서 문화를 국가에서 보호하고 보장해야 한다는 원리를 말한다. 문화의 의미는 학습을 통해서 향유하고 있는 공통의 생활양식으로서 교육·예술 등의 영역을 의미한다.

---

[2] 명확성의 원칙 〈헌재, 99헌바34〉 ; "… 명확성의 원칙은 헌법상 내재하는 법치국가원리로부터 파생될 뿐만 아니라, 국민의 자유와 권리를 보호하는 기본권보장으로부터도 나온다. 헌법 제37조 제2항에 의거하여 국민의 자유와 권리를 제한하는 법률은 명확하게 규정되어야 한다. 법률은 명확한 용어를 규정함으로써 적용대상자에게 그 주제내용을 미리 알 수 있도록 공정한 고지를 하여 장래의 행동지침을 제공하고, 동시에 법집행자에게 객관적 판단지침을 주어 차별적이거나 자의적인 법해석을 예방할 수 있다. 따라서 법규범의 의미내용으로부터 무엇이 금지되고 무엇이 허용되는 행위인지를 국민이 알 수 없다면 법적안정성과 예측가능성은 확보될 수 없게 될 것이고, 법집행 당국에 의한 자의적 집행이 가능하게 될 것이다. …"

심화연구 ☞ 문화국가주의

문화국가규정을 최초로 헌법에 명시한 것은 독일 바이마르 헌법(1919)이다.

⑦ 국제평화주의 : 국제평화주의란 침략적 전쟁의 부인과 외국인의 지위보장, 국제법 준수등을 기초로 하여 국가 간의 협력과 공존을 추구하는 원리를 말한다.

제8절 대한민국 헌법의 기본제도

(1) 정당제도3)

① 의의 : 정당이란 국민의 이익을 위하여 책임있는 정치적 주장이나 정책을 추진하고, 공직후보자를 추천하는 정치적인 뜻을 같이 하는 사람들의 영속적이고 자발적인 단체를 말한다.

② 정당의 헌법상 지위 : 국가와 국민의 정치적 의사형성을 담당하는 중개적 권한(기관)이다(중개적 권력설, 제도적 보장설).

---

3) 정당의 자유 〈헌재, 99헌마135〉 ; "…(나) 정당의 기능과 과제
 오늘날의 정치현상을 살펴보면, 개체로서의 국민은 개인의 다양한 이익과 요구를 집결, 선별하고 조정하는 집단을 통해서 비로소 자신을 정치적으로 실현할 수 있는 가능성이 있기 때문에, 정당은 민주적 의사형성을 위한 불가결한 요소이다. 오늘날의 의회민주주의는 정당의 존재없이는 가능할 수 없다는 점에서, 정당은 국민과 국가를 잇는 연결매개체로서 민주적질서의 중요한 구성부분이다. 정당은 정치권력에 영향을 행사하려는 모든 중요한 세력, 이익, 시도 등을 인식하고 이를 취합·선별하여 내부적으로 조정을 한 다음, 국민이 선택할 수 있는 정책을 형성하는 기능을 한다. 사회의 다양한 견해가 선택가능한 소수의 대안으로 집결되고 선별되는 과정을 거친 뒤에야 비로소 국민에 의한 선거가 가능하다. 바로 이러한 기능을 담당하는 것이 정당이므로, 선거를 준비하는 기관으로서의 정당 없이는 선거가 치루어질 수 없다. 정당은 국민의 정치적 의사형성과정에 참여할 뿐만아니라, 정부와 국회의 주요 핵심 공직을 선출, 임면하는데 결정적인 역할을 하고 의회와 정부 등 정치적 지도기관의 정책과 결정에 영향을 행사함으로써 국가의사형성에 결정적 영향을 미친다. 다시말해, 정당은 국가의 의사형성에 참여하는 것이 그 목적이며, 이러한 목적은 오로지 국민의 지지를 통해서만 이루어 질 수 있기 때문에 국민의 정치의사형성에 참여하는 것이다.

③ 정당의 법적 성격 : 민법상 법인격 없는 사단이다(지구당도 동일, 헌법재판소)

④ 정당의 특권 : 정당은 설립·활동·존립·해산상의 특권을 가진다. 또한 정당은 정치적 의사형성에 참여할 권리, 균등한 경쟁기회를 보장받을 권리, 선거참관인지명권, 정당운영자금의 국고보조 등을 포함한 정치자금을 모집할 권리를 가진다.

⑤ 정당의 해산[4]

㉠ 정당의 등록취소

ⓐ 기존의 정당명칭을 사용할 수 있다.

ⓑ 유사정당을 창당할 수 있다.

ⓒ 소속의원은 무소속으로 남는다.

ⓓ 잔여재산은 당헌이 정하는 바에 따른다.

ⓔ 법원에 제소할 수 있다.

ⓕ 정당의 등록취소 사례는 많다.

㉡ 헌법재판소에 의한 강제해산

ⓐ 해산요건 : 정당의 활동이나 목적이 민주적 기본질서에 위배될 때이며, 정당의 모든 조직을 포함하나, 방계조직·위장조직은 제외한다.

---

[4] **통합진보당의 해산** 〈헌재, 2013헌다1〉 ; "… 북한식 사회주의 체제는 조선노동당이 제시하는 정치노선을 절대적인 선으로 받아들이고 그 정당의 특정한 계급노선과 결부된 인민민주주의 독재방식과 수령론에 기초한 1인 독재를 통치의 본질로 추구하는 점에서 우리 헌법상 민주적 기존질서와 근본적으로 충돌한다. 피청구인은 진보적민주주의를 실현하기 위해서는 전민항쟁이나 저항권 등 폭력을 행사하여 자주민주의체제를 전복할 수 있다고 하는데, 이는 모든 폭력적·자의적 지배를 배제하고, 다수를 존중하면서도 소수를 배려하는 민주주의적 의사결정을 기본원리로 하는 민주적 기본질서에 정면으로 저촉된다. 비례대표 부정 경선 사건, 중앙위원회 폭력사건 및 관악을 지역구 여론조작 사건 등 피청구인의 활동들은 내용적 측면에서는 국가의 존립, 의회제도, 법치주의 및 선거제도 등을 부정하는 것이고, 수단이나 성격의 측면에서는 자신의 의사를 관철하기 위해 폭력·위계 등을 적극적으로 사용하여 민주주의 이념에 반하는 것이다. 피청구인이 북한식 사회주의를 실현한다는 숨은 목적을 가지고 내란을 논의하는 회합을 개최하고 비례대표 부정경선 사건이나 중앙위원회 폭력사건을 일으키는 등 활동을 하여 왔는데 이러한 활동은 유사상황에서 반복될 가능성이 크다. 더구나 피청구인 주도세력의 북한 추종성에 비추어 피청구인의 여러 활동들은 민주적 기본질서에 대해 실질적 해악을 끼칠 구체적 위험성이 발현될 것으로 보인다. 특히 내란 관련 사건에서 피청구인 구성원들이 북한에 동조하여 대한민국의 존립에 위해를 가할 수 있는 방안을 구체적으로 논의한 것은 피청구인의 진정한 목적을 단적으로 드러낸 것으로서 표현의 자유의 한계를 넘어 민주적 기본질서에 대한 구체적 위험성을 배가한 것이다. 이상을 종합하면, 피청구인의 위와 같은 진정한 목적이나 그에 기초한 활동은 우리 사회의 민주적 기본질서에 대해 실질적 해악을 끼칠 수 있는 구체적 위험성을 초래하였다고 판단되므로, 우리 헌법상 민주적 기본질서에 위배된다. …".

ⓑ 정당해산 제소 : 정당해산제소는 정부에서 행하며, 국무회의 심의를 거쳐야 한다. 또한 일사부재리의 원칙이 적용된다.

ⓒ 해산결정 : 헌법재판소재판관 9인중에서 6인 이상의 찬성을 요하며, 헌법재판소의 해산결정은 창설적 효력이 발생하고 법원에 제소할 수 없다.

ⓓ 해산효과 : 해산된 정당의 소속의원은 의원직이 상실된다(다수설). 또한 해산된 정당의 재산은 국고에 귀속된다.

(2) 선거제도

① **선거제도 의의** : 선거란 유권자들이 국민의 대표자를 선출하는 합성행위로서 통치권력에 정당성을 부여하는 국가기관 선임행위를 말한다. 선거는 국민의대표자를 선출하는 행위로서 대의정치와 관련된다.

② **선거의 종류**

㉠ 총선거 : 총선거란 국회의원을 새로이 선출하는 선거로 임기만료시에 실시한다.

㉡ 보궐선거 : 보궐선거란 임기 중에 궐원 또는 궐위된 경우에 새로이 선출하는 선거이다.

㉢ 재선거 : 다음과 같은 사유로 실시하는 선거를 말한다.

  ⓐ 당해 선거구의 후보자가 없는 때
  ⓑ 당선인이 없거나 지역구 자치구·시·군의원선거에 있어 당선인이 당해 선거구에서 선거할 지방의회의원 정수에 달하지 아니한 때
  ⓒ 선거의 전부무효의 판결 또는 결정이 있는 때
  ⓓ 당선인이 인기개시 이전에 사퇴하거나 사망한 때
  ⓔ 당선인이 임기개시 전에 피선거권 상실로 인하여 당선의 효력이 상실되거나 당선이 무효로 된 때
  ⓕ 선거범죄로 인하여 당선이 무효로 된 때

㉣ 연기선거 : 천재지변 기타 부득이한 사유로 인하여 선거를 실시하지 못한 때 실시하는 선거이다.

심화연구 ☞ 보궐선거와 재선거

보궐선거	재선거
• 임기 중에 사망시 • 임기 중에 사퇴시	• 임기개시 이전에 사망시 • 당선자가 없는 경우 • 후보자가 없는 경우 • 당선무효판결 확정시

③ 선거의 5대 기본원칙

㉠ 보통선거 : 국민으로서 일정한 연령에 달한 사람에게는 원칙적으로 재산, 종교, 교육, 성별, 사회적 신분에 관계없이 누구에게나 선거권을 주는 제도이다. 보통선거와 반대가 되는 선거제도는 제한선거이다.

㉡ 평등선거 : 누구나 다 같이 한 표씩 투표하며 그 가치에 차를 두지 않는 제도이다. 평등선거와 반대가 되는 선거제도는 차등선거이다.

㉢ 직접선거 : 국민이 직접 입후보자에게 투표하는 제도이다. 직접선거와 반대가 되는 선거제도는 간접선거제도이다.

㉣ 비밀선거 : 선거인이 어떤 후보자에게 투표하였는지를 모르게 하는 제도이다. 비밀선거의 방법으로는 무기명투표제도가 있다. 비밀선거와 반대되는 선거제도는 공개선거이다.

㉤ 자유선거 : 유권자의 자유로운 의사에 의해서 후보자를 선출하는 것을 말한다. 자유선거는 헌법에 직접 명시된 선거원칙은 아니지만, 당연히 보장되어야 하는 선거의 기본원칙의 하나이다. 자유선거와 반대가 되는 선거제도는 강제선거이다.

④ 선거구제도 : 선거구란 선거가 이루어지는 지역적 단위를 말한다. 선거는 법률로서 정한다.

㉠ 소선구제 : 1선거구에서 1인을 선출하는 제도이다.

ⓒ 대선거구제 : 1선거구에서 2인 이상을 선출하는 제도이다.

　　　ⓐ 중선거구 : 1선거구에서 2~4인을 선출하는 제도이다.

　　　ⓑ 대선거구 : 1선거구에서 5인 이상을 선출하는 제도이다.

　　ⓒ 전국선거구제 : 전국에서 1인을 선출하는 제도이다.

심화연구 ☞ 소선거구제와 대선거구제의 장·단점

구분	장 점	단 점
소선거구제	① 선거관리가 간단하고 선거비용이 적게 든다 ② 입후보자와 선거인의 관계가 밀접하여 선거인이 후보자의 인물을 잘 알 수 있다. ③ 일반적으로 다수당에 유리하여 정국의 안정을 기할 수 있다.	① 지연, 혈연의 지배를 받기 쉽다. ② 소인물인 지방명사가 당선되기 쉽다. ③ 선거인의 매수나 관권의 간섭을 받기 쉽다. ④ 사표(死票)가 많아진다.
대선거구제	① 전국적 큰 인물이 당선되기 쉽다. ② 소수당에게 유리하게 운영될 수 있어 소수자를 보호할 수 있다. ③ 사표(死票 : 낙선자에게 던져진 표)가 감소된다(비례대표제와 결부된 경우) ④ 인물선택의 범위가 비교적 넓다.	① 선거비용이 많이 들고 선관리가 힘들다. ② 절대 다수당의 출현이 소선거구보다 어려워서 정국이 불안하다. ③ 후보자가 난립될 염려가 있다. ④ 선거인의 무관심이 나타나기 쉽다.

⑤ 대표제의 형태

　ⓐ 다수대표제 : 한 선거구에서 다수의 표를 얻은 자를 당선자로 결정하는 제도이다. 이는 소선거구제와 함께 행하여지며 가장 일반적으로 채택되는 방법이다. 절차가 단순·명료하여 다수파가 안정세력을 얻을 수 있는 장점이 있으나, 사표가 많고 소수파의 의견이 반영되지 않는다는 단점이 있다.

　ⓑ 소수대표제 : 소수파에도 그 득표수에 따라 당선의 기회를 주기 위하여 단기투표제, 제한연기투표제 등이 그것이다.

ⓒ 비례대표제 : 각 정당의 총득표 수에 비례하여 당선자를 결정하는 제도이다. 이는 자유주의적 대의제로부터 정당국가적 민주정치로 발달해 감에 따라 이 제도가 많이 채택되었다. 사표를 활용하는 데에 장점이 있다. 방법이 복잡한 것이 단점이다.

ⓔ 지역대표제 : 일정한 지역을 기준으로 선거구를 획정하여 의원을 선거하는 제도이다. 이 제도는 지역적 이익을 대표하는 성격을 가지는 것으로 널리 채택되고 있다.

ⓜ 직능대표제 : 각 직업별로 일정 수의 의원을 선출하는 제도로 각 계의 전문가를 선출하는 것을 특징으로 하고 있다.

심화연구 ☞ 비례대표제와 직능대표제

1 비례대표제 : 비례대표제는 그 종류가 3백여 종까지 있으나, 본래의 목적은 사표(死票)를 방지하고 국민의 의사를 충분히 반영하려는데 있다. 즉, 비례대표제는 정당을 전제로 하여 정당별 득표 비율에 따라 의석을 배정하는 제도이다.

장점	㉠ 각인이 투표하는 한 표의 가치를 평등하게 취급한다는 점에서 참다운 선거권의 평등을 보장한다. ⓒ 민주정치의 본질인 정당정치에 적합하다. ⓒ 소수에게도 의회진출의 기회를 줌으로써 소수자 보호의 민주정치원리에 적합하다. ⓔ 사표를 구제하여 대표성이 강하다.
단점	㉠ 다수당 내지 군소정당의 난립을 초래할 위험이 있다. ⓒ 기술적으로 시행하기 곤란하고 절차가 번잡하다. ⓒ 비례대표제는 선거의 직접성의 원칙에 모순된다. 선거인과 국회의원 간에 정당이 개재하고 투표는 간접선거로 되기 쉽다. ⓔ 후보자 명부는 정당에 의하여 작성되고 선거인은 후보자의 선정에 거의 영향을 미치지 못하며, 따라서 정당간부의 횡포를 가져오기 쉽다.

2 직능대표제 : 위에서 살핀 대표제는 모두 지역구를 대표하는 의원을 선거하는 것을 목적으로 한 지역대표제에 관한 것이다. 이에 반하여 직능대표제는 선거인을 직업, 즉, 직업 집단으로 나누고 그 지역을 단위로 하여 대표를 선출하는 방식이다. 이 제도는 정치의 경제화에 그 원인을 찾을 수 있는데 직능상원이나 경제평의회로 구성되고 있다. 그러나 이 제도는 직업 집단의 합리적 분할과 대표자 정수의 합리적 할당이 곤란하다는 데 그 결함이 나타나고 있다. 우리나라에서 직능대표제는 한 번도 채택한 바가 없으나 직능별 대표를 비례대표를 통하여 국회에 진출시키고 있다.

⑥ 선거공영제

　㉠ 선거공영제의 의의 : 선거공영제란 선거운동의 자유방임에서 오는 온갖 폐단을 방지하기 위하여 선거를 국가 또는 지방자치단체가 관리하는 제도를 말한다. 오늘날 선거는 국가의 중요한 공무(公務)이기 때문에 선거공영제가 일반적으로 채택되고 있다.

　㉡ 선거공영제의 2대 원칙

　　ⓐ 선거운동 : 기회균등의 원칙
　　ⓑ 선거비용 : 국가부담의 원칙

(3) 공무원제도

① 공무원 의의 : 공무원이란 직·간접적으로 국민에 의해서 선출되거나 임용되어 국가 또는 지방자치단체와 공법상의 근로관계를 맺고 공공적 업무를 담당하는 자이다.

② 공무원의 헌법상 지위

　㉠ 국민전체에 대한 봉사자
　㉡ 공무원은 국민에 대하여 책임을 진다(정치적·이념적·도의적 책임).

③ 직업공무원제도의 내용

　㉠ 성적주의 : 공무원의 임용시 능력을 기준으로 임용, 엽관주의 배제
　㉡ 정치적 중립성 보장
　㉢ 공무원의 신분보장

(4) 지방자치제도

① 지방자치의 의의 : 지방자치는 구역을 단위로 하여 주민의 복리에 관한 사무 및 재산관리를 자율적으로 행하여 지방행정의 민주성과 능률성을 제고하고 지방의 발전과 민주주의를 신장하는 제도이다. 즉, 지방자치제도는 지방민 스스로 대표자를 선출하여 정책을 결정·집행하는 제도이다.

② 지방자치의 유형
  ㉠ 주민자치 : 지역사회의 정치와 행정을 그 지역주민 자신의 책임하에 스스로 처리하는 정치적 의미의 지방자치를 의미한다.
  ㉡ 단체자치 : 국가로부터 상대적으로 독립한 지방정부가 국가의 간섭을 받지 않고 자치를 행하는 법률적 의미의 지방자치를 의미한다.
③ 지방자치의 종류 : 헌법 제117조 제2항의 규정에 의하여 지방자치의 종류는 법률로 정한다.
  ㉠ 광역자치단체 : 특별시, 광역시, 특별자치시, 도, 특별자치도
  ㉡ 기초단체자치 : 시, 군, 구

제2장 기본권

제1절 기본권의 의의

기본권이란 국민이 향유하는 기본적인 권리로서, 헌법에 의해 보장되는 권리를 말한다. 한편, 인권 또는 인간의 권리란 인간이기 때문에 당연히 갖는 권리를 말한다. 버지니아(Virginia) 권리장전과 프랑스 인권선언에서 인권 또는 인간의 권리로 표현된 것이 독일에서는 기본권이라는 말로 사용되고 있다. 기본권 중에는 생래적인 권리도 있으나 국가내적인 권리도 포함되어 있으므로, 생래적이며 천부적 권리인 인권과는 내용상 완전히 일치하지는 않는다. 그러나 기본권은 인권사상을 바탕으로 하여 인권을 실현시키고자 하는 것이므로 인권개념과 거의 동일하다고 할 수 있다.

제2절 기본권의 발전사

기본권 또는 기본적 인권이라는 용어는 그 출발에 있어서 항의적이고 투쟁의 성격을 띠고

정립된 역사적인 개념이다.

(1) 영국

① 변천 : 대헌장(1215) ⇨ 권리장전(1628) ⇨ 인신보호법(1679) ⇨ 권리장전(1689)
② 특징 : 영국에 있어서 인권 또는 자유와 권리는 기존의 자유와 권리의 재확인일 뿐 미국이나 프랑스에서처럼 천부적 자연권성을 기초로 하지 않는다.

(2) 미국

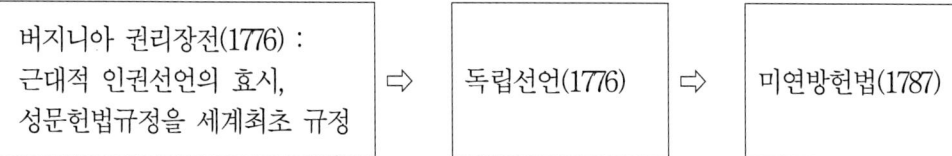

(3) 프랑스

① 변천 : 인간과 시민의 권리선언(1789) ⇨ 프랑스 혁명헌법(1791)

심화연구 ☞ 현대 헌법의 기본권 특징 --

① 기본권의 사회화 경향 (자유권에서 생존권으로, 1919년 바이마르 헌법에서 최초 규정)
② 기본권의 자연권성 강조
③ 기본권 보장의 국제화 (UN헌장, 인권규약)

제3절 기본권의 법적 성격

(1) 주관적 공권성

주관적 공권이란 기본권을 국민이 국가권력에 대하여 일정한 권리로 가진다는 것을 말한다. 주관적 권리로서의 기본권은 국가권력에 대한 방어적 권리로, 국민이 국가권력에 대하여 가지는 일정한 권리를 의미한다.

심화연구 ☞ 반사적 이익설

켈젠(Kelsen)은 기본권을 국가권력의 자체에 의한(법률이 규정하지 않고 있기에 허용할 뿐인) 반사적 이익에 불과한 것이라고 보았다.

(2) 자연권성

기본권은 본질적으로 인간이 가지는 권리를 말한다. 현행 헌법은 자연권설에 기초하고 있다(제10조).

(3) 기본권의 이중적 성격

주관적으로는 개인을 위한 대국가적 공권이며, 객관적으로는 국가의 기본적 법질서성(객관적 가치질서성)이다.

심화연구 ☞ 기본권의 이중성

주관적 공권성	• 천부인권 • 국가에 대한 소극적 방어권 • 국가는 기본적 침해금지
객관적 가치 질서성	• 헌법의 기본적 가치 지표 • 권리 = 의무 = 책임(권리포기가 금지되며, 대사인적 효력을 갖게 된다) • 국가는 적극적 기본적 실현 의무

제4절 기본권의 주체

국민, 외국인, 법인이 주체가 될 수 있고 외국인과 법인은 일정 영역에서 그 주체성이 제한되거나 부정된다.

제5절 기본권의 효력

(1) 기본권의 대국가적 효력

기본권은 생래적으로 국가권력의 침해로부터 개인의 자유와 권리를 방어하기 위해서 유래한 것으로 기본권은 입법권·사법권·행정권 같은 모든 국가권력을 직접 구속하는 대국가적 효력을 가진다.

(2) 기본권의 대사인적 효력(제3자적 효력)

① 현대국가에서는 개인활동의 다양화 등에 의해서 개인에 의한 기본권 침해의 가능성 증대와 기본권 이중성 이론에 의해서 기본권의 대사인적 효력이 인정되고 있다. 기본권의 대사인적 효력은 기본권에 대한 침해가 국가권력뿐만 아니라 사회적인 압력단체 또는 사인(私人)으로부터도 나올 수 있다는 현실적 요청에 따른 이론이라 할 수 잇다. 오늘날 기본권의 대사인 간의 문제가 제기되는 이유는 사인이나 사적단체가 기본권을 침해하는 것을 방지하기 위함이다.

② 현행 우리나라 헌법상 제21조 제4항의 언론·출판의 사회적 책임, 제10조의 인간의 존엄과 가치·행복추구권, 제33조의 근로3권, 제32조 제4항과 제5항의 여자와 연소자 근로에 관한 특별보호규정은 대사인 간에 직접 적용되는 규정에 해당한다.

제6절 기본권의 제한

(1) 헌법유보에 의한 제한(헌법 직접적 제한)

① 일반적 헌법유보 : 기본권 일반에 대한 제한을 헌법이 직접 규정(우리헌법에는 없음)
② 개별적 헌법유보 : 특정의 기본권 제한을 헌법이 직접 규정
　㉠ 정당의 해산(제8조 제4항)
　㉡ 언론·출판의 자유에 대한 제한(제21조 제4항)
　㉢ 군인·군무원의 국가배상청구권 제한(제33조 2항)

(2) 법률유보에 의한 제한(헌법 간접적 제한)

법률유보에 의한 제한이란 국민의 기본권을 제한하고자 할 때 입법권자가 제정한 법률에 의하도록 하는 것이다. 기본권제한의 방식으로는 법률의 형식을 요구하는 것을 말한다.

① 일반적 법률유보 : 기본권 제한의 목적이나 방법을 일괄해서 규정(헌법 제37조 제2항)

② 개별적 법률유보 : 개별적 기본권 조항에 법률이 정하는 바에 따라 제한할 수 있음을 명시

㉠ 신체의 자유(제12조 제1항)

㉡ 재산권(제33조)

㉢ 근로3권(제33조 제3항)

심화연구 ☞ 법률유보의 순기능과 역기능

순기능	법률에 의하지 않고서는 제한 불가능	기본권제한의 한계
역기능	법률에 의하면 제한 가능	기본권 제한의 수권

(3) 기본권 제한의 원칙과 형식

기본권 제한의 원칙
기본권은 원칙적으로 법률(형식적 의미의 법률)에 의해서만 제한될 수 있다. 다만, 명령(긴급명령, 구체적인 위임명령)에 의한 예외적인 제한이 인정되나, 관습법에 의해서는 제한될 수 없다.

기본권 제한 가능한 형식	기본권 제한 불가능한 형식
법률(관습법 예외), 긴급명령·긴급제정명령 조약, 일반적으로 승인된 국제법규	명령·조례·규칙(법률의 위임이 있을 경우는 그 위임한도 내 가능함).

제7절 기본권 각론

(1) 포괄적 기본권

① 인간으로서의 존엄과 가치(제10조)

㉠ 의의 : 모든 사람은 인간이라는 그 자체만으로도 존중할 만한 가치를 가지며, 다른 사람에게 예속되거나 다른 사람을 위한 수단으로 이용되어서는 안 된다는 것이다.

㉡ 법적 성격 : 최고의 헌법원리, 근본규범, 자연권성

㉢ 내용 : 생명권, 일반적 인격권, 자기결정권

㉣ 효력 : 대국가적 효력, 대사인적 효력

② 행복추구권(제10조)

㉠ 의의 : 소극적으로는 고통과 불쾌감이 없는 상태를 추구할 권리이며, 적극적으로는 안락하고 만족스러운 삶을 추구하는 권리이다.

㉡ 법적 성격 : 포괄적 기본권성, 자연권성, 독자적 기본권성

㉢ 내용 : 일반적 행동자유권, 개성의 자유로운 발언권, 자기결정권, 평화적생존권, 신체불훼손권

㉣ 효력 : 대국가적 효력, 대사인적 효력

③ 평등권(제11조)

㉠ 의의 : 국가에 대하여 합리적 이유 없이 불평등한 대우를 하지 말 것과, 평등한 대우를 요구할 수 있는 권리를 의미한다.

㉡ 법적 성격 : 포괄적 기본권, 근본규범, 주관적 공권성, 자연권성, 객관적 법질서성

㉢ 내용 : 법 앞에 평등, 차별금지

㉣ 효력 : 대국가적 효력, 대사인적 효력

심화연구 ☞ 평등권 보충

1 '법 앞에 평등에서' '앞'에의 의미 : '앞에'는 행정과 사법뿐만 아니라 입법까지도 포함한다. 즉, 법 적용상의 평등 이외에 법 내용상의 평등을 의미한다.
2 '법'의 의미 : 성문법과 불문법을 막론하고 국내법과 국제법을 가리지 아니하며, 헌법, 법률, 명령, 규칙과 관습법, 판례법, 조리(법) 등 모든 법규범을 말한다.

(2) 자유권적 기본권

① 신체의 자유(제12조)

㉠ 의의 : 신체의 자유는 신체의 안전성과 자율성을 제한·침해당하지 아니하는 자유로서 자유권 중에서 가장 핵심적인 자유권이며, 1215년 영국의 대헌장에서 최초로 규정되어 세계 대부분 국가의 헌법에 명문화되었다.

㉡ 내용

ⓐ 죄형법정주의(형법불소급의 원칙, 유추해석금지의 원칙, 명확성의 원칙, 관습형법 금지의 원칙, 적정성의 원칙) : "법률 없으면 범죄 없고, 형법 없다"는 근대형법의 기본원리로 범죄의 구성요건과 형벌의 양·종류를 법률로 미리 확정한다는 원칙이다.

ⓑ 일사부재리의 원칙

ⓒ 연좌제 금지

ⓓ 적법절차의 보장

ⓔ 영장제도

ⓕ 체포·구속적부심사제도 : 체포·구속적부심사제도란 구속영장에 의하여 구속된 피의자와 피고인(심사청구 후 공소제기된 자)에 대하여 구속의 정당 유무를 결정하는 제도로서 법관이 발부한 영장에 대한 재심절차 내지 항고적인 성격을 가진다.

ⓖ 변호인의 조력을 받을 권리

ⓗ 묵비권

ⓘ 무죄추정권

ⓙ 고문을 받지 아니할 권리

ⓚ 자백의 증거능력 및 증명력의 제한

ⓛ 신속한 공개재판을 받을 권리

② 사회·경제적 자유권

㉠ 거주·이전의 자유(제14조)

ⓐ 의의 : 거주·이전의 자유는 인간존재의 본질적 자유권으로서 인신의 자유권의 성질을 가지는 것으로, 자기의 의사에 의해 자유롭게 주거지를 설정할 수 있는 자유를 의미하는 것이다. 거주·이전의 자유와 가장 밀접한 기본권은 직업선택의 자유라 할 수 있다.

ⓑ 내용 : 국내거주·이전의 자유, 국외거주·이전의 자유, 국적이탈의 자유

㉡ 직업선택의 자유(제15조)

ⓐ 의의 : 직업선택의 자유는 자기가 결정한 직업에 계속적으로 종사하거나 자율적으로 변경할 수 있는 자유를 의미하며, 거주·이전의 자유와 불가분의 관계를 형성한다. 직업선택의 자유는 중세의 신분질서를 극복하는 근대사회의 성격이 강하게 부각되는 기본권이다.

ⓑ 내용 : 직업결정의 자우, 직업수행의 자유, 지업이탈의 자유, 자유경쟁의 자유, 겸직의 자유

㉢ 주거의 자유(제16조)

ⓐ 의의 : 거주하는 곳의 평온함이 국가기관에 의해서 불법수색이나 불법압수를 당하지 아니할 권리이다.

ⓑ 내용 : 주거의 불가침, 영장제도

ⓔ 사생활의 비밀과 자유(제17조)

ⓐ 의의 : 자기 자신에 대한 외부로부터의 불가침을 전제로 사생활의 내용을 공개당하지 아니할 권리 및 사생활의 자유로운 형성과 전개를 방해받지 아니할 권리를 말한다.

ⓑ 내용 : 사생활 비밀의 불가침, 사생활 자유의 불가침, 자기정보관리 통제권

ⓜ 통신의 자유(제18조)

ⓐ 의의 : 개인이 그들의 의사나 정보를 자유롭게 전달, 교환하는 경우에 그 내용이 본인의 의사에 반하여 공개되지 않는 자유를 의미한다.

ⓑ 내용 : 통신물에 대한 정보탐지를 금지하는 통신비밀의 불가침

ⓗ 재산권의 보장(제23조)

ⓐ 의의 : 모든 국민에게 재산권을 보장한다는 것은 개인이 현재 누리고 있는 재산권을 개인의 기본권으로 보장한다는 의미와 개인이 재산권을 향유할 수 있는 법제도로서의 사유재산제도를 보장한다는 이중적 의미를 지닌다.

ⓑ 내용 : 사유재산제도의 보장, 구체적 재산권의 보장(사용·수익·처분 권리보장), 소급입법에 의한 재산권 박탈 금지, 무체재산권의 보장

심화연구 ☞ 재산권행사의 사회적 의무성

1 변천 : 근대초기에는 재산권은 신성불가침적 권리며 자연권 ⇨ 20세기 자본주의 모순 대두로 자연권에서 점차적으로 실정권, 사회 의무성이 강조되고 있다.

2 관련조항(헌법 제 23조 제2항) : 재산권의 행사는 공공복리에 적합하도록 하여야 한다.

---

③ 정신적 자유권

㉠ 양심의 자유(제19조)

ⓐ 의의 : 양심이란 인간의 윤리적·도덕적 내심영역의 문제이고, 어떤 일의 옳고 그름을 판단함에 있어서 그렇게 행동하지 아니하고는 자신의 인격적인 존재가치가

허물어지고 말 것이라는 강력하고 진지한 마음의 소리를 말한다. 막연하고 추상적인 개념으로서의 양심이 아니다(헌법재판소)

　ⓑ 내용 : 양심결정의 자유, 침묵의 자유, 양심실현의 자유

ⓒ 종교의 자유(제20조)

　ⓐ 의의 : 종교란 인간의 유한성을 자각하여 절대자에게 의지하고 신봉하는 것을 말한다.

　ⓑ 내용 : 신앙의 자유, 종교적 행위의 자유, 종교적 집회·결사의 자유, 종교적 포교의 자유, 선교 및 종교교육의 자유

ⓒ 언론·출판의 자유(제21조)

　ⓐ 의의 : 자기의 사상(양심)이나 지식을 언어나 문자 등으로 외부에 표현하는 자유를 의미한다.

　ⓑ 내용 : 의사표현의 자유, 알권리, Acess권(언론매체 접근 이용권), 언론기관의 자유

ⓔ 집회·결사의 자유(제20조)

　ⓐ 의의 : 의사표현의 공동의 목적을 가지고 다수인이 집합하고 결합하는 자유를 말한다.

　ⓑ 내용 : 집회 개최·진행의 자유, 집회에서의 연설·토론의 자유, 집회 참가의 자유, 집회에 참가하지 않을 자유, 단체결성의 자유, 단체가입·탈퇴의 자유, 단체활동의 자유

ⓜ 학문의 자유(제22조 제1항)

　ⓐ 의의 : 진리와 진실을 진지하게 계획적으로 탐구하는 자유를 말한다.
　ⓑ 내용 : 학문연구의 자유, 학문연구발표의 자유, 교수(강학)의 자유, 학문을 위한 집회·결사의 자유

ⓗ 예술의 자유(제22조 제1항)

　ⓐ 의의 : 미를 추구할 자유를 말한다.
　ⓑ 내용 : 예술 창작·표현의 자유, 예술 집회·결사의 자유를 말한다.

(3) 생존권적 기본권(사회권적 기본권)

① 인간다운 생활을 할 권리(제34조)

ㄱ) 의의 : 인간의 존엄성에 상응하는 최저한도의 건강하고 문화적인 생활을 할 권리
ㄴ) 내용 : 사회보장을 받을 권리, 생활무능력자의 생활보호를 받을 권리

② 교육을 받을 권리(제31조)

ㄱ) 의의 : 교육을 받을 수 있도록 국가의 적극적인 배려를 청구할 수 있는 권리를 말한다. 교육받는 것을 국가로부터 방해받지 않을 권리도 당연히 포함된다.
ㄴ) 내용 : 능력에 따라 균등하게 교육을 받을 권리, 의무교육을 무상으로 받을 권리, 교육제도의 보장

③ 근로의 권리(제32조)

ㄱ) 의의 : 근로자가 자신의 의사·능력에 따라 근로관계를 형성·유지하고, 근로의 기회를 얻지 못한 경우에는 근로기회의 제공을 국가에 대하여 청구할 수 있는 권리를 의미한다.
ㄴ) 내용 : 근로기회제공 청구권, 국가의 고용증진보장의무, 국가의 최저임금제 실시, 근로조건의 법정주의

④ 근로 3권(제33조)

ㄱ) 의의 : 근로 3권은 근로자들이 근로조건의 향상을 위하여 자주적인 단결권, 단체교섭권, 단체행동권을 가질 수 있는 권리를 말한다.
ㄴ) 내용 : 단결권, 단체교섭권, 단체행동권

⑤ 환경권(제35조)

ㄱ) 의의 : 환경권이란 오염되고 불결한 환경의 예방 또는 배제를 요구하고, 쾌적한 환경에서 건강하고 공해 없는 생활을 영위할 수 있는 권리를 말한다.
ㄴ) 내용 : 국가의 환경침해에 대한 방어권, 사인의 환경침해에 대한 공해배제청구권,

쾌적한 생활환경조성청구권, 쾌적한 주거생활권

⑥ 혼인·가족·모성·보건에 대한 권리(제36조)

　㉠ 의의 : 국가는 혼인·가족제도에 관하여 전통적인 혼인·가족제도의 유지와 개인의 존엄과 양성의 평등을 기초로 한 제도를 보장하여야 하고, 모성의 보호를 위하여 노력할 의무를 진다.

　㉡ 내용 : 혼인의 자유, 양성평등보장, 모성보호

심화연구 ☞ 자유권적 기본권과 생존권적 기본권의 비교

구분	자유권적 기본권	사회권적 기본권
이념적 배경	• 개인주의 • 자유주의 • 형식적·시민적 법치주의	• 단체주의 • 복지국가 실현 • 실질적·사회적 법치주의
권리 주체	외국인·내국인이 가지는 천부인권으로서의 인간의 권리	내국인만이 가지는 국내법상 권리로서의 국민의 권리
권리의 성질	소극적·방어적 권리인 자연법상의 권리	적극적 권리인 동시에 실정법상의 권리
권리의 내용	자유방임주의를 기초로 국가개입 배제	국가에 급부를 요구할 수 있는 권리
법률유보	권리제한적 법률유보	권리형성적 법률유보
권리의 효력	모든 국가기관을 구속	일반적으로 입법권을 구속

(4) 청구권적 기본권

① 청원권(제26조)

　㉠ 의의 : 청원권이란 국가기관에 대하여 의견이나 희망을 진술할 권리를 의미한다.

ⓒ 내용 : 청원은 반드시 문서로 제기해야 하며, 국가는 청원을 수리하고 심사할 의무를 진다.

② 재판청구권(제27조)

㉠ 의의 : 재판청구권이란 독립된 법원에 의해 정당한 재판을 받을 권리를 말한다. 소송적 기본권이고 다른 기본권을 보장하기 위한 보조적·형식적 기본권이다.

ⓒ 내용 : 헌법과 법률이 정한 법관에 의한 재판, 법률에 의한 재판을 받을 권리, 재판을 받을 권리, 신속한 공개재판을 받을 권리, 형사피해자의 재판상 진술권

③ 형사보상청구권(제28조)

㉠ 의의 : 형사보상청구권이란 형사피의자 또는 형사피고인으로 구금되었던 자가 불기소 처분이나 무죄판결을 받은 경우에 그가 입은 정신적·물질적 손실에 대한 보상을 청구할 수 있는 권리를 말한다.

ⓒ 내용 : 피의자 보상, 피고인 보상, 국가기관의 무과실·결과책임

④ 국가배상청구권(제29조)

㉠ 의의 : 국가배상청구권이란 국민이 공무원의 직무상 불법행위로 손해를 입은 경우에 그 배상을 국가나 공공단체에 청구할 수 있는 권리를 의미한다.

ⓒ 내용 : 공무원의 직무상불법행위로 인한 손해배상, 공공시설의 하자로 인한 손해배상 청구

⑤ 범죄피해자구조청구권(제30조)

㉠ 의의 : 범죄 피해자의 구조청구권이란 타인의 범죄행위로 생명·신체에 대한 피해를 입은 경우에 국가에 대하여 구조를 청구할 수 있는 권리를 의미한다.

ⓒ 내용 : 유족구조금, 장해구조금

(5) 참정권(정치적 기본권)

① 참정권의 의의 : 참정권이란 국민이 국가의 의사형성이나 정책결정에 직접 참여하거나,

선거나 투표를 통해 참여하고, 공직에 취임할 수 있는 권리를 의미한다.

② 선거권(제24조)
　㉠ 의의 : 선거권이란 선거인단의 구성원으로서 국민이 각종 공무원을 선출하는 권리를 의미한다.
　㉡ 내용 : 대통령선거권, 국회의원선거권, 지방자치단체의 장과 지방의회의원선거권

③ 공무담임권(제25조)
　㉠ 의의 : 공무담임권이란 행정부·사법부·입법부는 물론 지방자치단체와 기타 공공단체의 직무(일체의 공무)를 담당할 수 있는 권리를 말한다.
　㉡ 내용 : 피선거권, 공직취임권

④ 국민투표권(제72조, 제130조)
　㉠ 의의 : 국민이 국가의사의 형성에 직접 참가할 수 있는 권리를 의미한다. 즉, 중요한 법안이나 정책을 국민투표로써 결정하는 것이다. 이는 직접민주의의 한 형태로서 간접민주주의의 단점을 수정·보완하기 위한 것이다.
　㉡ 내용 : 국가안위에 관한 중요정책에 대한 국민투표권, 헌법개정안에 대한 국민투표권

제8절 국민의 기본의무

(1) 고전적 의무

해당하는 것		국방의무, 납세의무
성격		방어적, 소극적
헌법 규정	납세의무	모든 국민은 법률이 정하는 바에 의하여 납세의 의무를 진다(제38조)
	국방의무	모든 국민은 법률이 정하는 바에 의하여 국방의 의무를 진다(제39조)

(2) 현대적 의무

해당하는 것		교육의무, 근로의무, 환경보존의무, 재산권 행사의 의무
성격		방어적, 소극적 권리인 동시에 적극적·수성적 성격이 병존하고 있다.
헌법 규정	재산권행사의 의무	재산권의 행사는 공공복리에 적합하도록 하여야 한다(제23조 제2항)
	교육의무	모든 국민은 보호하는 자녀에게 적어도 초등교육과 법률이 정하는 교육을 받게 할 의무를 진다(제31조 제2항)
	근로의무	모든 국민은 근로의무를 진다(제32조 제2항)
	환경보존 의무	국가와 국민은 환경보존을 위하여 노력하여야 한다(제35조)

제3장 통치구조

제1절 통치구조의 의의

현대민주국가는 국민주권의 원리를 이념적 기초로 하는 민주공화제를 정치적 기본전제로 하고 인간의 존엄성 존중을 핵심내용으로 하는 기본권보장체계를 기본적 가치질서로 하며, 통치구조는 이러한 민주공화제의 확립과 기본권 보장체계를 실현하는데 가장 적합한 것이라야 한다는 점에 국민적 합의가 형성되어 있다. 그러므로 민주국가의 헌법에 있어서는 민주공화제의 수호와 기본권 보장이 목적이고, 통치구조는 민주공화제의 유지와 기본권 보장을 실현하기 위한 수단이고 제도적 장치가 된다.

제2절 기통치구조의 조직원리

(1) 대의제(국민대표주의)

① 의의 : 대의제란 국민이 직접 정치적 결정을 내리지 않고 그 대표를 통해서 간접적으로 정치적 결정에 참여하는 의사결정의 원리를 의미한다.

② 본질 : 치자와 피치자의 구별, 치자에 대한 피치자의 권력위임, 피치자의 의사에 따르는 치자의 통치, 기관구성권과 의사결정권의 분리(군주제 부정)

③ 대의제 위기극복 대책

　㉠ 직접민주주의 가미

　㉡ 직능대표제 도입

　㉢ 의사절차의 능률성 확보

　㉣ 시민교육의 함양

(2) 권력분립주의

① 의의 : 권력분립이란 국가권력을 행정·입법·사법으로 분리하고 각각을 독립된 기관에 분립시킴으로써 견제와 균형을 통하여 국가권력의 남용을 방지하고 국민의 기본권을 보장하기 위한 통치구조의 조직원리를 말한다.

② 본질 : 분리와 균형을 통한 중립의 원칙, 국가권력에 대한 반항의 원리, 회의적·비관적 인간관에 근거

③ 권력분립이론의 발전

　㉠ 2권분립론 : 로크, 입법권의 집행권 및 동맹권에 대한 우위 강조

　㉡ 3권분립론 : 몽테스키외, 견제와 균형 강조

④ 기능적 권력통제

　㉠ 고전적 권력통제

　　ⓐ 입법부와 행정부간의 통제

　　ⓑ 사법부와 행정부간의 통제

　㉡ 현대적 권력통제

　　ⓐ 여당과 야당 간의 통제

　　ⓑ 관료조직과 정치세력 간의 통제

　　ⓒ 지방자치단체와 중앙정부간의 권력통제

　　ⓓ 연방정부와 지방정부의 통제

　　ⓔ 언론이나 여론에 의한 통제

　　ⓕ 헌법재판제도에 의한 통제

　　ⓖ 이이단체에 의한 통제

(3) 현행헌법상 권력분립

① 국회 : 탄핵소추(제65조), 국정감사·조사권(제61조), 해임건의(제63조), 긴급명령 등 승인권(제76조 제3항), 계엄해제요구권, 각종 동의권·승인권

② 대통령 : 법률안거부권(제53조 제2항), 예산안편성권(제54조 제2항), 국민투표부의권(제72조)

③ 법원 : 명령·규칙·처분의 위헌심사권(제107조 제2항), 행정재판권, 선거소송

④ 헌법재판소 : 위헌법률심사, 기관소송(권한쟁의 심판), 탄핵심판

제3절 통치구조의 형태

(1) 대통제와 의원내각제

구분	대통령제	의원내각제
시초	1791년 미국 연방헌법	영국

특징	① 집행부와 입법부의 상호독립성
	• 의원과 장관의 겸직 금지
	• 집행부의 법률안 제출권 불인정
	• 집행부의 의회 출석·발언권 불인정
	• 의회해산권이 없음
	• 대통령의 법률안거부권과 법률안 공포권
	② 집행부의 일원성
	• 대통령은 국가원수이자 집행부의 수반
	• 국무총리가 없고 부통령이 있음
	• 각료회의는 자문기관 내지 보좌기관에 불과
	③ 대통령 직선
	   국민에 의해 직선되므로 의회에 대하여 책임을 지지 않음
		① 입법부와 집행부의 권력적 균형
		• 의회의 내각불신임권
		• 내각의 의회해산권
		② 집행부의 일원성
		• 내각의 성립과 존속이 의회에 의존
		• 내각 수반을 의회에서 선출 내각의 의회에 대한 연대 책임
		• 입법부와 집행부가 상호 밀접한 관계
		• 각료와 의원의 겸직
		• 각료의 의회 출석·발언권
		• 정부의 법률안 제출권
		③ 집행부의 이원적 구조
		   상징적인 국가원수와(왕, 대통령)와 실질적인 행정권을 갖는 수상

성격	① 행정의 일원성 ② 권력 분립	① 행정의 이원성 ② 권력 융합
장점	① 국가정책의 계속성과 안정성 ② 정국안정, 다수당의 횡포 방지 ③ 소수파의 권익 보호	① 책임정치 실시 ② 독재정치 예방 ③ 의회와 정부의 대립시 해결 용이
단점	① 대통령의 독재화 우려 ② 책임정치를 실시할 수 없음 ③ 의회와 정부의 대립시 해결 곤란	① 다수당 횡포 및 소수파 권익 침해 우려 ② 정국 불안정 우려 ③ 국가정책의 계속성 및 안정성 침해 우려

(2) 우리나라의 통치구조 형태

현행 헌법은 대통령제를 원칙으로 하면서 의원내각제 요소를 가미한 혼합형의 형태로서 비교적 순수한 대통령제 형태이다.

심화연구 ☞ 우리나라가 채택하고 있는 의원내각제 요소

---

1. 각료(국무위원)의 국회의원 겸직을 인정하는 것
2. 각료의 국회출석·발언권을 인정
3. 국무총리 임명시 국회의 동의를 요함
4. 국무총리나 국무위원에 대한 해임건의권을 국회에서 행사
5. 정부에서 법률안 제출 가능
6. 국무회의 제도
7. 대통령의 국법상 행위는 국무총리와 관계공무원의 부서가 있어야 함
8. 대통령이 국무회의 의장이 되는 것

제4절 국회

(1) 국회의 지위

① 국민의 대표기관

② 유일한 입법기관

③ 국정의 통제기관

④ 예산의 심의기관

(2) 양원제와 단원제(구성원리)

구 분	장 점	단 점
단원제	① 신속한 국정처리 ② 국회의 책임소재 명확 ③ 비용의 절약	① 경솔한 처리, 다수당의 횡포 ② 정부와의 충돌시 해결 곤란 ③ 정부에 대한 횡포 우려
양원제	① 신중한 국정 심의 ② 상원 중재적 역할 ③ 직능대표제 도입 용이 ④ 다수당의 횡포 방지	① 국정처리 지연, 비용 낭비 ② 국회의 책임요소 불분명 ③ 국회 의사 2원화의 모순 발생

(3) 국회의 구성

심화연구 ☞ 관련 조문

◎ 헌법 제41조
  ① 국회는 국민의 보통·평등·직접·비밀선거에 의하여 선출된 국회의원으로 구성한다.
  ② 국회의원의 수는 법률로 정하되, 200인 이상으로 한다.
  ③ 국회의원의 선거구와 비례대표제 기타 선거에 관한 사항은 법률로 정한다.
◎ 헌법 제42조 : 국회의원의 임기는 4년으로 한다.

심화연구 ☞ 교섭단체

1 국회에 20인 이상의 소속의원을 가진 정당은 하나의 교섭단체가 된다. 그러나, 다른 교섭단체에 속하지 아니하는 20인 이상의 의원으로 따로 교섭단체를 구성할 수 있다(다른 정당 간에도 교섭단체 구성을 인정함)

2 교섭단체마다 의원총회를 두며, 교섭단체의 대표의원은 원내총무라 한다.

(4) 국회의 회의

① 정기회 : 매년 1회, 매년 9월 1일, 회기는 100일을 초과 못한다.

② 임시회 : 대통령 또는 재적의원 4분의 1 이상의 요구, 회기는 30일을 초과 못함

(5) 국회회의 원칙

① 의사공개의 원칙

② 회기계속의 원칙 : 한 회기 중에 토의하지 못한 안건은 폐기되지 않고, 다음 회기로 계속 이어진다는 원칙이다(예외: 국회의원 임기 만료 시)

③ 일사부재의 원칙(一事不再議 原則)

일사부재리(一事不再理) 원칙	일사부재의(一事不再議) 원칙
어떤 사건에 대하여 일단 판결이 내리고 그것이 확정되면 그 사건을 다시 소송으로 심리·재판하지 않는다는 원clr을 말한다.	의회에서 한번 부결된 안건은 같은 회기 내에 다시 제출할 수 없다는 원칙을 말한다. 소수파의 의사진행 방해(필리버스터)를 방지하기 위한 것이다.

④ 의결정족수

구분		정족수	내 용
의사정족수 (개의정족수)		재적의원 5분의 1 이상의 출석	본회의와 의원회 동일함
의 결 정족수	일반의결 정 족 수	• 재적의원 과반수 출석과 출석의원 과반수의 찬성 • 가부동수의 경우는 부결로 봄	특별한 규정이 없는 경우
	특별의결 정 족 수	재적의원 3분의 2 이상의 찬성	대통령 탄핵 소추 의결
			헌법개정안 의결
			국회의원의 제명처분, 자격심사

	재적의원 과반수의 찬성	대통령 탄핵소추 발의
		대통령 이외의 자에 대한 탄핵소추 의결
		국무위원·국무총리 해임건의
		계엄해제 요구
		국회의장
	재적의원 3분의 1 이상의 찬성	국무위원·국무총리 해임건의 발의
		대통령 이외의 자에 대한 탄핵소추 발의
	재적의원 4분의 1 이상의 찬성	임시회 소집 요구
		국정조사 요구
	재적의원 과반수 출석과 출석의원 3분의 2 이상의 찬성	법률안 재의결
	재적의원 과반수 출석과 출석의원 다수의 찬성	국회에서 대통 및 질문권, 령당선자 결정

(6) 국회의 권한

권한	내용
입법	법률제정권, 헌법개정 발의·의결권, 조약체결 비준·동의권 국회규칙제정권
재정	예산안 심의·확정권, 결산심사권, 예비비설치 동의·출승인권, 예산안외 국가부담이 될 계약체결 동의권, 국채모집동의권, 긴급재정·경제처분명령 및 긴급명령에 대한 승인권

국정통제	국정조사권, 국정감사권, 국무총리·국무위원 등의 국회출석 요구권 및 질문권, 국무총리·국무위원에 대한 해임건의권, 탄핵소추권, 계엄해제요구권, 일반사면 동의권
헌법기관 구성	대통령선출권, 국무총리 임명동의권, 대법원장과 대법관 임명동의권 헌법재판소장 임명동의권과 재판장 3인 선출권, 감사원장 임명동의권, 중앙선거관리위원회 위원 선출권
국회의 자율권	규칙제정권, 의사진행 자율권, 내부조직권, 내부경찰권, 국회의원의 불체포특권·면책특권, 의원의 자격심사권, 의원의 징계권

☞ 국정조사권과 국정감사권

구 분	국정조사권	국정감사권
기 능	한정적 통제	포괄적 통제
존 재	비상설성(부정기적)(재적의원 4분의 1 이상의 요구)	상설성(정기국회 기간)
사 항	특정사안	국정 전반
주 체	조사위원회	소관상임위원회

심화연구 ☞ 국회의원의 불체포특권과 면책특권

구분	불체포특권	면책특권
의의	현행법인을 제외하고는 국회의 동의없이 체포 또는 구금되지 않는 권리	국회에서 직무상 행한 발언과 표결에 관하여 국회 외에 책임을 지지 않는 권리

보호 법익	의원의 신체활동의 자유	의회 내 언론의 자유
보호 기간	일시적 특권(회기중)	영구적 책임 면제
성질	의회 외의 직무외 특권	의회 내의 직무상 특권
제한	국회 의결로 제한 가능(국회의 동의가 있으면 불체포특권은 인정되지 않음)	국회의결로 제한 불가능
공통점	포기할 수 없음, 지방의원에게는 불인정	

(7) 법률의 제정절차

```
┌─────────────────┐   ┌─────────────────┐   ┌─────────────────────┐
│   ① 제출        │   │   ② 심의        │   │   ③ 본회의 의결     │
├─────────────────┤ ⇨ ├─────────────────┤ ⇨ ├─────────────────────┤
│ • 국회의원 10인 │   │ • 해당 상임위원회│   │ • 재적의원 과반수 출석과 │
│   이상          │   │ • 법률안 수정동의는│   │   출석의원 과반수 찬성 │
│ • 정부          │   │   의원 30인 이상 │   │ • 법률안 재의결은 재적의원│
│                 │   │                 │   │   과반수 출석과 출석의원│
│                 │   │                 │   │   3분의 2 이상 찬성  │
└─────────────────┘   └─────────────────┘   └─────────────────────┘

┌─────────────────┐                         ┌─────────────────────────┐
│                 │                         │   ⑤ 본회의 의결         │
│                 │                         ├─────────────────────────┤
│  ④ 정부에 이송  │  ⇨                      │ • 15일 이내 대통령이 공포│
│                 │                         │ • 재의결된 법률안은 즉시 공포│
│                 │                         │ • 재의결된 법률안을 9일 이내에 공포하지│
│                 │                         │   않을 경우 국회의장이 공포│
└─────────────────┘                         └─────────────────────────┘
                                                        ⇧
                    ┌─────────────────────────────────────────────┐
                    │   ⑥ 대통령의 법률안 거부권 행사             │
                    ├─────────────────────────────────────────────┤
                    │ • 5일 이내에 환부                           │
                    │ • 환부 거부만 인정(수정·일부거부 불인정)    │
                    └─────────────────────────────────────────────┘
```

제5절 대통령

(1) 대통령의 지위

① 행정부 수반으로서의 지위

㉠ 집행부 조직권자로서의 지위 : 공무원임면권(행정기관구성원 임면권)

㉡ 집행에 관한 최고책임자로서의 지위 : 공무원 지휘 및 감시·감독권, 법령집행에 관한 권한, 재정에 관한 권한

㉢ 국무회의 의장으로서의 지위 : 국무회의 주재권

② 국가원수로서의 지위

㉠ 대외적으로 국가를 대표할 지위 : 외국과의 조약체결·비준권, 외교사절신임장접수 또는 파견권, 외국에 대한 선전포고 및 강화권

㉡ 국헌수호자로서의 지위 : 긴급명령권, 긴급재정경제처분·명령권, 계엄선포권, 위헌정당해산제소권, 국가안전보장회의주재권

㉢ 국정의 통합 조정자로서의 지위 : 헌법개정안 제안권, 국가안위에 관한 국민투표부의권, 임시국회소집 요구권, 국회에의 출석·발언 및 서한에 의한 의사표시권, 법률안 제출권, 사면·감형 및 복권에 관한 권한

㉣ 헌법기관 구성권자로서의 지위 : 국회동의를 얻어 대법원장·헌법재판소장·감사원장 임명, 대법원장의 제청과 국회의 동의를 얻어 대법관을 임명, 감사원장의 제청으로 감사위원을 z임명, 헌법재판소 재판관과 중앙선거관리위원회 위원을 임명

(2) 대통령의 선출

구분	내용
선 거	• 국민의 보통・평등・직접・비밀 선거 • 최고득표자가 2인 이상인 때 : 국회에서 국회재적의원 과반수가 출석한 공개 회의에서 다수표를 얻은 자 • 대통령후보자가 1인인 때 : 득표수가 선거권자 총수의 3분의 1 이상이어야 한다
피선연령	40세 이상
임 기	5년(중임 금지)
국내거주	5년 이상 계속하여 국내거주

(3) 대통령의 특권

【관련조문】

◉ 헌법 제84조 : 대통령은 내란 또는 외환의 죄를 범한 경우를 제외하고는 재직 중 형사상의 소추를 받지 아니한다.
◉ 의미
　① 재직 중 형사상의 소추를 받지 아니한다.
　② 재직 중에도 민사간은 소추당한다.
　③ 형사 사건도 퇴직 후에는 소추당한다.
　④ 내란죄와 외환죄의 경우에는 재작 중에도 소추당한다.
　⑤ 국회에 의한 탄핵소추시에는 재직 중에도 소추당한다.
　⑥ 재직 중에는 공소시효 진행이 당연히 정지된다(헌법재판소).

(4) 대통령의 권한

① 행정에 관한 권한 : 행정지휘·감독결정권, 국가대표권, 법률집행권, 공무원임면권, 통수권, 영전수여권, 재정에 관한 권한

② 입법에 관한 권한 : 임시회의 집회요구권, 헌법개정에 관한 권한, 법률안거부권

③ 사법에 관한 권한 : 사면권, 위헌정당해산제소권

④ 헌법기관 구성에 관한 권한 : 감사원 구성권, 중앙선거관리위원회 위원 구성권, 헌법재판소 구성권, 대법원 구성권

⑤ 비상적 권한 : 계엄선포권, 긴급명령권, 긴급재정·경제처분권, 국민투표부의권

(5) 대통령의 권한대행

【관련조문】

● 헌법 제71조 : 대통령이 궐위되거나 사고로 인하여 직무를 수행할 수 없을 때에는 국무총리, 법률의 정한 국무위원의 순서로 그 권한을 대행한다.
● 헌법 제68조 제2항 : 대통령이 궐위된 때 또는 대통령 당선자가 사망하거나, 판결 기타의 사유로 그 자격을 상실한 때에는 60일 이내에 후임자를 선거한다.

(6) 대통령의 권한행사와 통제

① 문서주의 : 대통령의 국법상 일체의 행위는 반드시 문서로써 하여야 한다.

② 부서제도 : 부서란 서명하는 것을 말한다. 국무총리와 관계 국무위원이 부서한다. 군사에 관한 사항도 부서하여야 한다.

③ 국무회의의 심의

④ 각종 자문기관의 자문

제6절 행정부

(1) 국무총리

권한	내용
임 명	대통령이 국회의 동의(재적의원 과반수 출석과 출석의원 과반수의 찬성을 얻어 임명)
지 위	대통령의 보좌기관, 대통령의 권한대행자, 행정부의 제2인자, 국무회의 부의장, 중앙행정관청
국회의원 겸직여부	겸직 가능
권 한	국무위원 및 행정각부 장관의 임명제청권과 해임건의권, 대통령의 권한대행권, 국무회의 심의·의결권, 총리령에 대한 권한, 국회출석·발언권, 부서에 대한 권한

(2) 국무회의

권한	내용
구 성	대통령·국무총리와 15인 이상 30인 이하의 국무위원
성 격	심의기관(자문기관이 아님, 헌법상 필수기관), ※ 비고 : 미국과 영국의 각료회의는 자문기관이며 임의기관임
헌법상 지 위	헌법상필수기관, 정책심의기관, 행정부의 최고정책심의기관, 독립된 합의제기관
심의사항	ⓐ 국정의 기본계획과 정부의 일반정책 ⓑ 선전·강화 기타 중요한 대외정책 ⓒ 헌법개정안·국민투표안·조약안·법률안 및 대통령안 ⓓ 예산안·결산·국유재산처분의 기본계획·국가의 부담이 될 계약 기타 재정에 관한 중요사항 ⓔ 대통령의 긴급명령·긴급경제처분 및 명령 또는 계약과 그 해제

ⓕ 군사에 관한 중요사항
  ⓖ 국회의 임시회 집회 요구
  ⓗ 영전수여
  ⓘ 사면·감형과 복권
  ⓙ 행정각부의 권한의 확정
  ⓚ 정부안의 권한의 위임 또는 배정에 관한 기본계획
  ⓛ 국정처리상황의 평가·분석
  ⓜ 행정각부의 중요한 정책의 수립과 조정
  ⓝ 정당해산의 제소
  ⓞ 정부에 제출 또는 회부된 정부의 정책에 관계되는 청원의 심사
  ⓟ 검찰총장·합동참모의장·각군참모총장·국립대학교총장·대사 기타 법률이 정한 공무원과 국영기업체 관리자의 임명
  ⓠ 기타 대통령·국무총리 또는 국무위원이 제출한 사항

(3) 행정각부의 장

구 분	내 용
임 명	국무위원 중에서 국무총리의 제청에 의해 대통령이 임명
해 임	국무총리 또는 국회재적의원 과반수의 해임건의에 의해 대통령이 해임(대통령은 해임건의에 구속되지 않음)
권 한	소관사무집행권, 부령에 대한 권한, 정책입안권, 국무회의 참석권

심화연구 ☞ 행정각부의 장과 국무위원 비교

구 분	행정각부의 장	국무위원
사 무	고유사무가 있다.	모든 국정사무에 관여할 수 있다
부령제정 유무	부령 제정할 수 있다.	부령 제정할 수 없다.

⇨ 국무위원이 모두 모두 국무위원이지만 국무위원이 모두 행정각부의 장인 것은 아니다.

(4) 감사원

구 분	내 용
구 성	감사원장을 포함한 5인 이상 11인 이하의 감사위원
임 명	• 원장 : 국회의 동의를 얻어 대통령이 임명 • 위원 : 원장의 제청으로 대통령이 임명
임 기	4년(1차 중임 가능)
지 위	• 국가원수로서의 대통령에 소속하는 헌법기관(조직과 업무는 독립적) • 법률로서는 폐지할 수 없는 헌법상 필수기관 • 합의제 기관
권 한	결산검사권, 회계검사권, 직무감찰권, 감사결과처리권, 규칙제정권

제7절 법원

(1) 법원의 지위

① 사법기관으로서의 지위 : 법을 적용하고 법 집행과 관련된 작용

② 독립적·중립적 기관으로서의 지위 : 헌법과 양심에 따라서 독립하여 심판

③ 헌법수호기관으로서의 지위 : 명령·규칙·처분의 위헌·위법심사, 위헌법률심사제청, 선거소송

④ 기본권보장기관으로서의 지위 : 영장제도, 보석제도, 구속적부심사제도, 재판제도

(2) 사법권의 독립

사법권의 독립이란 사법권이 입법권이나 행정권으로부터 간섭을 받지 아니하고 자유로운 재판을 할 수 있는 것을 말하며, 법원의 독립과 법관의 독립으로 구분하여 설명한다.

구 분	내 용	
법원의 독립	• 행정부로부터의 독립 • 입법부로부터의 독립 • 자율권(규칙제정권)	
법관의 독립	신분상 독립(인적 독립)	• 법관인사의 독립, 법관의 자격제 • 법관의 임기보장, 신분보장, 정치적 중립보장
	직무상 독립(물적 독립, 재판상 독립)	• 헌법, 법률, 양심에 의한 재판

(3) 대법원장과 대법관·일반법관

구 분	임명/임기	내 용
대법원장	임명	국회의 동의를 얻어 대통령이 임명
	임기	6년, 중임할 수 없다.
대법관	임명	대법원자의 제청으로 국회의 동의를 얻어 대텅령이 임명
	임기	6년, 연임가능
일반법관	임명	대법관회의 동의를 얻어 대법원장이 임명
	임기	10년, 연임가능

(4) 법원의 권한

구 분	내 용
재판권	형사소송, 민사소송, 행정소송, 가사소송, 선거소송 등
명령·규칙 심사권	명령·규칙 또는 처분이 헌법이나 법률에 위반되는 여부가 재판의 전제가 된 경우에는 대법원은 이를 최종적으로 심사할 권한을 가진다. ※ 비고 : 헌법재판소는 법무사법시행규칙에 대한 헌법소원에서 명령·규칙이 기본권을 직접 침해하였을 경우에는 헌법재판소도 명령·규칙의 위헌심사권을 가진다고 판시하였다.
위헌법률심판 제청권	모든 법원이 가능, 법률과 동일한 효력을 가지는 조약과 긴급명령도 포함
대법원의 규칙제정권	법원의 독자성과 자주성 확보

(5) 심급제와 재판의 공개제도

① 심급제도 자체는 필수적이나 3심제가 필수적인 것은 아니다.

② 삼심제

   ㉠ 지방법원(행정법원) ⇨ 고등법원 ⇨ 대법원

   ㉡ 지방(가정)법원(지원)단독부 ⇨ 지방(가정)법원(본원)합의항소부 ⇨ 대법원

③ 이심제

   ㉠ 특허소송

   ㉡ 선거소송(지방의회의원선거, 시·군·자치구의 장 선거)

④ 단심제

　㉠ 선거소송(대통령, 국회의원, 시·도지사의 선거소송과 비례대표 시·도의원 선거소송)

　㉡ 비상계엄하의 일정 범죄

⑤ **재판의 공개제도** : 재판의 심리와 판결은 공개한다. 다만, 국가의 안전보장 또는 안녕질서를 방해하거나 선량한 풍속을 해할 염려가 있을 때에는 법원의 결정으로 공개하지 아니할 수 있다.

제8절 헌법재판소

(1) 헌법재판소의 구성

① 9인의 재판관 : 대통령이 임명하며 그 중, 3인은 국회에서 선출하는 자를, 3인은 대법원장이 지명하는 자를 임명한다.

② 헌법재판소장 : 국회의 동의를 얻어 대통령이 임명한다.

③ 임기 : 6년이며, 연임이 가능하다.

④ 헌법재판소 재판관은 정당에 가입하거나 정치에 관여할 수 없다.

⑤ 헌법재판소 재판관은 탄핵 또는 금고 이상의 형의 선고에 의하지 아니하고는 파면되지 아니한다.

(2) 헌법재판소의 권한

① 위헌법률심판권

　㉠ 기원 : 미연방대법원의 1803년 Mabury V. Madison 사건

　㉡ 대상 : 형식적의미의 법률은 물론 실질적 의미의 법률인 긴급명령과 조약을 포함한다.

ⓒ 위헌결정의 효력

ⓐ 그 결정이 있는 날로부터 효력 상실(형벌은 소급하여 효력 상실)

ⓑ 법원 기타 국가기관 및 지방자치잔체 기속

② 탄핵심판권

㉠ 소추 : 국회(소추의원은 법제사법위원회 간사)

㉡ 절차 : 변론주의와 형사소송법 적용

㉢ 효과

ⓐ 공직으로부터 파면, 5년간 공직 취임 금지
ⓑ 민·형사상 책임은 면제되지 않는다.

③ 위헌정당해산심판권

㉠ 제소 : 정부

㉡ 효과

ⓐ 해산선고결정시부터 해산(창설적 효력)
ⓑ 동일 명칭 정당 금지
ⓒ 재산의 국고 귀속

④ 권한쟁의심판권

㉠ 종류 : 국가기관 상호간, 국가기관과 지방자치단체간, 지방자치단체 간

㉡ 청구기간 : 그 사유가 있음을 안 날로부터 60일 이내에, 그 사유가 있은 날부터 180일 이내(불변기간)

㉢ 효력 : 모든 국가기관과 지방자치단체를 기속

⑤ 헌법소원심판

㉠ 의의 : 공권력의 행사 또는 불행사로 인하여 헌법상 보장된 기본권을 침해당한 자가 헌법재판소에 그 구제를 청구하는 제도를 말한다.

ⓛ 종류

권리구제형 헌법소원 (헌법재판소법 제68조 제1항)	공권력의 행사 또는 불행사로 인해 헌법상 보장된 기본권을 침해 받은 경우에 제기하는 헌법소원이다. 이 경우 입법행위·사실행위·작위행위·부작위행위를 말한다.
위헌심사형 헌법소원 (헌법재판소법 제68조 제2항)	법률의 위헌 여부가 재판의 전제로 되는 사건의 당사자가 당해 사건의 담당법원에 위헌법률심판제청을 하였으나 기각된 경우에 제청신청당사자가 헌법재판소에 직접 제기하는 헌법소원이다(명령, 규칙은 헌법재판소법 제68조 제2항에 의한 심사대상이 될 수 없다)

ⓒ 요건 : 자기관련성, 침해의 현재성, 직접성, 보충성, 권리보호의 이익

ⓔ 청구기관

ⓐ 제68조 제1항의 규정에 의한 헌법소원의 심판은 그 사유가 있음을 안 날로부터 90일 이내에, 그 사유가 있는 날부터 1년 이내에 청구하여야 한다. 다만, 다른 법률에 의한 구제절차를 거친 헌법소원의 심판은 그 최종결정을 통지받은 날로부터 30일 이내에 청구하여야 한다.

ⓑ 제68조 제2항의 규정에 의한 헌법소원심판은 위헌여부심판의 제청신청을 기각하는 결정을 통지받은 날부터 30일 이내에 청구하여야 한다.

ⓜ 효력 : 모든 국가기관과 지방자치단체를 기속한다.

⑥ 의결정족수와 제기권자

권 한	제기권자	의결 정족수
위헌법률심판	법원	9인의 재판관 중에서 6인 이상의 찬성을 요한다.
위헌정당해산심판	정부	
탄핵심판	국회	
헌법소원	국민	
권한쟁의심판	당해 행정기관	재판관 7인 이상의 출석하여 과반수 이상의 찬성 요한다

제9절 선거관리위원회

(1) 선거관리위원회의 지위

　① 헌법상 필수기관

　② 합의제 기관

(2) 선거관리위원회의 구성

　① 9인의 위원 : 대통령이 임명하는 3인, 국회에서 선출하는 3인, 대법원장이 지명하는 3인으로 구성한다.

　② 위원장 : 위원 중에서 호선

　③ 임기 : 6년, 연임 가능(연임제한 규정 없음)

(3) 중앙선거관리위원회의 권한

　① 선거와 국민투표관리권

　② 정당사무처리권

　③ 규칙제정권

　④ 선거사범조사권

　⑤ 제정신청권

Chapter III

민사법

제1장 민법

제2장 민사소송법

제3편 민사법

제1장 민법

제1절 민법의 의의

민법이란 개인 상호간의 생활관계 즉, 재산관계와 가족관계를 규율하는 사법의 일반법을 말한다. 재산관계는 물권과 채권의 생활관계로 이루어지고, 가족관계는 친족관계와 상속관계로 이루어진다.

(1) 실질적 의미의 민법

실질적 의미의 민법은 개인 상호간의 실체적 생활관계를 규율하는 일반법으로, 민사에 관한 법률 중 특별사법과 절차법을 제외한 사법의 일반법을 말한다.

(2) 형식적 의미의 민법

내용에 관계없이 민법이라는 이름을 가진 성문화된 민법전을 말한다.

제2절 민법의 기본원리

(1) 실질적 의미의 민법(근대 민법의 3대 원칙)

근대 민법은 정치적으로 자유민주주의, 경제적으로 자유시장 경제체제, 사회적으로 개인주의를 바탕으로 하여 형성되었고, 다음과 같은 기본원리가 도출된다.

① 소유권 절대의 원칙(사유재산권 존중의 원칙) : 각 개인의 사유재산권에 대한 절대적

지배를 인정하고, 국가나 다른 사인은 이에 간섭하거나, 제한을 가하지 못한다는 것이 사유재산의 존중의 원칙이다.

② 계약자유의 원칙(사적 자치의 원칙, 법률행위 자유의 원칙) : 개인이 자기의 법률관계를 그의 자유로운 의사에 기하여 형성할 수 있다는 것을 말한다. 계약체결의 자유, 상대방 선택의 자유. 내용 내용결정의 자유, 계약방식의 자유를 내용으로 한다.

③ 과실책임의 원칙(자기 책임의 원칙) : 고의 또는 과실을 위법하게 타인에게 가한 손해에 대하여만 손해배상을 진다는 원칙이다.

(2) 현대 민법의 수정된 기본원리

자본주의의 발전에 따른 여러 문제의 대두와 함께 근대 민법의 기본원리는 다음과 같이 수정된다.

① 소유권 공공의 원칙(공공복리를 위한 소유권 제한)

② 계약공정의 원칙

③ 무과실책임(위험책임)의 확대

제3절 우리민법의 기본원리

(1) 근대민법 3대원칙을 구현하고 있는 규정

① 소유권 절대의 원칙 : 소유자는 법률의 범위 내에서 그 사유물을 사용·수익·처분할 권리가 있다(민법 제21조)

② 계약자유의 원칙 : 법률행위의 당사자가 법령 중의 선량한 풍속, 기타 사회질서에 관계없는 규정과 다른 의사를 표시한 때에는 그 의사에 반한다(민법 제105조)

③ 과실책임의 원칙 : 고의 또는 과실에 의한 행위로 타인에게 손해를 입힌 경우에는 손해배상의 책임을 진다(민법 제750조)

(2) 현대 민법의 수정된 기본원리

① 소유권 절대의 원칙에 대한 수정 : 법률의 범위 내에서 소유권의 행사(민법 제211조)

② 계약자유의 원칙에 대한 수정 : 약관의 규제에 관한 법률 등의 특별법에 의한 계약공정의 원칙 도입

③ 과실책임(위험책임)의 원칙에 대한 수정 : 공작물 소유자 책임(민법 제758조), 자동차 손해배상보장법 등에 무과실 책임 또는 위험 책임의 도입

제4절 민법 총칙

(1) 민법의 법원

① 법원의 의의 : 법원이란 법의 존재형식 또는 법의 인식근거를 말하며, 법의 연원이라고도 한다. 민법 제1조에서는 민사에 관한 세 종류의 법원을 말하고 있다.

② 관련조문 : 민법 제1조(법원) : 민사에 관하여 법률에 규정이 없으면 관습법에 의하고, 관습법이 없으면 조리에 의한다.

③ 관습법의 성립요건
  ㉠ 법적 내용에 관하여 민사관행 존재
  ㉡ 관행존재의 시간적·공간적 계속성
  ㉢ 그 관행이 법규범으로서 일반적으로 인정됨
  ㉣ 헌법 및 법률 그리고 공서양속에 반하지 않음

④ 법원의 적용순서 : 민법 ⇨ 관습법 ⇨ 조리
  ㉠ 상법 제1조에서는 상관습법이 민법에 우선한다고 규정하므로 상법과 관련된 법원의 적용순서는 상법 ⇨ 상관습법 ⇨ 민법 ⇨ 관습법 ⇨ 조리의 순서가 된다.

(2) 신의성실의 원칙과 권리남용금지의 원칙(민법 제2조)

① 신의성실의 원칙 : 권리의 행사와 의무의 이행은 신의에 좇아 성실히 하여야 한다. 신

의성실의 원칙은 법 전영역에서 적용되며 파생원칙으로 사정변경의 원칙, 실효의 원칙, 금반언의 원칙이 있다.

② 권리남용금지의 원칙 : 권리의 남용이란 외형상으로는 권리의 행사지만 실질적으로는 권리의 사회성·공공성에 반하여 정당한 권리의 행사로 볼 수 없는 경우를 말한다. 권리 남용이 되는 경우에는 권리행사로서의 법률효과가 발생하지 않는다.

(3) 권리의 주체

① 권리능력 : 권리의 주체가 될 수 있는 지위 또는 자격을 가리켜, 권리능력 또는 인격이라고 한다. 권리능력자는 권리를 가질 수 있는 동시에 의무를 부담할 수 있으므로, 권리능력은 동시에 의무능력이다. 민법은 살아있는 자연인과 법인에 대하여 권리능력을 인정한다.

② 의사능력 : 자기 행위의 의미나 결과를 합리적으로 판단하고, 자기 의사를 결정할 수 있는 정신적 능력을 말한다. 의사무능력자의 행위는 무효이다(예, 유아, 정신병자)

③ 행위능력 : 의사능력을 가진 자가 독자적으로 유효하게 법률행위를 할 수 있는 능력을 말한다. 의사능력과 달리 획일적으로 판단한다. 민법은 19세가 된 성년자에게 행위능력을 인정한다(민법 제4조, 제5조). 제한능력자의 행위는 취소할 수 있다.

④ 책임능력 : 법률행위에 있어서의 의사능력의 개념은 불법행위에 있어서 책임능력이라 할 수 있는데, 불법행위의 책임을 판별할 수 있는 정신능력을 말한다. 책임무능력자가 타인에게 손해를 가한 경우 손해배상책임을 부담하지 않고, 책임무능력자의 감독자가 그 책임을 부담한다(민법 제755조)

심화연구 ☞ 권리능력과 소송법상 당사자 능력

1 민법상 권리능력자인 자연인과 법인은 당연히 소송법상 당사자능력이 인정된다.
2 그러나 민법상 권리능력이 인정되지 않는 비법인사단, 또는 재단도 일정 경우에 소송법상 당사자 능력이 인정되는 경우가 있다.
3 즉, 민법상 권리능력과 소송법상 당사자능력은 일치하지 않는다.

(4) 자연인

① 권리능력의 존속기간 : 사람은 생존한 동안 권리와 의무의 주체가 된다(민법 제3조). 즉, 사람이 출생하여 잠시라도 살아있으면 성별, 생존능력 유무, 기형여부 등을 불문하고 권리능력을 인정한다. 모체로부터 전부 노출 되었을 때 출생한 것으로 보는 전부노출설이 통설이다.

② 태아의 권리능력 : 장차 출생이 확실한 태아의 권리능력이 문제가 된다. 즉, 이것은 법상 사람은 아닌 태아의 보호 문제가 된다.

심화연구 ☞ 태아의 권리능력

우리 민법은 개별적 보호주의를 취하며 다음과 같은 경우에만 태아의 권리능력을 인정한다.

① 불법행위에 기한 손해배상 청구
② 재산상속, 대습상속, 유증, 유류분권
③ 인지(부는 태아를 인지할 수 있으나, 태아에게는 인지청구권이 없다.)

---

③ 제한능력자 : 민법상 제한능력자에는 미성년자, 피성년후견인, 피한정후견인이 있다. 종전의 민법 개정 전에는 행위무능력자라고 지칭되었던 것인데 용어를 제한능력자라 바꾸고 그 내용도 다소 변경되었다. 제한능력자의 행위는 일정한 경우 취소할 수 있도록 하고 있는데 이제도는 제한능력자를 보호하기 위한 것이다.

구 분	미성년자	피한정후견인	피성년후견인
의 의	19세 미만자	질병, 장애, 노령, 그 밖의 사유로 인한 정신적 제약으로 사무를 처리할 능력이 부족한 사람으로 가정법원의 한정후견개시 심판을 받은 사람	질병, 장애, 노령, 그 밖의 사유로 인한 정신적 제약으로 사무를 처리할 능력이 지속적으로 결여된 사람으로서 가정법원의 성년 후견개시 심판을 받은 사람

능력의 범위	• 특정 행위능력 인정 • 법정대리인이 대리하여 하거나 법정대리인의 동의를 얻어 함	• 원칙적으로 완전한 행위능력 보유 • 가정법원에 의하여 한정후견인의 동의를 받도록 정한 법률행위를 동의 없이 한 경우 취소 가능 • 일용품의 구입 등 일상생활에 필요하고 그 대가가 과도하지 않은 법률행위는 취소 불가, 단독가능	• 원칙적으로 전혀 단독으로 하지 못함. 취소 가능(친족상속법상의 일부행위 제외) • 가정법원의 취소불가능 법률행위의 범위를 정할 수 있음 • 일용품의 구입 등 일상생활에 필요하고 그 대가가 과도하지 않은 법률행위는 취소 불가, 단독가능
법정대리인	• 친권자(부모) • 후견인(친권자가 없거나 대리권을 행사할 수 없을 때)	한정후견인	성년후견인

심화연구 ☞ 미성년자가 단독으로 할 수 있는 행위

1 단순하게 권리만을 얻거나 또는 의무만을 면하는 행위, 그러나 부담부증여와 같이 이익을 얻을 뿐 만 아니라 동시에 의무를 부담하는 행위는 단독으로 할 수 없다.
2 처분이 허락된 재산의 처분행위
3 타인의 대리인으로 하는 법률행위
4 허락된 영업에 관한 미성년자의 행위
5 17세 이상 미성년자의 유언행위
6 법정대리인의 허락을 얻어 회사의 무한책임사원이 된 미성년자가 그 사원자격에 기하여 행한 행위
7 근로계약을 체결하는 행위와 임금의 청구

---

④ 제한능력자 상대방 보호 : 제한능력자의 법률행위는 제한능력자의 의사표시에 따라 일방적으로 취소될 수 있으며, 또한 그 취소는 소급효를 가지기 때문에 제한능력자와 법률 행위를 한 상대방 및 제3자의 법적지위는 매우 불안하게 된다. 민법은 제한능력자의 상대방을 보호하기 위하여 다음과 같은 제도를 두고 있다.

㉠ 상대방의 확답을 촉구할 권리 : 취소할 수 있는 행위에 대하여 추인 여부에 대한 확답 요구

㉡ 철회권과 거절권 : 추인이 있기 이전에 철회하거나 거절할 수 있음

㉢ 취소권의 배제 : 제한능력자가 사술을 썼을 때

(5) 주소

① 주소 : 생활의 근거되는 곳을 주소로 한다. 주소는 동시에 두 곳 이상 있을 수 없다.

② 거소 : 주소를 알 수 없으면 거소를 주소로 본다. 국내에 주소 없는 자에 대하여는 국내에 있는 거소를 주소로 본다.

③ 가주소 : 어느 행위에 있어서 가주소를 정한 때에는 그 행위에 관하여는 이를 주소로 본다.

심화연구 ☞ 주소에 관한 민법의 태도

1. 실질주의 : 생활의 실질적 관계에 기하여 구체적으로 결정
2. 객관주의 : 정주의 의사는 필요하지 않고 정주의 사실만을 요함
3. 복수주의 : 주소의 수가 여러 개도 가능

심화연구 ☞ 실종선고 · 동시사망 · 인정사망

1. 부재자란 종래의 주소나 거소를 떠나 당분간 돌아올 가망성이 없는 자로서 민법은 부재자의 재산관리제도와 실종선고제도를 두고 있다.
2. 부재자의 생사 불명 상태가 일정기간 계속되면, 일정한 요건하에 가정법원의 선고로써 사망으로 의제(간주)되는데, 이를 실종선고제도라 한다. 이는 부재자의 법률관계불확정으로 인하여 이해관계인에게 주는 불이익을 제거하기 위한 것이다.
3. 동시사망이란 2인 이상이 동일한 위난으로 사망한 경우에, 동시에 사망한 것으로 추정하는 것이다. 이것은 동시에 사망한 자들 사이에 상속이 발생하지 않게 하려는 것이다.
4. 인정사망이란 관공서의 보고에 의하여 사망한 것으로 취급하는 제도이다. 실종선고와 유사하나 사망의제의 효력은 없다.

(6) 법인

① 법인의 의의 : 법인이란 자연인 이외의 것으로서 법률에 의하여 권리능력이 인정된 단체 또는 재단을 말한다. 구성원과는 독립된 법인격을 단체에게 부여하고 독립된 권리·의무의 주체성을 인정함으로써 단체의 법률관계를 간편하게 취급하기 위한 법기술이 사단법인이며, 동일한 이유로 일정한 목적을 위하여 제공된 재산의 집합에 대하여 독립된 인격이 부여된 것이 재단법인이다.

심화연구 ☞ 재단법인은 언제나 비영리법인이다

1 법인은 공법인 사법인, 영리법인과 비영리법인, 사단법인과 재단법인으로 구분한다.
2 사단법인은 일정한 목적을 위하여 결합된 사람의 단체로서 사원을 요소로 하여, 영리법인과 비영리 법인이 있다.
3 재단법인은 일정한 목적에 비쳐진 재산으로서 재산의 존재를 요소로 하여, 언제나 비영리법인이다(재단법인은 사원이 없으므로 성질상 영리법인이 될 수 없다.)

---

② 법인의 종류 :

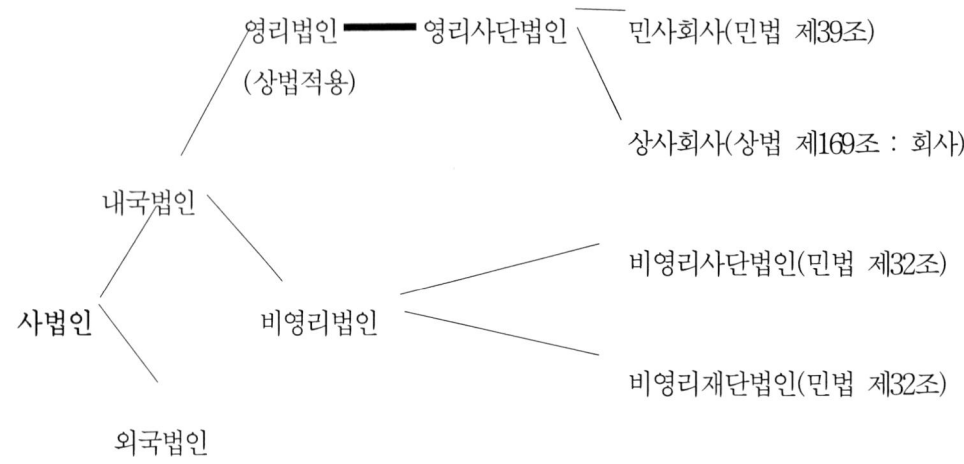

③ 법인의 성립

내 용	재단법인	사단법인
유 형	비영리(민법 제32조)	영리·비영리(민법에서는 비영리법인만 규율함)
설립행위	재산출연(제47조), 정관작성(제42조)	정관작성(제40조)
구 성	출연재산	2인 이상의 사원(제40조)
의결기관	법인설립자의 의사	사원총회
필요적 정관기재사항	사단법인과 동일, 다만 사원자격의 득실에 관한사항과 법인의 존립·해산에 관한 사항은 성질상 제외	목적, 명칭, 사무소소재지, 이사의 임면, 사원자격의 득실, 존립시기 및 해산시기를 정한 때 그 시기 및 사유(제40조)
정관변경	원칙적 불가, 예외적 인정(제45조)	총사원의 3분의 2 동의요건(제42조)
해산사유	존립기간 만료, 목적달성, 목적달성 불가능, 해산사유발생, 파산, 설립허가취소	재단법인과 동일 및 사원이 없게된 때

④ 법인의 능력

㉠ 법인의 권리능력 : 법인은 법률의 규정과 정관으로 정한 목적의 범위 내에서 권리능력을 갖는다.

㉡ 법인의 불법행위 : 법인은 그 대표기관이 그 직무에 관하여 타인에게 가한 손해를 배상할 책임을 부담한다.

ⓐ 법인의 불법행위가 성립하는 경우 : 대표기관은 법인과 경합하여 손해배상책임을 진다.

ⓑ 법인의 불법행위가 성립하지 않는 경우 : 그 사항의 의결에 찬성한 사원과 이사, 그리고 그것을 집행한 대표기관은 연대하여 배상책임을 진다.

심화연구 ☞ 권리능력 없는 사단·재단(비법인사단·재단)

① 사단과 재단의 실체를 갖추고 있으나 법인 등기가 없는 사단과 법인을 말한다.
② 비법인 사단은 사원의 총유에 속하고(종중 재산), 부동산 등기능력이 인정되고, 소송법상 당사자 능력이 인정된다.
③ 비법인 재단도 등기능력과 당사자능력이 인정된다.

심화연구 ☞ 사단·조합

구 분	사 단	조 합
공통점	사람의 결합체	사람의 결합체
다른점	단체성이 강함(구성원의 개성은 단체에 매몰됨)	구성원의 개성이 강함
성 립	정관작성, 주무장관의 허가, 설립등기	조합계약
재산소유형태	사단체소유	합유
능 력	법인격과 소송법상 당사자능력이 인정됨	법인격과 소송법상 당사자능력이 없음

(7) 권리의 객체

① 의의 : 권리의 객체란 권리가 미치는 대상을 말하며, 권리의 목적·내용·종류에 따라 다르다. 민법총칙에서는 물권의 객체인 물건에 관한 규정만 두고 있다.

② 물건의 정의 : 물건이란 유체물 및 전기 기타 관리할 수 있는 자연력을 말한다(민법 제98조)

③ 물건의 종류

㉠ 동산과 부동산 : 토지 및 그 정착물을 부동산이라 하고, 부동산 이외의 물건은 동산이다.

㉡ 주물과 종물

ⓐ 물건의 소유자가 그 물건의 상용에 공하기 위하여, 자기소유인 다른 물건을 이에 부속하게 한 때에는 그 부속물을 종물로 한다.

ⓑ 종물은 주물의 처분에 따른다.

㉢ 원물과 과실 : 물건으로부터 생기는 경제적 수익을 과실이라 하고, 과실을 생기게 하는 물건을 원물이라 한다.

ⓐ 천연과실 : 물건의 용법에 의하여 수취하는 산출물을 천연과실이라고 한다(열매, 젖소의 우유, 가축의 새끼), 천연과실은 원물로부터 분리한 때 수취할 권리자에게 속한다.

ⓑ 법정과실 : 물건의 사용대가로 받는 금전 기타의 물건을 법정과실이라고 한다(임대료, 이자), 법정과실은 수취할 권리의 존속기간 일수의 비율로 취득한다.

(8) **법률행위**

① 법률행위의 의의 : 법률행위는 일반적으로 의사표시를 필수불가결의 요소로 하는 법률요건으로 정의한다. 민법전에는 법률행위에 대한 특별한 규정은 없다.

② 법률행위의 일반적 성립요건과 유효요건

성립 요건	유효 요건
당사자의 존재	권리능력이 있을 것
목적의 존재	• 확정성 • 실현가능성 • 적법성 • 타당성
의사표시의 존재	의사와 표시의 불일치가 없을 것

③ 법률행위의 종류 :

㉠ 단독행위·계약·합동행위

ⓐ 단독행위 : 행위자 한 사람의 의사표시로 성립하는 법률행위

- 상대방 있는 단독행위 : 취소, 해제, 채무관계, 상계
- 상대방 없는 단독행위 : 유언, 재단법인 설립행위

ⓑ 계약 : 서로 대립하는 두 개 이상의 의사표시의 합치로써 성립하는 법률행위(예, 매매, 임대차)

ⓒ 합동행위 : 같은 목적을 가진 두 개 이상의 의사표시로 성립하는 법률행위로 계약과 다른 의사표시가 방향을 같이 하고 대립적이 아니다(사단법인 설립행위).

㉡ 채권행위·물권행위·준물권행위

ⓐ 채권행위 : 채권·채무를 발생시키는 것을 목적으로 하는 법률행위이다. 우리 민법은 15가지의 전형계약을 두고 있다.

ⓑ 물권행위 : 물권의 변동을 목적으로 하는 법률행위이다. 물권행위는 직접 물권의 변동이 일어나기 때문에 채권행위와 같이 채무이행의 문제가 발생하지 않는다(소유권의 이전, 저당권의 설정 등)

ⓒ 준물권행위 : 물권 이외의 권리의 변동을 목적으로 하는 법률행위이다(채권양도, 채무면제 등)

㉢ 요식행위·불요식행위

ⓐ 요식행위 : 서면의 작성과 같은 의사표시에 일정한 형식을 필요로 하는 법률행위(혼인, 유언 등)

ⓑ 불요식행위 : 요식행위와 같은 형식을 요하지 않는 행위

㉣ 출연행위와 비출연행위

ⓐ 출연행위 : 매매와 같이 자기의 재산을 감소시키고 타인의 재산을 증가하게 하는 효과를 발생시키는 법률행위(채권행위, 소유권의 양도 등)

ⓑ 비출연행위 : 타인의 재산을 증가케 함이 없이 행위자만의 재산을 감소시키거나

직접 재산의 증감을 일어나게 하지 않는 의 포기, 대리권의 수여 등)

④ 의사표시

㉠ 의의 : 의사표시는 일정한 법률효과의 발생을 의욕하고 그 것을 외부에 표시하는 행위로서, 법률행위의 불가결의 요소이다. 표시와 내심의 진의가 일치할 경우 아무런 문제가 없으나, 표시된 의사와 내심의 의사가 일치하지 않을 경우(비정상적 의사표시) 문제가 된다.

㉡ 진의 아닌 의사표시(비진의 의사표시)

ⓐ 의사표시는 표의자가 진의 아님을 알고 한 것이라도 효력이 있다. 그러나 상대방이 표의자의 진의 아님을 알았거나, 이를 알 수 있었을 경우에는 무효로 한다.

ⓑ 의사표시의 무효는 선의의 제3자에게는 대항하지 못한다.

㉢ 통정한 허위의 의사표시

ⓐ 상대방과 통정한 허위의 의사표시는 무효로 한다.

ⓑ 의사표시의 무효는 선의의 제3자에게 대항하지 못한다.

㉣ 착오로 인한 의사표시

ⓐ 의사표시는 법률행위의 내용의 중요부분에 착오가 있는 때에 취소할 수 있다. 그러나 착오가 표의자의 중대한 과실로 인한 때에는 취소하지 못한다.

ⓑ 의사표시의 취소는 선의의 제3자에게 대항하지 못한다.

㉤ 사기·강박에 의한 의사표시

ⓐ 사기나 강박에 의한 의사표시는 취소할 수 있다.

ⓑ 상대방 있는 의사표시에 관하여 제3자가 사기나 강박을 행한 경우에는 상대방이 그 사실을 알았거나 알 수 있었을 경우에 한하여 그 의사표시를 취소할 수 있다.

ⓒ 의사표시의 취소는 선의 제3자에게 대항하지 못한다.

심화연구 ☞ 비정상적 의사표시의 주요내용

구분		비진의 표시	허위표시	착오에 의한 의사표시	사기·강박에 의한 의사표시
당사자 사이의 관계	주요 요건	상대방의 선의·무과실	상대방과의 통정 (양해·합의)	법률행위의 중요부분의 착오, 표의자의 중과실 없을 것	기망행위·강박행위, 고의, 인과관계
	효과	유효	무효	취소	취소
제3자와의 관계		무효 또는 취소를 이유로 선의의 제3자에 대해서는 대항할 수 없다(공통).			

ⓑ 의사표시의 효력 발생시기

ⓐ 도달주의 : 상대방 있는 의사표시는 그 통지가 상대방에 도달한 때로부터 그 효력이 발생한다.

ⓑ 표의자가 그 통지를 발한 후 사망하거나 행위능력을 상실하여도 의사표시의 효력에 영향을 미치지 아니한다.

(9) **법률행위의 대리**

① 의의 : 대리(代理)란 타인(대리인)이 본인의 이름으로 법률행위(의사표시)를 하거나 또는 의사표시를 받음으로써 그 법률효과가 직접 본인에 관하여 발생하는 제도를 말한다. 이러한 대리제도는 본인의 거래상의 범위를 넓혀 주는 이른바 사적자치의 확장 기능과 의사능력 없는 자 또는 행위능력이 없는 자에게는 대리인을 통하여 거래할 수 있는 길을 열어 주는 것으로서 사적자치의 보충이라는 기능을 한다.

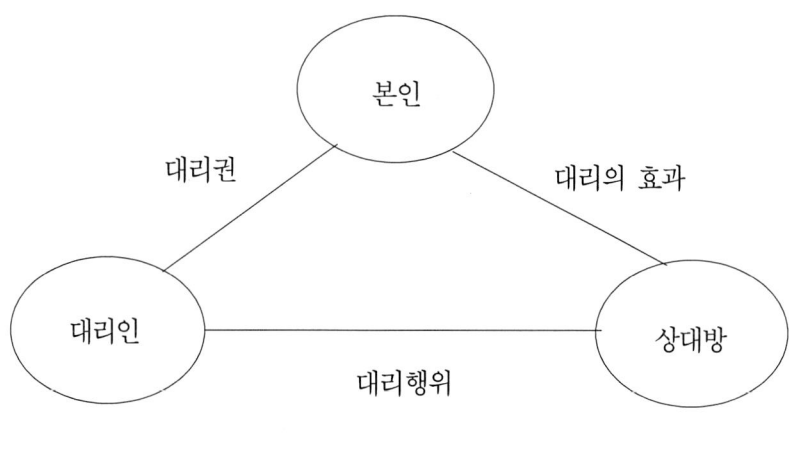

【대리의 3면 관계】

② 대리가 인정되는 범위 : 대리는 원칙적으로 의사표시 또는 의사표시를 요소로 하는 법률행위에 한하여 인정된다.

심화연구 ☞ 대리의 허용 범위

1 대리와 친하지 않은 법률행위 : 본인의 의사결정이 절대로 필요한 법률행위적 의사표시 (가족법상의 행위인 혼인, 유언, 인지 등)
2 대리가 인정되지 않는 행위 : 준법률행위 / 사실행위 / 불법행위

---

③ 대리의 종류

㉠ 임의대리와 법정대리

ⓐ 임의대리 : 대리권이 본인의 수권행위에 의하여 발생한다.

ⓑ 법정대리 : 본인의 의사와 무관하게 법령의 규정에 의하여 대리권이 발생한다.

㉡ 능동대리와 수동대리

ⓐ 능동대리(적극) : 본인을 위하여 제3자에 대해 의사표시를 하는 대리이다.

ⓑ 수동대리(소극) : 제3자의 의사표시를 수령하는 대리이다.

ⓒ 유권대리와 무권대리 : 대리인이 정당한 대리권을 가지고 있는 경우가 유권대리이고, 정당한 권한이 없는 경우가 무권대리이다.

④ 대리행위의 요건

㉠ 현명주의 : 대리행위는 '본인을 위한 것임을 표시'(대리의사)하여서 의사표시를 하여야 한다.

㉡ 대리인이 본인을 위한 것임(현명)을 표시하지 않은 경우에는 그 의사표시는 대리인 자신을 위한 것으로 본다.

㉢ 상대방이 대리인으로서 한 것임을 알았거나 알 수 있었을 때, 그 의사표시는 대리행위로서 효력이 발생한다.

⑤ 대리인의 능력 : 대리인은 행위능력자임을 요하지 않는다. 즉, 제한능력자도 대리인이 될 수 있다.

⑥ 대리권의 발생원인

㉠ 임의대리권 : 본인의 수권행위

㉡ 법정대리권 : 법률의 규정에 의하여 당연히 법정대리인이 되거나, 법원의 결정·선임 또는 일정한 지정에 의하여 된다.

⑦ 대리권의 소멸원인

㉠ 임의대리권, 법정대리권 공통

ⓐ 본인의 사망

ⓑ 대리인의 사망

ⓒ 대리인의 성년후견의 개시 또는 파산

㉡ 임의대리권

ⓐ 원인된 법률관계의 종료

ⓑ 수권행위의 철회

ⓒ 대리인의 대리권 포기

ⓓ 본인의 파산

ⓒ 법정대리권

    ⓐ 법원에 의한 대리인의 개임(改任)

    ⓑ 법원에 의한 대리권 상실선고

⑧ 대리권의 범위

  ㉠ 법정대리권 : 법률의 규정에 의한 범위

  ㉡ 임의대리권

    ⓐ 수권행위로 인한 권한의 범위

    ⓑ 권한을 정하지 않은 경우 : 보존행위와 이용·개량행위(물건이나 권리의 성질은 변하지 아니하는 범위 내)

⑨ 대리권의 제한

  ㉠ 자기계약의 금지 : 대리인이 한편으로 본인을 대리하고, 다른 한편으로는 자기자신의 자격으로서 자기 혼자서 본인·대리인 사이의 계약을 맺는 자기계약은 금지된다.

  ㉡ 쌍방대리의 금지 : 대리인이 한편으로는 본인을 다른 한편으로는 상대방을 대리하여 자기만으로써 쌍방의 계약을 맺는 쌍방대리는 금지된다.

  ㉢ 공동대리의 경우에는 대리인이 공동으로만 법률행위를 할 수 있다.

⑩ 복대리

  ㉠ 의의 : 복대리인이란 대리인이 그 권한 내의 행위를 행하게 하기 위하여, 대리인 자신의 이름으로 선임한 본인의 대리인을 말한다.

  ㉡ 임의대리인은 본인의 승낙이 있거나 부득이한 사유가 있는 경우에만 예외적으로 복대리인 선임권이 있다.

  ㉢ 법정대리인은 본인과의 선임관계가 중요시 되지 않기 때문에 언제든지 복대리인 선임권이 있다.

  ㉣ 복대리인을 선임하여도 대리인의 대리권은 소멸하지 않는다.

  ㉤ 복대리권은 대리권의 범위 내에서 인정된다.

ⓑ 복대리인은 그 권한 범위 내에서 직접 본인을 대리한다.
⑪ 무권대리

　㉠ 의의 : 무권대리란 대리권 없이 하는 대리행위, 즉 대리행위의 다른 요건을 모두 갖추고 있으나 대리권만이 없는 행위를 말한다. 민법은 이러한 무권대리를 본인의 이익과 상대방의 이익을 조화시키는 방향으로 규정한다.

　㉡ 표현대리 : 대리인에게 대리권이 없음에도 불구하고 마치 있는 것과 같은 외관이 있고 본인이 외관 발생에 원인을 주고 있다면, 외관을 신뢰한 자 및 거래의 안전을 보호하기 위하여 본인에게 책임을 지게 하는 제도를 말한다. 민법은 대리권수여의 표시에 의한 표현대리(제125조)와 권한을 넘은 표현대리(제126조) 및 대리권 소멸 후의 표현대리(제129조)를 두고 있다.

　㉢ 협의의 무권대리 : 대리권 없이 타인의 이름으로 대리행위를 하였을 때에 표현대리라고 볼 만한 특별한 사정이 없는 경우나, 표현대리에 해당할 지라도 상대방이 표현대리를 주장하지 않는 경우의 무권대리를 말한다. 협의의 무권대리는 본인이 추인하지 는 한 무권대리인 자신의 책임이 된다(제130조)

(10) 무효와 취소

분류	무 효	취 소
의의	법률행위가 성립 당시부터 법률상 당연히 그 효력이 발생하지 않는 것으로 확정되어 있는 것을 말한다.	일단 유효하게 성립한 계약의 효력을 무능력·착오·사기·강박을 이유로 행위시까지 소급하여 그 효력을 소멸시키는 것
기본적 효과	특정인의 행위를 기다리지 않고 처음부터 당연히 효력을 발생하지 않는다(절대적 무효).	취소하기 전까지 일응 유효한 것으로 다루어진다(취소권행사 후에는 소급효로 인하여 무효와 다를 바 없다)
주장권자	누구라도 주장할 수 있다.	취소권자만이 할 수 있다(제한능력자, 하자 있는 의사표시를 한 자, 승계인, 대리인)

주장기간	제한이 없다.	일정한 기간(제척기간)이 경과하면 취소권은 소멸하여 유효한 것이 되어 버린다 (추인 가능한 날로부터 3년, 법률행위를 한 날로부터 10년 내에 행사하여야 한다)
방치한 경우	무효원인이 치유되지 않는다(언제나 무효)	일정한 기간이 지나면 취소권의 소멸에 의해 취소할 수 없게 된다.
추 인	원칙적으로 금지되며, 예외적으로 당사자가 그 무효임을 알고 추인한 때는 다른 행위로 전환이 인정되며, 제3자의 권리를 해하지 않는 범위 내에서 소급적인 추인을 할 수 있을 뿐이다.	추인(취소권의 포기)으로서 법률행위를 유효하게 확정하며, 또한 법정추인제도를 인정하고 있으므로 취소권의 추인 여부를 묻지 않고서도 법률상 당연히 추인이 있었던 것으로 보는 경우도 있다.
근거법률	근거조항이 없더라도 하자의 정도가 중대 명백한 경우에는 인정된다.	취소의 원인은 반드시 법률규정이 있는 경우에만 인정된다.
민법상의 예	• 의사무능력자의 법률행위 • 원시적 불능인 법률행위 • 반사회질서 행위(제103조) • 불공정한 법률행위(제104조) • 비진의 의사표시 • 통정 허위표시 • 불법조건의 법률행위	• 제한능력자(미성년자, 피한정후견인, 피성년 후견인)의 행위(의사능력이 없는 경우에는 무효와 취소가 경합) • 착오에 의한 의사표시 • 사기·강박에 의한 의사표시

(11) **조건과 기한**

① 법률행위의 부관 : 법률행위 효과의 발생 또는 소멸을 제한하기 위하여 당해 법률행위의 내용으로서 부가되는 약관을 법률행위의 부관이라 하며, 부관에는 조건과 기한, 부담이 있다. 민법은 조건과 기한에 관하여는 민법총칙에 규정을 두고, 부담에 관하여는 부담부 증여와 유증에서 특별규정을 두고 있다.

② 조건 : 법률행위의 효력발생을 장래의 불확실한 사실의 성부에 의존케 하는 부관을 말한다.

㉠ 정지조건 : 법률행위의 효력발생을 장래의 불확실한 사실에 의존케 하는 조건을 말한다(입사 시험에 합격하면 용돈을 주겠다)

㉡ 해제조건 : 법률행위의 효력소멸을 장래의 불확실한 사실에 의존케 하는 조건을 말한다(입사 시험에 불합격하면 용돈 지급을 중단 하겠다)

③ 기한 : 법률행위의 효력의 발생·소멸 또는 채무의 이행을 장래에 발생할 것이 확실한 사실에 의존케 하는 부관을 말하며, 이는 장래의 불확실한 사실에 의존케 하는 조건과 구별된다(시기, 종기, 확정 기한, 불확정 기한)

(12) 소멸시효

① 시효의 의의 : 시효(時效)란 일정한 사실상태가 일정기간 계속된 경우에 진실한 권리관계와 일치하는지 여부를 묻지 않고 그 시실상태를 존중하여 일정한 법률효과(즉, 권리의 취득이나 소멸)를 발생시키는 법률요건을 말한다.

② 시효제도의 존재이유

㉠ 법적 안정상의 요청(주로 취득시효에 타당한 논거)

㉡ 증거보존의 곤란성(주로 소멸시효에 타당한 논거)

㉢ 보호가치의 소멸(주로 소멸시효에 타당한 논거)

③ 시효의 종류

㉠ 취득시효 : 권리를 행사하고 있는 사실상태가 일정기간 동안 계속되면 권리의 취득을 인정해 주는 제도를 말한다. 이는 우리 민법의 물권편에 규정되어 있다.

㉡ 소멸시효 : 권리를 행사하지 않는 사실상태가 일정기간 동안 계속되면 권리의 소멸이 인정되는 제도를 말한다, 이는 우리 민법의 총칙편에 규정되어 있다.

심화연구 ☞ 제척기간과 소멸시효

제척기간이란 일정한 권리에 관하여 법률이 예정하고 있는 존속기간을 말한다
(민법 제46조의 취소권의 단기소멸기간)

구 분	소멸시효	제척기간
소급효	소급하여 권리 소멸	장래효
중단·정지 제도	있음	제척기간은 권리관계를 조속히 확정하기 위한 것이므로 없음
시효이익 포기 여부	포기 가능	포기제도 없음
기간의 단축 여부	당사자 약정으로 단축·경감 가능	단축·경감 불가능

④ 소멸시효의 요건

　㉠ 권리가 소멸시효의 목적이 될 수 있는 것일 것
　　◆ 채권 또는 소유권 이외의 재산일 것
　㉡ 권리자가 법률상 그 권리를 행사할 수 있음에도 불구하고 행사하지 않을 것
　㉢ 권리불행사의 상태가 일정기간 동안 계속될 것

⑤ 소멸시효의 기간

구 분	권 리
20년	채권 및 소유권 이외의 재산
10년	보통의 채권, 판결·파산절차·재판상화해 기타 판결과 동일한 효력이 있는 것에 한하여 확정된 채권
5년	상법상의 채권
3년	민법 제163조(이자채권, 치료비, 도급공사, 변호사비용 등)에 따른 채권, 근로기준법상 임금채권
1년	숙박료, 음식료, 노역비
3년 또는 10년	불법행위로 인한 손해배상청구권

⑥ 소멸시효의 기산점

　㉠ 소멸시효는 권리를 행사할 수 있는 때부터 진행한다.

　㉡ 부작위를 목적으로 하는 채권의 소멸시효는 위반행위를 한 때로부터 진행한다.

⑦ 소멸시효의 중단과 정지

　㉠ 시효의 중단 : 소멸시효의 중단이란 소멸시효가 진행하는 동안 도중에 권리의 불행사라는 상태와 조화될 수 없는 사실(청구·압류 또는 가압류·가처분·승인 등)이 발생한 경우에 이미 진행한 시효기간은 무의미하게 되므로 그 효력을 상실하게 하는 제도를 말한다.

　㉡ 시효의 정지 : 소멸시효의 정지란 시효가 거의 완성될 무렵에 권리자가 시효를 중단시키는 행위를 할 수 없거나 그 행위를 하는 것이 대단히 곤란한 경우에 그 사정이 소멸한 후 일정기간이 경과하는 시점까지 시효의 완성을 유예하는 것을 말한다.

제5절 물권법

(1) 물권의 의의

특정한 물건을 직접 지배하여 그로부터 이익을 얻는 것을 내용으로 하는 배타적 권리를 물권이라 한다.

심화연구 ☞ 채권과 물권의 차이

구분	대상	성질	공시	종류·내용
물권	물건	절대성·직접성·지배권	필요	법률·관습법에 의하여 결정
채권	사람의 행위	상대성·간접성·청구권	불필요	당사자의 자유로운 의사에 의하여 결정할 수 있다.

(2) 물권변동의 공시제도

① 물권은 배타성과 관념성을 갖기 때문에 물권의 귀속과 내용을 외부에서 인식할 수 있도록 일정한 방법으로 공시할 필요성이 있다. 물권의 현상을 외부에서 일 수 있는 일정한 표상 내지 표지를 가리켜 공시라고 한다.

② 공시방법

㉠ 부동산 : 등기

㉡ 동산 : 인도

③ 부동산 물권과 동산물권의 변동

구분		요건
부동산	법률행위에 의한 경우	물권행위(물권변동을 목적으로 하는 물권적 의사표시를 요소로 하는 법률행위) + 등기 ※ 부동산의 인도는 요건이 아님
	상속·공용징수·판결·경매 기타 법률의 규정에 의한 경우	등기하지 않아도 됨. 그러나 등기하지 않고 처분 불가능
동산		물권행위 + 인도

③ 법률행위의 종류(민법이 인정하고 있는 물권의 종류)

◎ 점유권과 본권 : 물건의 사실상 지배상태 그 자체를 보호하는 것을 목적으로 하는 물건이 점유권이고, 물건을 지배할 수 있는 법률상의 권원이 있는 것을 목적으로 하는 물권이 본권이다.

◎ 소유권과 제한물권 : 물건의 사용가치와 교환가치 등의 전부를 지배할 수 있는 권리를 목적으로 하는 굴권이 소유권이고, 제한된 방법으로 특정의 목적을 위해 일부만을 지배할 수 있는 권리를 목적으로 하는 물권이 제한물권이다.

◎ 용익물권과 담보물권 : 물건의 사용가치의 지배를 목적으로 하는 물권이 용익물권이고, 교환가치의 지배를 목적으로 하는 물권이 담보물권이다.

◎ 물권법정주의 : 물권은 법률 또는 관습법에 의하는 이외에는 임의로 창설하지 못한다.

(3) 물권의 종류

① 점유권 : 어떤 물건을 사실상 지배하고 있는 경우에 그 물건의 지배를 정당화시켜 주는 본권(법률상 권리)이 있느냐 없느냐를 묻지 않고서, 그 사실상의 지배에 부여하는 법적 지위를 점유권이라 한다.

② 소유권 : 물건을 전면적으로 지배(사용·수익·처분)할 수 있는 권리를 소유권이라 한다.

심화연구 ☞ 취득시효

종류		요건	시효 기간
부동산	점유취득시효	자주·평온·공연의 점유의 등기	20년
	등기부취득시효	자주·평온·공연·선의·무과실의 점유	10년
동산	일반취득시효	자주·평온·공연의 점유	10년
	선의취득시효	자주·평온·공연·선의·무과실의 점유	5년

③ 용익물권 : 용익물권이란 특정인이 타인의 물건을 일정한 범위 내에서 사용·수익할 수 있는 물권을 말한다. 용익물권에는 지상권·지역권·전세권이 있다.

㉠ 지상권 : 타인의 토지에서 건물 기타 공작물이나 수목을 소유하기 위하여 그 토지의 상·하를 배타적으로 사용할 수 있는 물권을 말한다.

ⓒ 지역권 : 일정한 목적을 위하여 타인의 토지(승역지)를 자기토지(요역지)의 편익에 이용하는 권리를 말한다.

ⓒ 전세권 : 전세권자가 전세금을 지급하고 타인의 부동산을 그의 용도에 따라 사용·수익한 후(용익물권설), 전세권이 소멸하면 목적부동산으로부터 전세금의 우선변제 받을 수 있는 효력(담보물권설)이 인정되는 권리를 말한다.

④ 담보물권 : 물건의 교환가치의 지배를 목적으로 하는 물권이 담보물권이며, 유치권·질권·저당권이 있다.

구분	유치권	질권	저당권
의의	타인의 물건 또는 유가증권을 점유한 자가 그 물건이나 유가증권에 관하여 생긴 채권이 변제기에 있는 경우에 변제를 받을 때까지 그 물건 또는 유가증권을 유치할 권리	채권의 담보로 채무자 또는 제3자가 제공한 동산 또는 권리를 점유하고 그것에 대하여 다른 채권자보다 자기채권의 우선변제를 받을 권리	채무자 또는 제3자가 점유를 이전하지 아니하고 채무의 담보로 제공한 부동산에 대하여 다른 채권자보다 자기책권의 우선변제를 받을 권리
성질	법정담보물권	약정담보물권	약정담보물권
목적물	물건(동산·부동산)과 유가증권	동산과 재산권	부동산
효력	•유치적 효력 (과실수취, 간이 변제충당) •점유 필요	•유치적 효력 (과실수취, 간이 변제충당) •우선변제의 효력 •점유 필요	•유치적 효력 •점유 필요

제6절 채권법

(1) 채권법의 의의

특정인(채권자)이 타인(채무자)의 일정한 행위를 청구 또는 요구하는 법률관계(채권관계)를 규율하는 법규의 전체를 말한다(채권이란 특정인(채권자)이 다른 특정인(채무자)에 대하여 특정의 행위(급부 내지 급여)를 청구할 수 있는 권리를 말하며, 채권관계란 2인 또는 수인의 당사자가 채권자 또는 채무자로서 서로 일정한 행위를 요구할 수 있는 권리(채권)를 갖고 그에 대응한 의무(채무)를 부담하는 것을 중심으로 결합되어 있는 법률관계를 말한다.

(2) 채권법의 성질

구 분	채권법	물권법
강행성	임의법규적 성격(계약자유의 원칙이 지배)	강행법규적 성격
보편성	국제적·보편적	각국의 특유한 고유법적
발 달	물권법보다 늦게 발달	먼저 발달

(3) 채무불이행

구 분	채무 불이행		
의 의	채무자가 정당한 이유없이 채무의 내용에 따른 이행을 하지 않은 경우		
요 건	채무자의 귀책사유(고의 또는 과실) / 위법성 / 책임능력 / 입증책임		
유 형	이행지체	이행불능	불완전 이행
효 과	강제이행 / 손해배상 / 계약해제권	전보배상 / 계약해제권 / 대상청구권	완전이행청구권 / 손해배상 / 계약해제권

(4) 채권의 발생원인

① 계약(법률행위에 의한 채권의 발생원인) : 두 당사자가 사이의 의사표시의 합치(청약과 승낙)로서 성립한다. 민법은 채권법에서 매매 등 15종의 전형계약을 예정하고 있다.

② 사무관리(법정채권의 발생원인) : 의무 없이 타인의 사무를 처리하는 경우를 말한다.

③ 부당이득(법정채권의 발생원인) : 법률상 원인 없이 부당하게 재산적 이득을 얻고, 이로 인해 타인에게 손해를 준 자에 대하여 그 이득의 반환을 명하는 제도를 말한다.

④ 불법행위(법정채권의 발생원인) : 고의 또는 과실로 인한 위법행위로서, 타인에게 손해를 끼친 경우에 그 배상을 명하는 제도를 말한다.

(5) 계약각론(15종의 전형계약)

구 분	의 의
증 여	당사자의 일방(증여자)이 반대급부 없이 재산을 상대방에게 준다는 의사를 표시하고 상대방(수증자)이 그것을 승낙함으로써 성립하는 계약
매 매	당사자 일방(매도인)이 재산권의 이전을 약정하고 타방(매수인)이 대금의 지급을 약정함으로써 성립하는 계약
교 환	당사자 쌍방이 금전 이외의 재산권을 상호 이전할 것을 약정함으로써 성립하는 계약
화 해	당사자가 서로 양보하여 그들 사이의 분쟁을 해결하고 끝낼 것을 약정함으로써 성립하는 계약
종신 정기금	당사자의 일방(종신 정기금 채무자)이 자기나 상대방 또는 제3장의 종신(사망시)까지 정기로 금전 기타의 물건을 상대방 또는 제3자에게 지급할 것을 약정함으로써 효력이 생기는 계약
소비 대차	당사자의 일방(대주)이 금전 기타 대체물의 소유권을 상대방(차주)에게 이전할 것을 약정 하고 상대방은 동종, 동질, 동량의 물건을 반환할 것을 약정함으로써 성립하는 계약

사용대차	당사자의 일방(대주)이 상대방(차주)에게 무상으로 사용, 수익하게 하기 위하여 목적물을 인도할 것을 약정하고 상대방은 이를 사용, 수익한 후 그 물건을 반환할 것을 약정함으로써 성립하는 계약
임대차	당사자의 일방(대주)이 상대방(차주)에게 목적물을 사용, 수익하게 할 것을 약정하고 상대방이 이에 대해 보수를 지급할 것을 약정함으로써 성립하는 계약
고 용	당사자의 일방(노무자)이 상대방(사용자)에 대하여 노무를 제공할 것을 약정하고 상대방은 이에 대해 보수를 지급할 것을 약정함으로써 성립하는 계약
도 급	당사자 일방(수급인)이 어떤 일을 완성할 것을 약정하고 상대방(도급인)이 그 일의 완성 결과에 대하여 보수를 지급할 것을 약정함으로써 성립하는 계약
여 행	당사자 일방이 상대방에게 운송, 숙박, 관광 또는 그 밖의 여행 관련 용역을 결합하여 제공하기로 약정하고 상대방이 그 대금을 지급하기로 약정함으로써 성립하는 계약
현상광고	당사자 일방(광고자)이 특정의 행위를 한 자에게 일정한 보수를 지급할 것을 표시하고 이에 응모한 자(응모자)가 그 광고에 정한 지정행위를 완료함으로써 성립하는 계약
위 임	당사자의 일방(위임인)이 상대방(수임인)에 대하여 사무의 처리를 위탁하고 상대방이 이를 승낙함으로써 성립하는 계약
임 치	당사자의 일방(임치인)이 상대방(수치인)에 대하여 금전이나 유가증권 기탕의 물건의 보관을 위탁하고 상대방이 이를 승낙함으로써 상립하는 계약
조 합	2인 이상의 특정인이 서로 출자하여 공동사업을 경영할 것을 약정함으로써 성립하는 계약

(6) 법정채권관계

① 사무관리 : 사무관리란 법률상 또는 계약상의 의무 없이 타인을 위하여 그의 사무를 처리하는 행위를 말한다. 민법은 이러한 사무관리를 적법행위로 인정하여 법률규정에 의한 채권발생의 원인으로 규정하고 있다(사무관리자와 본인간에 발생한 법정채권관계).

② 부당이득 : 부당이득이란 법률상의 원인 없이 부당하게 타인의 재산이나 노무로 인하여 재산적 이익을 얻고, 이로 인하여 타인에게 손해를 끼친 자에게 그 이익의 반환을 명하는 제도를 말한다. 부당이득은 사무관리 및 불법행위와 더불어 민법의 규정에 의해 당연히 인정되는 법정채권의 발생 원인이다.

③ 불법행위 : 불법행위란 고의 또는 과실에 기하여 타인에게 손해를 가하는 위법한 행위를 말한다. 이러한 불법행위는 법정채권의 발생원인이 된다.

㉠ 불법행위의 요건

ⓐ 가해자의 고의 또는 과실이 있을 것

ⓑ 가해자에게 책임능력이 있을 것

ⓒ 위법할 것

ⓓ 손해의 발생이 있을 것

ⓔ 가해행위와 손해발생 사이에 인과관계가 있을 것

㉡ 불법행위의 효과 : 손해배상책임(금전배상이 원칙)

심화연구 ☞ 채권과 물권의 차이

1 민사상 불법행위책임과 형사상 책임의 비교

구분	형사책임	민사책임
고의와 과실	• 고의범만을 처벌하는 것이 원칙 • 과실범은 예외적으로 처벌	• 주로 과실이 문제됨 • 고의와 과실은 동일하게 평가
결과발생 여부	결과가 발생되지 않는 미수범도 처벌 가능	결과 내지 손해가 발생하지 않는 미수범 불고려

2 불법행위책임과 채무불이행의 비교(경합 인정)

입증책임	채무자(피고)가 자신에게 귀책사유 없음을 입증해야 함	피해자(채권자, 원고)가 가해자의 고의, 과실을 입증해야 함
내용	강제이행, 계약해제, 손해배상	손해배상
상계	상계 가능	상계 금지
소멸시효	10년	• 손해 및 가해자를 안 날로부터 3년 • 불법행위를 한 날로부터 10년

제7절 상속법

(1) 상속의 순위

① 배우자 + 직계비속 ⇨ 배우자 + 직계존속 ⇨ 형제자매 ⇨ 4촌 이내의 방계혈족

② 태아는 상속순위에 관하여는 이미 출생한 것으로 본다.

(2) 상속분

구 분	내 용
수인의 동순위의 상속인	균분
배우자	직계비속이나 직계존속의 상속분의 5할 가산

제2장 민사소송법

제1절 민사소송법의 개념

(1) 민사소송은 사권의 존재를 확정하여 사권을 보호하고 사법질서의 유지를 목적으로 하는 재판절차이다.

① 넓은 의미의 민사소송 : 권리관계의 확정절차(판결절차) + 보전절차(가압류 · 가처분) + 강제집행절차

② 좁은 의미의 민사소송 : 권리관계의 확정절차(재판절차)

(2) 민사소송의 법원

민사소송법(판결절차) + 민사집행법(강제집행절차 + 가압류 + 가처분)

제2절 민사소송제도의 4대 이념

(1) 적정

① 의의 : 소송의 가장 중요한 요청은 올바르고 잘못이 없는 재판이다. 법관은 사실관계를 올바르게 확정하여야 하고, 이 확정된 사실관계에 올바르게 법을 적용하여 재판을 통해 사회정의를 구현하여야 한다.

② 제도 : 적정의 이상을 구현하기 위하여

변호사대리의 원칙(제87조) / 구술주의(제134조) / 직접주의(제204조) / 석명권행사(제136조) / 직권증거조사(제292조) / 교호신문제도(제327조) / 심급제도와 재심제도 등 불복신청제도 / 법관의 자격제한과 신분보장제도를 두고 있다.

(2) 공평(절차보장)

① 의의 : "한쪽 말만 듣고 송사(訟事)하지 못한다."는 법언대로 재판의 적정을 위해서는 양당사자를 공평하게 취급하여야 한다. 법관은 '중립적 제3자'의 위치에서 어느 쪽에도 치우침 없이 각자 자기의 이익을 주장할 수 있는 기회를 동등하게 부여하여야 한다. 법관의 중립성이나 무기평등의 원칙을 강조하는 이유는 여기에 있다.

② 제도 : 공평의 이상을 구현하기 위하여 심리의 공개, 법관의 제척·회피제도, 쌍방심문주의, 소송절차의 중단·정지제도, 대리인제도, 준비서면에 예고하지 않은 사실의 진술금지제도 등을 채택하고 있다.

(3) 신속

① 의의 : 적정하고 공평한 재판을 하더라도 권리보호가 지연되는 것은 권리보호의 거절과 같으므로 소송촉진이 절실히 요구된다. 우리 헌법에서도 「모든 국민은 신속한 재

판을 받을 권리를 가진다(헌법 제27조 제3항)」고 규정함으로써, 국민의 기본권의 하나로서 신속한 재판을 받을 권리를 보장하고 있다.

② 제도 : 신속한 재판을 받을 권리의 보장을 위하여 독촉절차·제소 전 화해절차·소액사건심판절차 등 특수절차, 기일 연장의 제한, 기간 해태의 경우에는 그 제재로서 소권(訴權)의 실효, 실기(失機)한 공격·방어 방법의 각하, 기일 해태의 경우에 그 제재로서 자백주의, 선고기간의 법정화, 상하급심문의 기록송부기간, 소송지휘권에 의한 절차의 직권진행 등을 두고 있다.

(4) 경제

소송수행에 있어서 소요되는 비용과 노력은 최소화하여야 한다. 소송수행에 과다한 비용과 노력이 들게 되면 승소확정판결도 무용하게 된다. 현행법은 경제의 이상의 구현을 위하여

① 구술신청제 ② 소액사건에 있어서의 구술제소 ③ 소의 병합 ④ 소송이송 ⑤ 무능력자나 무권대리인의 소송행위의 추인이나 소송절차에 관한 이익권의 상실에 의한 하자의 치유제도 ⑥ 변호사 보수의 소송비용산입제 ⑦ 소송구조제도 등을 두고 있다.

제3절 민사소송절차의 종류

(1) 통상소송절차

① 판결절차

㉠ 판결절차는 재판에 의하여 사법상의 권리관계를 확정하는 재판절차로써 좁은 의미의 민사소송은 판결절차만을 의미한다.

ⓐ 제1심 절차 : 지방법원단독판사, 지법법원합의부
ⓑ 항소심 절차 : 지방법원본원합의부, 고등법원
ⓒ 상고심 절차 : 대법원

ⓒ 지방법원 단독판사절차에는

ⓐ 비변호사의 소송대리

ⓑ 조서 기재의 생략

ⓒ 준비서면의 불요 등 절차상 특례에 의하는 이외에 그 중 소송 목적의 값이 3,000만 원 이하의 소액사건의 심판에 있어서는 소액사건심판법이 적용된다.

② 강제집행절차

㉠ 판결절차에 의하여 확정된 사법상의 의무가 임의로 이행되지 않은 경우에 채권자의 신청으로 국가의 강제력에 의하여 사법상의 이행의무의 실현을 목적으로 하는 절차이다.

㉡ 판결절차와는 다른 별개의 독립절차이며, 판결절차에 필연적으로 부수되는 것은 아니고 판결절차와는 그 목적을 달리한다. 이를 취급하는 기관(집행기관)도 판결절차와는 다르다.

③ 부수절차

㉠ 판결절차에 부수하는 절차

ⓐ 증거보전절차 : 판결절차에서 지정된 기간까지 증거조사를 하지 않으면 증거조사가 불가능하거나 곤란하게 될 염려가 있을 때, 미리 그 증거를 조사하여 그 결과를 보전하기 위한 절차이다.

ⓑ 소송비용 확정절차 : 판결 중 소송비용을 정하는 재판은 소송비용의 부담자와 부담의 비율만 정하고 그 액수를 구체적으로 정하지 않은 경우 당사자는 수소법원에 소송비용 확정신청을 하여야 하며 이에 법원은 결정으로 재판을 하는데 이 절차를 소송비용 확정 절차라고 한다.

㉡ 강제집행에 부수하는 절차

ⓐ 집행보전절차(보전소송) : 가압류·가처분 절차(현상을 방치하여 두면 장래의 강제집행이 불가능하게 되거나 현저히 곤란하게 될 염려가 있는 경우에 채무자의 처분을 금지하는 등의 방법으로 현상의 변경을 금지하여 강제집행을 보전하는

절차이다, 이는 집행보전절차 또는 보전소송이라고도 한다)
　　ⓑ 집행문부여절차

(2) 특별소송절차

① 간이소송절차 : 금전 기타 대체물이나 유가증권의 일정한 수량의 지급을 목적으로 하는 청구에 대하여 채권자로 하여금 통상의 판결절차에 비하여 보다 간이·신속하게 집행권원(채무명의)을 얻게 하는 절차로서 소액사건 심판절차와 독촉절차가 있다.

② 가사소송절차

③ 도산(倒産)절차 : 채무자가 경제적 파탄에 이르러 다수채권자의 모든 채권을 만족시킬 수 없게 된 경우에 채무자의 총재산에 의하여 총채권자에게 공평한 금전적 만족을 주게 하거나, 채무자의 재건을 도모하는 절차를 도산절차라 한다.

　㉠ 파산절차 : 채무자가 도산하여 그 재산이 불충분한 경우에는 모든 채권자에게 그 채권액에 비례한 공평한 만족을 얻게 하는 절차가 파산절차이며, 그 절차를 규정한 것이 파산법이다. 파산절차는 일반(포괄)집행이라고도 하는데, 개별집행을 뜻하는 강제집행에 대응된다.

　㉡ 화의절차 : 채권자·채무자의 상호 양보에 의하여 파산을 예방하기 위한 절차로서, 이에 관한 법으로 화의법이 있다.

　㉢ 회사정리절차 : 주식회사가 도산위기에 이르렀을 때에 채권자·주주 기타 이해관계인의 이해를 조정하여 회사의 재건·갱생의 길을 모색하는 절차이다.

제4절 민사소송의 종류

청구의 성질·내용에 따라 이행의 소, 확인의 소, 형성의 소로 분류된다. 청구의 주장 내용이 무엇이며, 어떠한 내용의 판결을 요구하느냐의 유형적 구별에 근거한 것이다.

(1) 이행의 소

① 개념

㉠ 이행의 소란 원고의 피고에 대한 이행청구권의 확정과 법원에 대하여, 그 이행을 명하는 판결의 요구를 청구내용으로 하는 소이다.

㉡ 이행의 소에는 변론종결시를 기점으로 하여, 이행기가 도래한 이행청구권을 주장하는 현재이행의 소와 장래 이행기가 도래할 이행청구권을 미리 주장하는 장래 이행의 소가 있다.

㉢ 이행의 소에 대한 청구인용의 판결은 피고인에게 의무를 이행할 것을 명하는 이행판결이지만, 청구기각의 판결은 원고의 이행청구권이 존재하지 않음을 선언하는 소극적 확인판결이다.

② 특질

㉠ 이행소송은 연혁적으로 볼 때 민사송의 대표적인 형식이며, 가장 많이 이용되는 소송유형이다.

㉡ 이행판결이 형식적으로 확정되면, 이행청구권의 존재를 확정하는 기판력 이외에 강제집행을 할 수 있는 집행력이 생긴다.

(2) 확인의 소

① 개념

㉠ 확인의 소란 권리·법률관계의 존재나 부존재를 주장하고, 법원에 대하여 이를 확인하는 판결을 요구하는 소를 말한다. 그 존재의 확정을 주장하는 적극적 확인의 소, 그 부존재를 주장하는 소극적 확인의 소가 있다. 당사자 사이에 다툼이 있는 권리관계나 법률관계를 관념적으로 확정하여 법률적 불안을 제거하려는 것이 주요 목적이다.

㉡ 확인의 소에 대한 본안판결은 확인을 원하는 권리관계의 존재 또는 부존재를 선언하는 확인판결이며, 그 권리관계의 존부의 판단에 기판력이 생긴다.

② 특질

　㉠ 확인의 소는 현재 존재하고 있는 법률관계의 공권적 확정을 목적으로 하므로 판결의 기판력이 중요한 의미를 가지며, 집행력이 있는 이행소송이나 새로운 권리관계의 창설을 구하는 형성소송과는 다르다.

　㉡ 확인소송의 가장 중요한 기능은 분쟁의 예방에 있다.

(3) 형성의 소

① 의의 : 형성의 소란 권리·법률관계의 변동을 위한 일정한 법률요건(형성권, 형성요건, 형성원인)의 존재를 주장하고, 이에 기한 권리·법률관계의 변동을 선언하는 판결을 요구하는 소로써, 창설의 소 또는 권리변동의 소라고도 한다.

② 종류

　㉠ 실체법상의 형성의 소 : 실체법상의 법률관계의 변동을 목적으로 하는 형성의 소를 말한다.

　　ⓐ 가사소송, 회사관계소송, 행정소송 중 항고소송, 선거무효·당선무효의 소, 위헌제청, 헌법소원 등이 이에 속한다.

　　ⓑ 소제기권자를 법률로써 일정한 사람에게 한정시키고, 출소기간(出所其間)의 제한을 두고 있다.

　㉡ 형식적 형성의 소 : 형식은 소송사건이지만 실질은 비송사건인 경우이다. 판결의 확정에 의하여 권리·법률관계의 변동을 일으킨다는 점에서 형성의 소에 속하지만, 형성요건이 법률에 규정되어 있지 않기 때문에 법원은 부득이 재량에 의하여 권리·법률관계를 형성하여야만 하는 소송을 말한다.

　㉢ 소송상 형성의 소 : 재심 또는 준재심의 소, 중재판정취소의 소, 청구이외의 소, 집행문 부여에 대한 이외의 소, 제3자 이외의 소 등 소송법상의 효과의 발생을 목적으로 하는 형성의 소를 말한다.

③ 형성의 소에 대한 판결

　㉠ 형성의 소에 대한 인용판결이 형성판결인데, 그 판결이 확정되면 기판력이 발생하

는 동시에 법률관계를 발생·변경·소멸시키는 형성력이 생긴다.
    ⓒ 형성의 소를 기각하는 청구기각의 판결은 형성요건이 존재하지 않음을 확정하는 소극적 확인의 판결이다.

제5절 심리의 제원칙

(1) 변론주의(제출주의)

변론주의란 소송자료, 즉 사실과 증거의 수집·제출을 당사자의 책임과 권능으로 하는 입법주의를 말하며, 그 자료의 수집을 법원의 책임과 권능으로 하는 직권 탐지주의와 대립한다. 법원은 당사자에 의하여 주장되지 않은 사실을 판결의 기초로 삼을 수 없다. 법원은 당사자 사이에 다툼이 없는 사실은 그대로 판결의 자료로 인정하여야 한다. 당사자 사이에 다툼이 있는 사실을 증거로 인정하려면 반드시 당사자가 신청한 증거에 의하여야 한다.

(2) 처분권주의

처분권주의란 절차의 개시, 심판의 대상, 절차의 종결에 대하여 당사자에게 주도권을 주어 그의 처분에 맡기는 입장을 말한다. 처분권주의는 사적자치의 소송법적 측면이라 할 수 있다. 민사소송법에서는 법원은 당사자가 신청하지 아니한 사항에 대하여는 판결하지 못한다고 규정하고 있다.

(3) 구술심리주의

구술주의란 당자 및 법원의 소송행위, 변론, 증거조사의 재판을 말로 하여야 한다는 원칙을 말하며, 서면심리주의와 대립한다. 소송자료 면에서 볼 때 구술주의는 당사자가 말로 진술한 것만이 재판자료가 된다는 것이다.

(4) 직접심리주의

직접주의란 당사자가 변론이나 증거조사를 판결을 하는 법관 앞에서 실시하고, 판결을 하는 법관이 직접 이에 관여하여 이를 기초로 재판하는 원칙을 말한다. 현행법은 직접주의를 원칙으로 하면서 예외적으로 간접주의를 채택하고 있다.

(5) 공개심리주의

공개심리주의란, 재판의 심리와 판결의 선고를 일반인이 방청할 수 있는 상태에서 행하는 주의이다. 재판이라 함은 법률상의 실체적 권리관계 자체를 확정하는 것인 소송사건의 재판만을 의미하며, 또한 공개하여야 할 것은 변론절차와 판결선고이다.

(6) 쌍방심리주의

쌍방심리주의란 소송의 심리에 있어서 당사자 양쪽에 평등하게 진술할 기회를 주는 것으로, 일방의 공격으로 불의의 타격을 입지 않게 하기 위한 것이다. 당사자 평등의 원칙, 무기평등의 원칙 등이 이에 기초를 둔 제도이다. 판결절차에 있어서 당사자 쌍방을 동시에 출석시켜 변론과 증거조사를 행하는 필요적 변론절차는 쌍방심리주의를 관철시키기 위한 것이다.

(7) 수시제출주의

당사자가 변론이 종료될 때까지 어느 때라도 자유롭게 공격방어방법(사실 및 증거)을 제출할 수 있고, 그 제출시기에 아무런 제한이 없는 원칙을 말한다.

제6절 판결의 종류

(1) 종국판결

종국판결이란 소 또는 상소에 의하여 계속된 소송사건의 전부 또는 일부를 그 심급으로서 완결시키는 판결로서 본안판결, 소각하판결이 대표적 예이다. 소송을 완결하는 범위에 따라 전부판결, 일부판결, 추가판결로 구별되고, 그 판단내용에 따라 소송판결과 본안판결로 구분된다.

(2) 중간판결

중간판결이란 종국판결을 하기에 앞서 소송의 진행 중 당사자간에 쟁점으로 된 사항에 대하여 미리 정리·판단을 하여 종국판결을 쉽게 하고, 이를 준비하는 판결을 말한다.

심화연구 ☞ 관할의 의의와 종류

1. 관할의 의의 : 관할이라 함은 재판권을 행사하는 여러 법원 사이에서 어느 법원에 어떠한 사건을 담당·처리케 하느냐의 재판권의 분장관계를 정해 놓은 것을 말한다.
2. 관할의 종류

법정관할	법률에 의하여 직접 정해진 관할이다. 재판권 관장의 표준에 따라 직분관할, 사물관할, 토지관할로 구분된다.
재정관할 (지정관할)	관할이 불분명한 경웨 관계법원의 바로 위의 상급법원의 결정에 의하여 정해지는 관할을 말한다.
당사자 거동에 의한 관할	당사자의 합의에 의하여 생기는 관할(합의관할)과 피고의 응소에 의하여 생기는 관할(변론관할)을 말한다.

Chapter IV

형사법

제1장 형법

제2장 형사소송법 일반

제4편 형사법

제1장 형법

제1절 형법의 의의

(1) 형법의 개념

형법은 어떠한 행위가 범죄이고 그 범죄에 대한 법률효과로 어떠한 형벌을 과할 것인가를 규정하는 법규범의 총체이다.

(2) 협의의 형법과 광의의 형법

① 협의의 형법 : '형법'이라는 이름으로 제정·공포된 형법전을 말한다. 이를 형식적 형법이라고도 한다.

② 광의의 형법 : 협의의 형법을 포함하여 특별형법, 행정형법 및 각종 법률상의 모든 형사처벌규정을 광의의 형법이라 한다. 이러한 의미에서 실질적 의미의 형법이라고도 한다.

(3) 형사법(최광의의 형법)

형사사건과 관계있는 모든 형벌 법규로서 형사실체법(형법)과 형사절차법(형사소송법) 그리고 형집행법(행형법) 등을 총칭한다.

(4) 형법의 법체계적 지위

공법, 사법법(재판에 적용), 실체법

(5) 형법의 규범적 성격

사설적 규범, 행위규범이면서 재판규범, 의사결정규범이면서 평가규범이다.

(6) 형법의 기능

① 규제적 기능 : 형법의 행위규범 및 재판규범으로서의 기능으로 형법의 가장 근본적인 기능이다.

② 보호적 기능 : 법익의 보호와 사회윤리적 행위가치를 보호하는 기능이다.

③ 보장적 기능 : 형법이 국가가 행사할 형벌권의 한계를 명확하게 규정하여 자의적인 형법으로부터 국민(선량한 국민의 대헌장임과 동시에 범죄인의 대헌장)의 자유와 권리를 보장하는 기능, 죄형법정주의를 근본원리로 삼는다.

제2절 죄형법정주의

(1) 의의

범죄와 형벌은 행위 이전에 미리 성문의 법률로 규정되어야 한다는 원칙을 말한다(법률 없으면 범죄 없고 형벌도 없다).

(2) 실정법적 근거

① 헌법 제13조 제1항 : "모든 국민은 행위시의 법률에 의하여 범죄를 구성하지 아니하는 행위로 소추되지 아니한다."

② 형법 제1조 제1항 : "범죄의 성립과 처벌은 행위시의 법률에 의한다."

(3) 죄형법정주의 파생원칙

① 관습형법금지의 원칙 : 성문의 법률로 규정되지 않아 내용과 범위가 명백하지 아니한

관습법에 의하여 가벌성을 인정하거나 형을 가중하여서는 안 된다는 원칙을 말한다(법률주의).

② 소급효금지의 원칙 : 형벌법규는 시행된 이후의 행위에 대해서만 적용되고, 시행이전의 행위까지 적요할 수 없다는 원칙을 말한다(형벌불소급의 원칙).

⇨ 행위자에게 불리한 사후법의 소급을 금지하고 유리한 법률의 소급효는 인정된다.

③ 명확성의 원칙 : 형법은 법관의 자의적 해석이 허용되지 않도록 범죄의 구성요건과 형사제재를 명확하고 구체적으로 규정해야 한다는 원칙을 말한다.

⇨ 형의 장기와 단기가 정해지지 않은 절대적 부정기형은 명확성의 원칙에 위배되어 허용되지 않는다. 형의 장기와 단기 또는 장기만 정해진 상대적 부정기형은 허용된다.

④ 유추해석금지의 원칙 : 법률에 규정이 없는 사항에 관하여 그 것과 유사한 성질을 가지는 사항에 관한 법률을 적용하는 것을 금지하는 원칙을 말한다.

⇨ 불리한 유추해석이 금지되는 것이며 유리한 유추해석은 허용된다.

⇨ 또한 소송법규정에 대해서는 유추해석이 원칙적으로 허용된다.

⑤ 적정성의 원칙 : 범죄와 형벌을 규정하는 법률의 내용은 인간의 존엄과 가치, 기본적 인권을 실질적으로 보장할 수 있도록 적정해야 한다는 원칙이다.

제3절 형법의 적용범위

(1) 시간적 적용범위

① 행위시법주의 원칙 : 형법의 시간적 적용범위란 행위시와 재판시 사이에 법률의 변경이 있는 경우 신법(재판시법)과 구법(행위시법) 중 어느 법률을 적용할 것인가의 문제이다.

② 행위시법주의의 예외(경한 법 소급의 원칙, 재판시법주의) : 범죄 후 법률의 변경에 의하여 그 행위가 범죄를 구성하지 아니하거나 형이 구법보다 경한 때

③ 재판확정 후 법률의 변경에 의하여 그 행위가 범죄를 구성하지 아니하는 경우에 형의 집행을 면제한다.

(2) 장소적 적용범위

① 속지주의 원칙 : 형법은 속지주의를 원칙으로 하면서 속인주의와 보호주의를 가미하고 있다.

㉠ 속지주의 : 대한민국 영역 내의 모든 사람에게 적용한다.
㉡ 기국주의 : 대한민국 영역 외에 있는 대한민국의 선박 또는 항공기 내에서 죄를 범한 외국인에 적용(내국인도 당연 적용)한다.

② 속인주의 : 대한민국 영역 외에서 죄를 범한 내국인에게 적용한다.
③ 보호주의 : 자국 또는 자국민의 법익을 침해하는 일정 범죄(내란죄, 외환죄 등)에 대하여 범죄지·범죄인의 국적 여하를 불문하고 적용한다.

(3) 외국에서 받은 형집행의 효력

죄를 지어 외국에서 형의 전부 또는 일부가 집행된 사람에 대해서는 그 집행된 형의 전부 또는 일부를 선고하는 형에 산입한다.

제4절 범죄론

(1) 범죄의 의의

① 실질적 의의 : 형법규정과 관계없이 사회적으로 유해한 행위(사정책적 의의)
② 형식적 의의 : 범죄란 구성요건에 해당하고 위법하고 책임있는 행위(형법적 의의)

(2) 범죄의 성립요건

형식적 범죄개념의 세 가지 요소인 구성요건해당성·위법성·책임을 범죄의 성립요건이라고 한다. 이 가운데 어느 하나라도 갖추지 못한 때에는 범죄는 성립하지 않는다.

(3) 범죄의 처벌조건

일단 성립한 범죄에 대하여 다시 형벌권의 발생을 위하여 필요한 실체법적인 조건이다. 범죄의 처벌조건이 결여되면 법원은 형면제판결을 한다.

(4) 범죄의 소추조건

범죄가 성립하고 형벌권이 발생한 경우라도 그 범죄에 대하여 형사소송법상의 소추를 하기 위하여 필요한 조건(소송조건)을 말한다.

학습연구 ☞ 범죄의 소추조건

구분	의의	해당범죄
친고죄	피해자 기타 고소권자의 고소가 있어야 공소제기를 할 수 있는 범죄(정지조건부 범죄)	사자명예훼손죄, 모욕죄, 업무상비밀누설죄
반의사불벌죄	원칙적으로 고소가 없어도 공소제기가 가능하나 피해자가 처벌을 원하지 않는다는 의사를 명백히 한 경우에 소추가 불가능한 범죄	폭행죄, 과실치상죄, 협박죄, 명예훼손죄, 출판물에 의한 명예훼손죄 등

참고 : 성폭력범죄(강간, 강제추행 등)에서의 친고죄 규정은 폐지(2013. 6. 19 시행)

(5) 범죄의 종류

① 결과범과 거동범

㉠ 결과범(실질범) : 구성요건이 일정한 결과의 발생을 내용으로 하고 있는 범죄(살인죄, 절도죄, 강도죄 등)

ⓒ 거동범(형식범) : 구성요건의 내용이 결과의 발생을 요하지 구성요건에 규정된 행위를 함으로써 충족되는 범죄(주거침입죄, 무고죄, 위증죄 등)

② 침해범과 위험범

　ⓐ 침해범 : 보호법익의 현실적 침해를 요하는 범죄(살인죄, 주거침입죄 등)

　ⓑ 위험범 : 보호법익에 대한 위험상태의 야기만으로 구성요건이 충족되는 범죄(방화죄 등)

③ 계속범·즉시범·상태범

　ⓐ 계속범 : 법익 침해의 상태가 어느 정도 시간적 계속이 있어야 성립하는 범죄(체포·감금죄, 주거침입죄 등)

　ⓑ 즉시범 : 구성요건적 결과발생과 동시에 범죄가 기수에 이르고 종료되는 범죄(살인죄, 방화죄, 상해죄 등)

　ⓒ 상태범 : 즉시범이지만 기수 이후에도 위법상태가 계속되는 범죄(절도죄, 횡령죄 등), 위법상태에 포섭될 수 있는 기수 이후의 행위는 불가벌적 사후행위가 된다.

학습연구 ☞ 불가벌적 사후행위

범죄에 의하여 획득한 이익을 확보·사용·처분하는 사후행위가 별개의 구성요건에 해당하나, 그 불법이 이미 주된 범죄에 의하여 완전히 평가되었기 때문에 범죄를 구성하지 않는 경우를 말한다(절도범이 절취한 물건을 소비·운반·소비한 경우, 열차승차권을 절취한 자가 이를 환불받은 경우 등)

---

④ 일반범·신분범·자수범

　ⓐ 일반범 : 누구나 정범(행위자)이 될 수 있는 범죄
　ⓑ 신분범 : 행위 주체에 일정한 신분을 요구하는 범죄
　　ⓐ 진정신분범 : 일정한 신분이 있는 자만이 정범이 될 수 있는 범죄(수뢰죄, 횡령죄, 위증죄 등)

ⓑ 부진정신분범 : 행위자의 신분이 형의 가중·감면사유로 되는 범죄(존속살해죄, 영아살해죄 등)

ⓒ 자수범 : 정범 자신이 직접실행해야 가능하며, 타인을 이용하여 실행할 수 없는 범죄(위증죄 등)

제5절 구성요건

(1) 구성요건의 의의

형벌을 과하는 근거가 되는 행위 유형을 추상적·일반적으로 기술해 놓은 것으로, 개개의 행위가 구성요건에 합치되는 것을 구성요건해당성이라 한다.

(2) 인과관계

인과관계는 구성요건의 내용으로서 결과의 발생을 필요로 하는 결과범·침해범에서만 논의되는 것이다. 발생된 결과를 행위자의 행위에 의한 것으로 귀속시키는데 필요로 하는 행위와 결과 사이의 연관관계를 말한다.

◎ 형법 제17조 인과관계 : 어떤 행위라도 죄의 요소되는 위험발생에 연결되지 아니한 때에는 그 결과로 인하여 벌하지 아니한다.

(3) 고의

① 고의의 의의 : 고의란 구성요건에 해당하는 사실을 인식하고 실현하려는 의사를 말한다.

② 고의의 종류

㉠ 확정적 고의 : 구성요건적 결과의 실현을 확실히 인식하였거나 예견한 경우의 고의

㉡ 미필적 고의 : 구성요건실현의 가능성을 인식하고 또한 그 것을 용인하는 의사를 표명한 경우의 고의(자신의 공격에 의하여 생명의 위험에 빠진 피해자를 보고 그대로 두면 죽을 것 같다는 생각을 하였으면서도 병원에 옮기지 않고 방치한 경우

- 살인의 고의)

◎ 형법 제13조 범의 : 죄의 성립요소인 사실을 인식하지 못한 행위는 벌하지 아니한다. 단, 법률에 특별한 규정이 있는 경웨는 예외로 한다.

(4) 과실범

① 과실범의 의의 : 사회생활상 요구되는 주의의무 위반 또는 태만으로서, 구성요건의 결과발생을 예견하지 못하거나 회피하지 못한 경우를 말한다.

② 과실의 종류

㉠ 보통과실 : 일반적인 과실

㉡ 업무상 과실 : 일정한 업무에 종사하는 자가 업무수행상 요구되는 주의의무를 태만히 한 경우로, 예견가능성이 크기 때문에 보통과실에 비해 중하게 처벌된다.

㉢ 경과실 : 중과실이 아닌 모든 과실

㉣ 중과실 : 극히 사소한 주의만 기울였더라도 결과발생을 방지할 수 있었던 경우로, 주의의무를 현저히 태만히 한 경우의 과실이다. 업무상과실과 동일하게 경과실보다 중하게 처벌된다.

③ 과실범의 처벌 : 과실범은 의사가 아니라 부주의에 의한 것으로 불법과 책임이 고의범보다 가볍기 때문에 법률에 특별한 규정이 있는 경우에 한하여 처벌된다.

(5) 부작위범

① 부작위의 의의 : 단순한 무위가 아닌 특정한 상황에서 명령 규범이 요구하는 행위를 하지 않는 것을 의미한다.

② 종류

㉠ 진정부작위범 : 법률에 명문으로 부작위에 의해서만 실현될 수 있도록 규정된 범죄(예, 퇴거불응죄, 다중불해산죄)

㉡ 부진정부작위범 : 규정형식은 작위범이지만 부작위에 의해서도 실현할 수 있는 범죄(예, 어머니가 영아에게 젖을 주지 않아서 아사케 한 경우).

제6절 위법성론

위법성이란 구성요건에 해당하는 행위가 전체적 법질서에 위반하는 것, 법질서 전체에 대하여 반가치적이다는 것, 법규범에 규정된 작위 또는 부작위의무에 위반하였다는 것을 말한다.

(1) 위법성조각사유

① 의의 : 어느 행위가 구성요건에 해당하면 위법성도 추정·징표된다. 위법성은 이러한 구성요건 해당성을 전제로 위법성조각사유의 존부확인을 통해 소극적으로 평가하는데 구성요건에 해당하는 행위의 위법성을 배제하는 특별한 사유를 위법성조각사유라 한다. 위법성조각사유가 존재하면 적법한 행위가 되므로 행위자는 형벌 및 보안처분을 받지 않는다. 형법상의 위법성조각사유에는 정당행위, 정당방위, 긴급피난, 자구행위, 피해자의 승낙이 있다.

② 정당방위 : 자기 또는 타인의 법익에 대한 현재의 부당한 침해를 방위하기 위한 행위는 상당한 이유가 있는 때에는 벌하지 아니한다.

③ 긴급피난 : 자기 또는 타인의 법익에 대한 현재의 위난을 피하기 위한 행위는 상당한 이유가 있는 때에는 벌하지 아니한다.

④ 자구행위 : 법정절차에 의하여 청구권을 보전하기 불능한 경우에 그 청구권의 실행불능 또는 현저한 실행 곤란을 피하기 위한 행위는 상당한 이유가 있는 때에는 벌하지 아니한다.

⑤ 정당행위 : 법령에 의한 행위 또는 업무로 인한 행위 기타 사회상규에 위배되지 아니하는 행위는 벌하지 아니한다.

⑥ 피해자의 승낙 : 처분할 수 있는 자의 승낙에 의하여 그 법익을 훼손한 행위는 법률에 특별한 규정이 없는 한 벌하지 아니한다.

제7절 책임론

(1) 책임의 의의

책임이란 법규범이 요구하는 합법을 결의하고 적법하게 행동할 수 있었음에도 불구하고 불법을 결의하고 위법하게 행위하였다는 데 대하여, 행위자에게 가해지는 비난가능성을 말한다. 일정한 행위가 구성요건에 해당하고 위법성이 인정되더라도 책임성이 없으면 범죄가 성립하지 않는다.

(2) 책임능력

책임능력이란 행위자가 법규범의 의미내용을 이해하여 명령과 금지를 인식할 수 있는 통찰능력과 통찰에 따라 행위할 수 있는 조종능력을 말한다.

① 책임무능력자 : 형사미성년자(14세 미만의 자)와 심신상실자의 행위는 벌하지 아니한다.

② 한정책임능력자 : 심신미약자와 농아자(청각과 발음기능에 모두 장애가 있는 자)의 행위는 형을 감경한다.

③ 원인에 있어서 자유로운 행위 : 원인에 있어서 자유로운 행위란 행위자가 고의 또는 과실로 자기를 심신상실 또는 심신미약의 상태에 빠지게 한 후 범죄를 실행하는 것을 말한다. 이 경우에 행위자는 책임이 감경 또는 조각되지 않고 완전한 책임을 부담한다.

(3) 금지착오

① 금지착오의 의의 : 금지착오란 행위자가 행위시에 구성요건적 사실은 인식하였으나 착오로 인하여 자신의 행위가 금지규범에 위반하여 위법함을 인식하지 못한 경우를 말한다.

② 종류

㉠ 법률의 부지(간통을 처벌하지 않는 외국에서 온 외국인이 간통금지규정을 모르고

우리나라에서 간통을 한 경우)

ⓒ 효력의 착오(행위자가 자신이 위반한 형법규정이 위헌이기 때문에 효력이 없다고 오인한 경우)

ⓒ 포섭의 착오(국립대학 교수에 대해서는 증뢰죄가 성립되지 않는다고 믿고 뇌물을 공여한 경우)

③ 금지착오의 효과 : 금지착오에 정당한 이유가 있는 때에 한하여 벌하지 아니한다.

(4) 강요된 행위

① 의의 : 강요된 행위란 저항할 수 없는 폭력이나 자기 또는 친족의 생명·신체에 대한 위해를 방어할 방법이 없는 협박에 의하여 강요된 행위를 말한다(납북 어부의 북한에서의 강요에 의한 국가보안법 위반행위)

② 강요된 행위의 효과 : 강요된 행위는 적법행위의 기대가능성이 없기 때문에 책임이 조각된다.

제8절 미수론

(1) 범죄실현의 단계

범죄결의	⇒	실행의 착수	⇒	구성요건적 결과발생	⇒	종료단계
내심의 단계: 불벌		예비·음모단계 (처벌규정 있으면 벌)	미수 단계	기수 단계		위법상태의 계속 (체포·감금죄)

(2) 미수범

① 의의 : 범죄의 실행에 착수하여 행위를 종료하지 못하였거나, 종료하였더라도 결과가 발생하지 않은 범죄실현의 단계이다.

② 미수범의 처벌 : 미수는 원칙적으로 처벌되지 않으나, 법률에 특별한 규정이 있는 경우에 한하여 예외적으로 처벌한다.

③ 미수의 종류

구 분	의 의	처 벌
장애미수	의외의 장애로 자신의 의사에 반하여 범죄를 인시하지 못한 경우	임의적 감경(미수범의 형은 기수범보다 감경할 수 있다)
중지미수	자의로 범행을 중지하거나 범행으로 인한 결과의 발생을 방지한 경우	필요적 감면(형을 감경 또는 면제한다)
불능미수 (불능범)	행위자가 범죄의사로 실행하였으나 처음부터 결과발생이 불가능하고, 다만 위험성 때문에 처벌하는 경우	임의적 감면(형을 감경 또는 면제할 수 있다)

제9절 정범 및 공범론

(1) 정범

① 직접정범 : 행위자 자신이 직접 범죄를 실행하는 경우이다.

구 분	의 의
단독정범	일인이 단독으로 범죄를 실행
공동점범	수인이 공동하여 범죄를 실행
동 시 범	수인의 단독범이 병존

② 간접정범 : 행위자 자신이 범죄를 직접 실행하지 않고 타인을 이용하여 간접적으로 실행하는 경우이다. 피이용자는 단지 수단으로 이용될 뿐이다.

(2) 공범

① 임의적 공범 : 1인이 단독으로 실행할 수 있는 범죄를 2인 이상이 협력하여 실행하는 경우의 공범형태를 말한다.

구 분	의 의
공동정범	수인이 정범의 지위로 공동하여 범죄를 실행
교사범	타인을 교사하여 범죄를 실행하는 자
종 범	타인을 방조하여 범죄를 실행하는 자

② 필요적 공범 : 구성요건 자체가 처음부터 2인 이상이 참가해서만 실행할 수 있고, 1인이 단독으로는 실행이 불가능하도록 규정된 공범형태를 말한다.

구 분	의 의	종 류
집합범	다수 행위자의 동일목표를 향한 집단적인 공동행위	소요죄, 다중불해산죄, 내란죄
대향범	2인 이상이 상호 대립방향의 행위를 통한 동일목표 지향	도박죄, 수뢰죄, 증뢰죄, 음행매개죄

학습연구 ☞ 간접정범·교사범·종범

구 분	의 의	처 벌
간접정범	어느 행위로 인하여 처벌되지 아니하는 자 또는 과실범으로 처벌되는 자를 교사 또는 방조하여 범죄행위의 결과를 발생하게 한 자	교사 또는 방조와 동일하게 처벌
교사범	타인을 교사하여 죄를 범하게 한 자 ※ 교사 : 범죄를 범할 의사가 없는 타인에게 범죄 실행의 결의를 가지게 하는 것	실행한 자와 동일하게 처벌
종 범	타인의 범죄를 방조한 자 ※ 방조 : 정범의 범죄실행의 결의를 강화시키거나 그 실행행위를 가능 또는 용이하게 해주는 실행 행위 이외의 원조행위	정범의 형보다 감면한다.

제10절 죄수론

(1) 죄수론의 의의

죄수론은 일죄인가 수죄인가의 문제이고, 이 경우에 어떻게 처벌할 것인가의 문제이다.

죄수에 따라 형의 적용상 중대한 차이가 있고, 형사소송법상으로는 공소의 효력, 기판력의 범위 등과 관련하여 중요한 의미가 있다.

(2) 일죄

① 법조경합 : 1개 또는 수개의 행위가 외관상 수개의 구성요건에 해당하는 것같이 보이나 한 구성요건이 다른 구성요건을 배척하여 일죄만 성립하는 경우를 말한다(특별관계, 보충관계, 흡수관계)

② 포괄일죄 : 수개의 행위가 포괄적으로 1개의 구성요건에 해당하여 일죄를 구성하는 경우이다(결합범, 계속범, 접속범, 연속범, 집합범).

(3) 수죄

① 상상적경합 : 1개의 행위가 수개의 죄에 해당하는 경우를 말한다(관념적 경합), 상상적 경합은 형법상 과형상 일죄(실질적으로는 수죄임에도 불구하고, 하나의 형을 선고하는 경우)로 인정된다. 상상적 경합은 실질상 수죄이지만 과형상 일죄이므로 1개의 형으로 처벌하되 가장 중한 죄에 정한 형으로 처벌된다(무면허로 음주운전을 한 경우)

② 실체적경합 : 경합범이란 한 사람의 범죄인이 수개의 행위에 의하여 수개의 범죄를 범한 경우로서, 수죄가 하나의 재판에서 같이 재판받을 가능성이 있는 경우를 말한다. 형법은 경합범에 대해서 "판결이 확정되지 아니한 수개의 죄, 또는 금고 이상의 형에 처한 판결이 확정된 죄와, 그 판결확정 전에 범한 죄"를 경합범으로 규정하고 있다.

제11절 형벌론

(1) 형벌의 의의

형벌이란 국가가 범죄에 대한 법률상의 효과로서, 범죄자에 대하여 과하는 법익의 박탈을 말한다.

(2) 형벌의 종류(9종)

형법 제41조 형의종류 : 형의 종류는 다음과 같다.

사형 / 징역 / 금고 / 자격상실 / 자격정지 / 벌금 / 구류 / 과료 / 몰수를 규정하고 있다.

구 분	종류	내 용
생명형	사형	범죄인의 생명을 박탈, 교도소 내에서 교수하여 집행
자유형	징역	수형자를 교도소 내에 구치하여 정역에 복무케 한다. 가장 무거운 자유형이다. 유기와 무기 / 유기징역은 1개월 이상 30년 이하, 가중시에는 50년까지
	금고	징역과 같이 교도소 내에 구치하나 정역에 복무시키지 않는다(명예적 구금) 유기와 무기 / 기간은 징역과 같다.
	구류	수형자를 교도소 내에 구치한다. 기간은 1일 이상 30일 미만이다.
재산형	벌금	일정한 금액의 지급의무를 강제적으로 부담시킨다. 벌금은 가장 많이 적용되는 형벌이다. ① 5만원 이상이며, 감경시 5만원 미만으로 할 수 있다. 상한에는 제한이 없다. ② 판결확정일로부터 30일 이내에 납입하여야 한다. ③ 벌금을 납입하지 아니한 자는 1일 이상 3년 이하의 기간 노역장에 유치하여 작업에 복무하게 한다. ④ 선고하는 벌금이 1억원 이상 5억원 미만인 경우에 300일 이상, 5억원 이상 50억 미만인 경우에는 500일 이상, 50억원 이상인 경우는 1,000일 이상의 유치기간을 정하여야 한다.
	과료	2천원 이상 5만원 미만, 미납시 1일 이상 30일 미만의 기간 동안 노역장 유치
	몰수	범죄행위에 사용하였거나 사용하려던 물건 등을 강제적으로 국가에 귀속시키는 부가형이다. 몰수가 불가능한 경우인 때에는 그 가액을 추징한다.
명예형	자격정지	일정한 자격의 전부 또는 일부를 일정기간 정지시키는 것
	자격상실	일정한 형의 선고가 있으면 그 형의 효력으로써 당연히 일정한 자격이 상실되는 것

(3) 누범
   ① 의의 : 금고 이상의 형을 받아 그 집행을 종료하거나 면제를 받은 후 3년 내에 금고 이상에 해당하는 범죄를 다시 범한 경우이다.
   ② 효과 : 누범의 형은 그 죄에 정한 형의 장기의 2배까지 가중한다.

(4) 형의 집행유예·선고유예·가석방

구분	선고유예	집행유예	가석방
요건	① 1년 이하의 징역, 금고, 자격정지, 벌금형을 선고 할 경우 ② 개전의 정이 현저 ③ 자격정지 이상의 전과가 없을 것	① 3년 이하의 징역, 금고형을 선고할 경우 ② 정상에 참작할 만한 사유 ③ 금고 이상의 형을 선고한 확정판결후 집행종료 또는 면제 후 3년 경과	① 무기형은 20년, 유기형은 형기의 3분의 1을 경과 ② 행상양호, 개전의 정 현저 ③ 병과된 벌금, 과료 완납
기간	2년	1년에서 5년	무기 : 10년, 유기 : 잔형기(10년 초과금지)
결정	법원의 재량(사법 처분)		법무부장관의 행정처분
효과	면소 간주(전과 안됨)	형선고의 효력상실(전과 안됨)	형집행 종료 간주
실효	•필요적 : 유예기간 중 자격정지 이상의 판결확정 또는 자격정지 이상의 전과 발견 •보호관찰 준수사항, 명령 위반하거나 정도가 무거운 때	•필요적 : 유예기간 중 고의 범죄로 금고 이상의 실형확정	•필요적 : 가석방 기간 중 금고 이상의 판결확정 (과실범 제외)
취소	취소제도 없음	•필요적 : 위 요건 중 ③에 위배 사유 발각 •임의적 : 보호관찰, 사회봉사 수강명령 준수사항, 명령을 위반하고 그 정도가 중할 때	•임의적 : 감시규칙 위배 또는 보호관찰 준수사항 위반하고 정도가 중할 때
부과 처분	보호관찰만 가능(1년)	•보호관찰, 사회봉사, 수강 명령 가능 •기간은 유예기간 내에서 정함	•필요적 보호관찰 •가석방 기간 중

제12절 형법 각론

(1) 개인적 법익에 대한 죄

① 생명과 신체에 대한 죄

㉠ 살인의 죄 : 보통살인죄, 존속살해죄, 영아살해죄, 촉탁·승낙살인죄, 자살교사·방조죄, 위계·위력에 의한 살인죄, 살인 예비·음모죄

학습연구 ☞ 존속살해죄

◎ 형법 제250조 제2항 : 자기 또는 배우자의 직계존속을 살해한 자는 사형, 무기 또는 7년 이상의 징역에 처한다.

1️⃣ 존속살해죄는 존속을 살해한 행위자의 패륜성 때문에, 보통살인죄 보다 형이 가중되어 있다.
2️⃣ 착 오
   ① 보통살인의 의사로서 존속살해의 결과를 발생시킨 경우 : 보통살인죄가 성립한다.
   ② 존속살해의 의사로서 보통살인의 결과를 발생시킨 경우 : 보통살인죄가 성립한다.

㉡ 상해와 폭행의 죄 : 상해죄, 존속상해죄, 중상해죄, 존속중상해죄, 상해치사죄, 존속상해치사죄, 폭행죄, 존속폭행죄, 특수폭행죄, 폭행치사상죄, 상습상해·폭행죄

※ 폭행죄는 반의사불벌죄

㉢ 과실치사상죄 : 과실치상죄, 과실치사죄, 업무상과실·중과실치사상죄

㉣ 낙태의 죄 : 자기낙태죄, 동의낙태죄, 부동의낙태죄, 낙태치사상죄

㉤ 유기와 학대의 죄 : 유기죄, 존속유기죄, 중유기죄·존속중유기죄, 영아유기죄, 학대죄, 존속학대죄, 아동혹사죄, 유기치사상죄

② 자유에 대한 죄죄

㉠ 협박의 죄 : 협박죄, 존속협박죄, 특수협박죄, 상습협박죄
※ 협박죄는 반의사불벌죄

ⓛ 강요의 죄 : 강요죄, 중강요죄, 인질강요죄, 인질상해·치상죄, 인질살해·치사죄

ⓒ 체포와 감금의 죄 : 체포·감금죄, 존속체포·감금죄, 중체포·감금죄, 존속중체포·감금죄, 특수체포·감금죄, 상습체포·감금죄, 체포·감금치사상죄

ⓔ 약취, 유인 및 인신매매의 죄 : 미성년자 약취·유인죄, 추행·간음·결혼·영리 목적 약취·유인죄, 인신매매죄

ⓜ 강간과 추행의 죄 : 강간죄, 유사강간죄, 강제추행죄, 준강간·준강제추행죄, 미성년자의제강간·강제추행죄, 강간상해·치상죄, 강간살인·치사죄, 미성년자·심신미약자 간음·추행죄, 피감호부녀자간음죄, 피구금부녀간음죄

③ 명예와 신용에 대한 죄

㉠ 명예에 관한 죄 : 명예훼손죄, 사자의 명예훼손죄, 출판물에 의한 명예훼손죄, 모욕죄

ⓒ 신용·업무와 경매에 관한 죄 : 신용훼손죄, 업무방해죄, 컴퓨터업무방해죄, 경매·입찰방해죄

④ 사생활의 평온에 관한 죄

㉠ 비밀침해의 죄 : 비밀침해죄, 업무상비밀누설죄

ⓒ 주거침입의 죄 : 주거침입죄, 퇴거불응죄, 특수주거침입죄, 주거·신체수색죄

 ※ 퇴거불응죄는 부작위범

⑤ 재산에 대한 죄

㉠ 절도의 죄 : 절도죄, 야간주거침입절도죄, 특수절도죄, 자동차 등 불법사용죄, 상습절도죄

ⓒ 강도의 죄 : 강도죄, 특수강도죄, 인질강도죄, 강도상해·치상죄, 강도살인·치사죄, 강도강간죄, 해상강도죄, 해상강도 상해·치상·살인·치사·강간죄, 상습 강도죄, 강도예비·음모죄

ⓒ 사기의죄 : 사기죄, 컴퓨터 등 사용사기죄, 준사기죄, 편의시설부정사용죄, 부당이득

죄, 상습사기죄

　ⓔ 공갈의 죄 : 공갈죄, 상습공갈죄

　ⓜ 횡령의 죄 : 횡령죄, 업무상횡령죄, 점유이탈물횡령죄

　ⓗ 배임의 죄 : 배임죄, 업무상배임죄, 배임수재죄, 배임증재죄

　ⓢ 장물의 죄 : 장물죄, 상습장물죄, 업무상과실·중과실장물죄

　ⓞ 손괴의 죄 : 재물손괴죄, 공익건조물파괴죄, 중손괴죄·손괴치사상죄, 특수손괴죄, 경계침범죄

　ⓩ 권리행사를 방해하는 죄 : 권리행사방해죄, 점유강취죄, 중권리행사방해죄, 강제집행 면탈죄

(2) 사회적 법익에 대한 죄

① 공공의 안전과 평온에 대한 죄

　㉠ 공안을 해하는 죄 : 범죄단체조직죄, 소요죄, 다중불해산죄, 전시공수계약불이행죄, 공무원자격사칭죄

　㉡ 폭발물에 관한 죄 : 폭발물사용죄, 전시폭발물사용죄, 폭발물 사용 예비·음모·선동죄, 전시폭발물 제조·수입·수출·수수·소지죄

　㉢ 방화와 실화의 죄 : 현주건조물 등 방화·방화치사상죄, 공용건조물 등 방화죄, 일반건조물 등 방화죄, 일반물건방화죄, 연소죄, 진화방해죄, 폭발성물건파열·파열치사상죄, 가스·전기 등 방류·방류치사상죄, 가스·전기 등 공급방해죄·공급방해치사상죄, 방화 등 예비·음모죄, 실화죄, 업무상실화·중실화죄, 과실폭발성물건파열죄

　㉣ 일수와 수리에 관한 죄 : 현주건조물 등 일수죄, 현주건조물일수치사상죄, 공용건조물 등 일수죄, 일반건조물 등 일수죄, 방수방해죄, 과실일수죄, 일수예비·음모죄, 수리방해죄

　㉤ 교통방해의 죄 : 일반교통방해죄, 기차·선박 등 교통방해죄, 기차 등 전복죄, 교통방해치사상죄, 과실교통방해죄, 업무상과실·중과실 교통방해죄

② 공공의 신용에 대한 죄

　㉠ 통화에 관한 죄 : 내국통화 위조·변조죄, 내국유통 외국통화 위조·변조죄, 외국통용 외국통화 위조·변조죄, 위조·변조통화 행사 등 죄, 위조·변조통화 취득죄, 위조통화 취득 후 지정행사죄, 통화유사물 제조·수입·수출죄, 통화위조·변조 예비·음모죄

　㉡ 유가증권·인지와 우표에 관한 죄 : 유가증권 위조·변조죄, 기재의 위조·변조죄, 자격모용에 의한 공문서작성죄, 허위유가증권작성죄, 위조 등 유가증권 행사·수입·수출죄, 인지·우표 위조·변조죄, 위조·변조 인지·우표 행사 수입·수출죄, 위조·변조 인지·우표 취득죄, 소인말소죄, 인지·우표 유사물제조 수입·수출죄

　㉢ 문서에 관한 죄 : 사문서 위조·변조죄, 자격모용에 의한 사문서작성죄, 사전자기록 위작·변작죄, 공문서 위조·변조죄, 자격모용에 의한 공문서 작성죄, 공전자기록 위작·변작죄, 허위진단서 등 작성죄, 허위공문서자성죄, 공정증서원본 등 부실기재죄, 위조·변조·작성 사문서행사죄, 위조·변조 등 공문서 행사죄, 사문서부정행사죄, 공문서부정행사죄

　㉣ 인장에 관한 죄 : 사인 등 위조·부정사용죄, 위조 사인 등 행사죄, 공인 등 위조·부정사용죄, 위조 공인 등 행사죄

③ 공중의 건강에 관한 죄

　㉠ 음용수에 관한 죄 : 음용수사용방해죄, 음용수유해물혼입죄, 수도음용수사용방해죄, 수도음용수유해물혼입죄, 음용수혼독치사상죄, 수도불통죄

　㉡ 아편에 관한 죄 : 아편흡식죄, 아편흡식장소제공죄, 아편 등 제조·수입·판매·판매목적소지죄, 아편흡식기 제조·수입·판매·판매목적소지죄, 세관공무원의 아편 등 수입·수입허용죄, 상습아편흡식 제조·수입·판매죄, 아편 등 소지죄

④ 사회의 도덕에 관한 죄

　㉠ 성풍속에 관한 죄 : 음행매개죄, 음화 등 반포 등 죄, 음화 등 제조·소지·수입·수출죄, 공연음란죄

　※ 간통죄 : 2016. 1. 6 폐지

ⓒ 도박과 복표에 관한 죄 : 도박죄, 도박개장죄, 복표발매·중개·취득죄
ⓒ 신앙에 관한 죄 : 장례식 등 방해죄, 사체 등 오욕죄, 분묘발굴죄, 사체 등 손괴·유기·은닉·영득죄, 변사체검시방해죄

(3) 국가적 법익에 대한 죄

① 국가의 존립과 권위에 대한 죄

㉠ 내란의 죄 : 내란죄, 내란목적살인죄, 내란예비·음모·선동·선전죄
㉡ 외환의 죄 : 외환유치죄, 여적죄, 모병이적죄, 시설제공이적죄, 시설파괴이적죄, 물건제공이적죄, 일반이적죄, 간첩죄, 전시군수계약불이행죄, 외환예비·음모·선동·선전죄
㉢ 국기에 관한 죄 : 국기·국장모독죄, 국기·국장비방죄
㉣ 국교에 관한 죄 : 외국원수에 대한 사전죄, 외국사절에 대한 폭행 등 죄, 외국국기·국장모독죄, 외국에 대한 사전죄, 중립명령위반죄, 외교상기밀누설죄

② 국가의 기능에 관한 죄

㉠ 공무원의 직무에 관한 죄 : 직무유기죄, 피의사실공표죄, 공무상비밀누설죄, 직권남용죄, 불법체포·감금죄, 폭행·가혹행위죄, 선거방해죄, 뇌물죄, 수뢰죄, 사전수뢰죄, 제3자 뇌물공여죄, 수뢰후 부정처사죄, 부정처사후 수뢰죄, 사후수뢰죄, 알선수뢰죄, 증뢰죄
㉡ 공무방해에 관한 죄 : 공무집행방해죄, 직무·사직강요죄, 위계에 의한 공무집행방해죄, 법정·국회의장모욕죄, 인권옹호직무방해죄, 공무상 봉인 등 표시 무효죄, 공무상비밀침해죄, 부동산강제집행효용침해죄, 공용서류 등 무효죄, 공용물파괴죄, 공무상보관물무효죄, 특수공무집행방해죄, 특수공무집행방해치사상죄
㉢ 도주와 범인은닉의 죄 : 도주죄, 집합명령위반죄, 특수도주죄, 도주원조죄, 간수자도주원조죄, 범인은닉죄
㉣ 위증과 증거인멸의 죄 : 위증죄, 모해위증죄, 허위감정·통역·번역죄, 증거인멸죄, 증인은닉·도피죄, 범인은닉죄
㉤ 무고의 죄 : 무고죄

제2장 형사소송법 일반

제1절 형사소송법의 개념과 성격

(1) 형사소송법의 개념

형사소송법은 형사절차를 규정하는 국가적 법률체계이다. 형사절차란 범죄를 수사하여 형벌을 과하고, 선고된 형벌을 집행하는 절차이며 이러한 형사절차를 규정하는 법률체계가 형사소송법이다.

(2) 성격

공법, 사법법, 형사법, 절차법

학습연구 ☞ 형사소송법과 형법 · 민사소송법

1 형법과의 비교
- 형법 : 윤리적 · 도덕적 · 정적 · 고정적 ⇨ 법적안정성 원리 지배
- 형사소송법 : 기술적 · 동적 · 발전적 ⇨ 수사(합목적성) ⇨ 공판(법적 안정성) ⇨ 집행 (합목적성)

2 민사소송법과의 비교
- 민사소송법 : 평균적 정의
- 형사소송법 : 배분적 정의, 정치적 색채 강함

제2절 형사소송법의 이념

(1) 실체적진실주의

① 의의 : 실체적진실주의란 소송의 실체에 관하여 객관적 진실을 발견하여, 사안의 진실

을 명백히 하자는 주의를 말한다. 즉, 법원이 당사자의 사실상의 주장, 사실의 인부 또는 제출한 증거에 구속되지 않고 사안의 진상을 규명하여 객관적 진실을 발견하려는 소송법상의 원리가 바로 실체적진실주의다. 형사소송의 최고의 지도이념으로 수사절차·공판절차 등 형사소송절차 전체에 적용되는 근본원리이다.

② 실체적진실주의의 제도적 구현

　　㉠ 법원의 피고인신문과 증인신문　　㉡ 직권증거조사
　　㉢ 증거보전절차　　　　　　　　　　㉣ 증거재판주의
　　㉤ 자유심증주의　　　　　　　　　　㉥ 자백배제의 법칙
　　㉦ 자백의 보강법칙　　　　　　　　㉧ 전문법칙
　　㉨ 탄핵증거　　　　　　　　　　　　㉩ 상소 및 재심제도
　　㉪ 검사의 객관의무, 변호인의 진실의무

학습연구 ☞ 형식적 진실주의

1. 의의 : 법원이 당사자의 사실상의 주장·사실의 인부·당사자의 제출한 증거에 구속되어 이를 기초로 하여 사실의 진부를 인정하는 주의를 말한다.
2. 적용 : 민사소송(사법상의 법률관계에 관한 분쟁해결을 목적으로 하여 당사자처분주의가 허용되기 때문)에 인정

---

(2) 적정성의 원칙

① 의의 : 적정절차의 원칙이란 인간의 존엄과 가치를 보장하는 헌법정신에 따라 피의자·피고인의 기본적 인권을 보장하는 공정한 절차에 의하여 국가의 형벌권이 실현되어야 한다는 원칙을 말한다.

② 적정절차 원칙의 내용

　㉠ 공정한 재판의 원칙 : 공평한 법원의 구성, 피고인 방어권의 보장, 무기평등의 원칙

ⓛ 비례성의 원칙(과잉금지의 원칙)
ⓒ 피고인보호의 원칙 : 진술거부권의 고지, 피고인 구금시 범죄사실의 요지와 변호인 선임권에 대한 고지, 상소에 대한 고지

(3) 신속한 재판의 원칙

① 의의 : 신속한 재판의 원칙이란 공판절차는 적절한 기간 내에 신속하게 진행되어야 하며, 재판을 지연시켜서는 안된다는 원칙을 말한다.

② 신속한 재판의 원칙의 내용

수사와 공소제기의 신속을 위한 제도	• 검사에 대한 수사권의 집중 • 수사기관의 구속기간의 제한 • 기소편의주의 • 공소시효
공판절차의 신속한 진행을 위한 제도	• 공판준비절차 • 심판범위의 확정 • 공판기일의 지정과 변경 • 집중심리주의 • 공판기일 전의 증거조사와 증거제출 • 재판장의 소송지휘권 • 피고인의 구속기간과 판결선고기간의 제한 • 대표변호인제도 • 궐석재판제도
상소심 재판의 신속을 위한 제도	• 상고 등 기간의 제한 • 상소심구조로서 속심적 성격의 항소심과 사후심 성격의 상고심을 둔 것은 남상소방지와 소송경제 도모
재판의 신속을 위한 특수한 공판절차	• 간이공판절차 • 약식절차 • 즉결심판절차

제3절 형사소송법의 기본구조(소송구조론)

(1) 규문주의와 탄핵주의

① 규문주의 : 규문주의란 법원이 스스로 절차를 개시하여 심리·재판하는 원칙으로 재판기관과 소추기관이 분리되지 않은 형태의 소송구조이다. 소송의 주체는 오직 법원이며, 피고인은 오로지 조사와 심리의 객체에 지나지 않는 '진실한 진술의무자'에 불과하여 고문과 자백이 강요된다. 이러한 이유로 프랑스 혁명을 계기로 사라지게 된다.

② 탄핵주의(소추주의) : 탄핵주의란 재판기관 이외의 자, 즉 소추기관의 공소제기에 의하여 법원이 재판절차를 개시하는 원칙으로 재판기관과 소추기관이 분리되어 있다(불고불리의 원칙), 소송의 주체는 법원 및 당사자(소추기관, 피고인)이다.

(2) 당사자주의(변론주의)와 직권주의

① 당사자주의(변론주의) : 당사자주의는 검사와 피고인에게 소송의 주도적 지위를 인정하여 당사자의 공격과 방어에 의하여 소송이 진행되고, 법원은 단지 제3자의 입장에서 공평한 판단을 내리도록 하는 소송구조로서 변론주의라고도 한다.

장점	• 소송결과에 대하여 직접적인 이해관계를 가진 당사자에게 증거를 수집·제출케 함으로써 보다 많은 증거가 법원에 제출되어 실체적 진실발견에 적합하다. • 법원이 제3자의 입장에서 판단을 내릴 수 있으므로 공평한 재판이 가능하다. • 피고인에게 검사와의 대등한 지위를 인정함으로써 피고인의 자유와 권리가 보장 된다.
단점	• 당사자 사이에 공격과 방어가 연속되어 심리의 능률과 신속을 달성하기 어렵다. • 소송의 운명이 당사자의 열의와 능력에 좌우되는 결과, 소위 사법의 스포츠화 또는 합리적 도박을 초래하고 국가형벌권의 행사가 당사자의 타협이나 거래의 대상이 될 위험이 있다.

② 직권주의 : 법원이 소송진행의 주도적 지위를 가지는 소송구조로서 법원이 직접 실체적 진실발견에 관여함으로써 당사자의 의사에 관계없이 소송을 진행하는 것으로서 법원이 실체적 진실 발견을 위하여 직권으로 증거를 수집·조사하는 직권탐지주의와 직권으로 사건을 심리할 것을 요구하는 직권심리주의를 그 내용으로 한다.

장점	• 심판의 주체인 법원이 주도적으로 활동함으로 실체적 진실발견에 효과적이다. • 능률적이고 신속한 재판을 실현할 수 있다.
단점	• 사건의 심리가 법원의 자의와 독단에 좌우될 위험이 있다. • 피고인의 주체성이 형식적인 것이 되어 피고인의 방어권을 실질적으로 보장할 수 없으며 인권옹호가 소홀해 질 수 있다. • 법원이 소송에 몰입되어 제3자로서 공정성을 상실할 우려가 있다.

제4절 현행 형사소송법의 기본구조

(1) 의의

현행 형사소송법은 대륙법체계의 직권주의를 기본구조로 하면서 영미법계의 당사자주의와 공판중심주의를 강화하여 배합한 절충적·혼합적 구조라고 할 수 있다.

(2) 당사자주의요소와 직권주의 요소

당사자주의적 요소	직권주의적 요소
• 공소장일본주의 • 공소장변경제도 • 당사자의 증거신청권 • 상호신문제도 • 당사자의 증거보전청구권	• 피고인신문 • 자유심증주의 • 공판기일의 지정 • 공소장변경요구제도 • 직권에 의한 증거조사

- 당사자의 증거조사참여권
- 전문법칙
- 공소장부본송달
- 피고인의 공판기일변경신청권
- 검사의 모두진술
- 피고인의 진술거부권
- 당사자의 최종변론

- 법원의 증인신문
- 증거동의와 진정성

학습연구 ☞ 형사소송의 구조

---

1. 형사소송의 구조를 당사자주의와 직권주의 중 어느 것으로 할 것인가의 문제는 입법정책의 문제로서 우리나라 형사소송법은 그 해석상 소송절차의 전반에 걸쳐 기본적으로 당사자주의 소송구조를 취하고 있는 것으로 이해되는 바 ....(중략)헌재 1995, 11, 30 92헌마44)
2. 당사자주의 소송구조하에서는 자기에게 유리한 주장이나 증거는 각자가 자신의 책임하에 변론에 현출하여야 하는 것이고, 비록 자기가 상대방에게 유리한 증거를 가지고 있다거나 상대방에게 유리한 사실을 알고 있다 하더라도 상대방을 위하여 이를 현출하여야 할 의무가 있다고 보기 어려울 것이므로 상대방에게 유리한 증거를 제출하지 않거나 상대방에게 유리한 사실을 진술하지 않는 행위만으로는 소송사기에 있어 기망이 된다고 할 수 없다(대판 2002, 6, 28, 2001도1610)

제5절 소송의 주체(법원·검사·피고인)

(1) 법원

① 의의

㉠ 국법상 의미의 법원 : 법원조직법상의 법원

㉡ 소송법상의 의미의 법원 : 재판기관으로서의 법원으로 개개의 소송사건에 관하여 재판권을 행사하는 법원

② 법관의 제척·기피·회피제도 : 제척·기피·회피제도는 공평한 재판을 위하여 구체적인 사건에 불공평한 재판을 할 염려가 있는 법관을 법원의 구성에서 배제시키는 제도이다.

구 분	의 의
제 척	사유에 해당하면 당연히 배척(법률에 명시)
기 피	당사자의 신청과 이에 대한 법원의 결정으로 배척
회 피	법관 자신의 신청과 이에 대한 법원의 결정으로 배척

③ 법원의 관할

㉠ 관할의 개념 : 관할이란 각 법원에 대한 재판권의 분배, 즉 특정법원이 특정사건을 재판할 수 있는 권한으로, 각 법원에 분배된 직무의 분담을 말한다.

㉡ 관할의 종류

ⓐ 사물관할 : 사건의 경중 또는 성질에 의한 제1심 관할의 분배를 말한다. 사물관할은 지방법원 또는 지원의 단독판사 또는 합의부에 속하나, 제1심의 사물관할은 원칙적으로 단독판사에 속한다.

ⓑ 토지관할 : 토지관할이란 동등법원간에 있어서 사건의 토지관계에 의한 관할의 분배를 말하며, 재판적이라고도 한다. 토지관할은 제1심 법원에 제한되지 않으며, 토지관할은 범죄지, 피고인의 주소·거소 또는 현재지에 의한다.

ⓒ 심급관할 : 심급관할이라 함은 상소관계에 있어서의 관할을 말한다. 즉, 상소사건에 대한 관할이 심급관할이다. 상소란 미확정의 재판에 대하여 상급법원에 구제를 구하는 불복신청 제도이다. 상소에는 항소, 상고 및 항고가 있다. 항소는 제1심 판결에 대한 상소이며, 상고는 제2심 판결에 대한 상소이다. 법원의 결정과 명령

에 대한 상소를 항고라고 한다.

　　ⓓ 재정관할 : 법원의 재판에 의하여 정하여지는 관할을 의미하며 이에는 관할의 지정, 이전이 있다.

(2) 검사

　① 의의 : 검사란 검찰권을 행사하는 국가기관을 말한다. 검사는 범죄수사로부터 재판의 집행에 이르기까지의 형사절차의 모든 단계에 관여하는 능동적이고 적극적인 국가기관이다.

　② 성격

　　㉠ 준사법기관 : 검사는 행정기관이며, 준사법기관인 이중적인 성격을 가진 기관이다.

　　㉡ 단독제의 관청 : 검찰사무는 모든 검사가 단독으로 처리한다.

　③ 검사의 소송법상 지위

　　㉠ 수사의 주체 : 수사권, 수사지휘권, 수사종결권

　　㉡ 공소권의 주체

　　㉢ 재판의 집행기관

(3) 피고인

　① 의의 : 피고인이란 검사에 의하여 형사책임을 져야 할 자로 공소가 제기된 자 또는 공소 제기된 자로 취급되어 있는 자를 말한다.

피의자	피고인	수형자
공소제기 전에 수사기관에 의하여 수사의 대상으로 되어 있는 자	공소제기된 자 또는 공소제기된 자로 취급되어 있는 자 ① 검사에 의하여 공소가 제기된 자 ② 경찰서장에 의해 즉결심판이 청구된 자 ③ 약식명령이 청구된 자 ④ 재심결정이 확정된 자	유죄판결에 의하여 형이 확정된 자

② 피고인의 권리와 의무
  ㉠ 피고인의 권리 : 공판기일변경신청권, 공판조서열람등사권, 진술거부권, 최후진술권, 증거신청권, 의견진술권, 이의신청권, 변호인의 선임권과 의뢰권, 접견교통권, 기피신청권, 관할이전심청권, 증거조사참여권, 상소권, 약식명령에 대한 정식재판청구권
  ㉡ 의무 : 신고의무, 출석의무, 재정의무, 복종의무, 수인의무

관련조문

◎ 형사소송법 제33조 【국선변호인】

❶ 다음 각 호의 어느 하나에 해당하는 경우에 변호인이 없는 때에는 법원은 직권으로 변호인을 선정하여야 한다.
  ① 피고인이 구속된 때
  ② 피고인이 미성년자인 때
  ③ 피고인이 70세 이상인 때
  ④ 피고인이 농아자인 때
  ⑤ 피고인이 심신장애의 의심이 있는 때
  ⑥ 피고인이 사형 무기, 또는 단기 3년 이상의 징역이나 금고에 해당하는 사건으로 기소된 때
❷ 법원은 피고인이 빈곤, 그 밖의 사유로 변호인을 선임할 수 없는 경우에 피고인의 청구가 있는 때에는 변호인을 선정하여야 한다.
❸ 법원은 피고인의 연령·지능 및 교육 정도 등을 참작하여 권리보호를 위하여 필요하다고 인정하는 때에는 피고인의 명시적 의사에 반하지 아니하는 범위 안에서 변호인을 선정하여야 한다.

제6절 수사와 공소제기

(1) 수사

  ① 의의 : 수사란 "범죄혐의의 유무를 명백히 하여 공소의 제기와 유지 여부를 결정하기 위하여 범인을 발견·확보하고 증거를 수집·보전하는 수사기관의 활동"을 말한다.

② 수사기관 : 검사, 사법경찰관리(검사의 지휘)

③ 수사의 개시 : 수사기관이 범죄의 혐의가 있다고 인정한 때 시작되며, 현행범, 고소, 고발, 자수, 변사자의 검시, 불심검문 등이 수사개시의 단서가 될 수 있다.

④ 수사의 방법

구 분	의 의	내 용
임의 수사	강제력을 행사하지 않고 상대방의 동의나 승낙을 얻어서 행하는 수사방법	피의자신문, 참고인조사, 통역, 번역, 감정의 위촉, 수색·검증 등
강제 수사	영장 없는 수사	현행범 체포, 특수한 경우의 압수·수색·검증 및 공무소에의 조회 등
	영장에 의한 수사	구속·압수·수색 등
	수사기관의 청구에 의해서 법관이 하는 것	증거보전처분 등

관련조문

◎ 형사소송법 제195조【검사의 수사】

검사는 범죄의 혐의가 있다고 사료하는 때에는 범인, 범죄사실과 증거를 수집 하여야 한다.

◎ 형사소송법 제196조【사법경찰관리】

① 수사관, 경무관, 총경, 경정, 경감, 경위는 사법경찰관으로서 모든 수사에 관하여 검사의 지휘를 받는다
② 사법경찰관은 범죄의 혐의가 있다고 인식하는 때에는 범인, 범죄사실과 증거에 관하여 수사를 개시·진행 하여야한다.
③ 사법경찰관은 범죄를 수사한 때에는 관계 서류와 증거물을 지체 없이 검사에게 송부하여야 한다.
⑤ 경사, 경장, 순경은 사법경찰리로서 수사의 보조를 하여야 한다.
⑥ 제1항 또는 제5항에 규정한 자 이외에 법률로써 사법경찰관리를 정할 수 있다.

학습연구 ☞ 고소와 고발의 차이점

구분	고소	고발
주체	고소권자(피해자, 피해자의 법정대리인, 피해자의 배우자·친족, 지정고소권자)	제3자(범인이나 피해자 이외의 자)
대리	허용	불허용
기간	• 친고죄 : 범인을 안 날로부터 6개월 • 비친고죄 : 제한 없음	제한 없음
취소시기	• 친고죄 : 제1심판결 선고전 • 비친고죄 : 제한 없음	제한 없음(단, 전속고발의 경우는 제1심판결 선고 전까지)
재고소·고발	불허용	허용
헌법소원	가능	불가능(검찰항고, 재정신청은 가능)

⑤ 수사의 종결 : 사법경찰관은 수사에 관하여 검사의 보조기관에 불과하기 때문에, 수사의 종결은 검사만이 할 수 있다.

⑥ 검사의 처분 : 타관송치, 기소처분(공소제기, 약식명령청구), 불기소처분(혐의없음, 죄가 안됨, 공소권 없음, 기소유예, 공소보류)

(2) 공소제기

① 의의 : 법원에 대하여 특정한 형사사건의 심판을 요구하는 검사의 법률행위적 소송행위를 말한다. 검사의 공소제기는 수사의 종결을 의미하는 동시에 공판절차의 개시를 의미한다.

② 공소제기의 기본원칙

㉠ 국가소추주의 : 사인소추를 인정하지 않고 국가기관이 소추의 주체가 된다.

ⓒ 기소독점주의 : 국가기관 중에서 검사만이 공소를 제기하고 수행할 권한을 갖는 것을 검사의 기소독점주의라고 한다.

ⓒ 기소편의주의 : 수사결과 공소를 제기함에 충분한 혐의가 인정되고 소송조건을 갖춘 경우라도, 검사의 재량에 의한 불기소처분(기소유예)을 인정하는 원칙이다.

제7절 공판절차

(1) 공판절차의 의의

① 광의의 공판절차 : 공소가 제기되어 사건이 법원에 계속된 이후부터 소송절차가 종료될 때까지의 모든 절차, 즉, 법원이 피고사건에 대하여 심리·재판하고 또 당해 사건에 관하여 당사자가 변론을 행하는 절차단계를 의미한다.

② 협의의 공판절차 : 광의의 절차 중 특히 공판기일에서의 절차만을 의미한다.

(2) 공판절차의 원칙

① 공개주의 : 공개주의란 일반국민에게 심리의 방청을 허용하는 주의를 말한다.

② 구두변론주의 : 구두변론주의란 법원이 당사자의 구두에 의한 공격·방어를 근거로 하여 심리·재판하는 주의를 말한다.

③ 직접주의 : 직접주의란 공판정에서 직접 조사한 증거만을 재판의 기초로 삼을 수 있다는 주의를 말한다.

④ 집중심리주의 : 법원이 심리에 있어 2일 이상이 소요되는 때에는 가능한 한 매일 계속 개정하여 집중심리를 하여야 한다는 원칙이다.

(3) 공판절차의 순서

① 모두절차 (진술거부 등의 고지 ⇨ 인정신문(피고인 확인) ⇨ 검사의 모두진술 ⇨ 재판장의 쟁점정리 및 검사·변호인의 증거관계 진술)

② 사실심리절차 (증거조사(주체는 법원) ⇨ 피고인신문 ⇨ 소송관계인의 의견진술(최종변론))

③ 판결선고절차 (재판장이 공판정에서 재판서에 의하여 선고(주문낭독 + 이유의 요지 설명)

(4) 재판의 확정

① 재판확정의 의의 : 재판이 통상의 불복방법에 의하여는 다툴 수 없게 되어 그 내용을 변경할 수 없게 된 상태

② 상고법원의 판결 : 선고와 동시에 확정된다.

③ 제1심과 제2심의 판결

　㉠ 상소의 제기없이 판결선고일로부터 상소제기기간(7일)을 도과한 때

　㉡ 상소를 포기·취하한 때

④ 일사부재리의 원칙 : 유죄·무죄의 실체판결이나 면소판결이 확정된 때에 동일한 사건에 대하여는 다시 심리·재판하는 것이 허용되지 않는다는 원칙을 말한다. 이를 고유한 의미의 기판력이라 한다.

제8절 특별절차

(1) 약식절차

① 개념 : 약식절차란 지방법원의 관할사건에 관하여 검사의 청구가 있는 때에 공판절차를 경유하지 않고 검사가 제출한 자료만을 조사하여 약식명령으로 피고인에게 벌금, 과료 또는 몰수의 형을 과하는 재판을 말한다.

② 효력 : 약식명령은 정식재판의 청구기간이 경과하거나 그 청구의 취하 또는 청구기간의 결정이 확정된 때에는 확정판결과 동일한 효력이 있다.

(2) 즉결심판절차

① 개념 : 즉결심판이란 즉결심판절차에 의한 재판을 말한다. 즉결심판절차란 지방법원, 지방법원지원 또는 시·군법원의 판사가 20만원 이하의 벌금, 구류 또는 과료에 처할 경미한 범죄에 대하여 공판절차에 의하지 아니하고 즉결하는 심판절차를 말한다.

② 효력 : 즉결심판이 확정된 때에는 확정판결과 동일한 효력이 있다.

학습연구 ☞ 형사소송법 중요개념

1. 위법수집증거배제법칙 : 위법수집증거배제법칙이란 위법한 절차에 의하여 수집된 증거의 증거능력을 부정하는 법칙을 말한다.
2. 독수의 과실이론 : 독수의 과실이론이란 위법하게 수집된 증거(독수)에 의하여 발견된 2차 증거(과실)의 증거능력을 배제하는 이론을 말한다.
3. 자백배제법칙 : 형법 제12조 제7항 "피고인의 자백이 고문·폭행·협박·신체구속의 부당한 장기화 또는 기망 기타의 방법으로 임의로 진술한 것이 아니라고 의심할 만한 이유가 있는 때에는 이를 유죄의 증거로 하지 못한다."고 규정하여 임의성이 의심되는 자백의 증거능력을 부정하는 증거법칙을 '자백배제법칙'이라고 한다.
4. 자유심증주의 : 자유심증주의란 증거의 증명력을 적극적 또는 소극적으로 법정하지 아니하고, 법관의 자유로운 판단에 맡기는 주의를 말한다.

Chapter V

국제법

제1장 국제법의 기초

제2장 국가

제3장 국가의 관할권 행사와 주권면제

제4장 국가책임

제5장 조약법

제6장 국가 영역과 해양법

제7장 국제기구와 국제분쟁의 해결

제5편 국제법

제1장 국제법의 기초

제1절 국제법의 의의

국제법은 주로 국가 간의 관계를 규율하는 국제사회의 법이다. 그러나 역사적으로 국가 간의 관계를 규율하는 법으로 시작한 국가법은 20세기 이후 국제사회의 조직화 등을 통해 국제기구와 제한적이나마 개인도 직접 규율하게 되어 점차 적용영역을 확대하고 있다.

국제법이 과연 법인가에 대하여 많은 의문을 제기고 있다. 실제로 국제법은 법으로서의 실효성이나 강제성의 측면에서 각국의 국내법보다는 낮은 수준에 있는 것이 사실이다. 그러나 국제법 위반이 많다거나 위반에 대한 제재가 충분하지 못하다는 점을 이유로 국제법의 법적 성격 자체를 부인하는 것은 국제사회의 정의실현을 위해 올바른 방향이 될 수 없다. 실제로 강제력이 미비함에도 불구하고 국제법은 오늘날 국제사회에서 잘 준수되고 있다. 이는 국제법 자체가 국제사회의 공통의 이익을 보장해주는 것으로서 각국의 합의와 관행을 바탕으로 성립한 측면에 기인하는 면도 있겠으나, 국제사회의 상호의존도가 높아진 오늘날 국제법의 준수가 중요한 자산인 자국의 신뢰도를 높이는데 필요하기 때문이다.

특히 우리나라와 같이 지정학적으로 강대국들로 둘러싸여 있고 경제적으로 대외교류를 통해 국가의 생존과 발전을 추구해야 하는 입장에서는 대외 관계에서는 보편적으로 인정되는 규범을 통한 논리 전개가 필요하다. 이를 위해 우리가 먼저 국제법을 존중하고 준수하면서 우리의 논리를 국제법의 차원에서 개발해야 한다. 국제사회에서 우리의 주권과 이익을 보호하기 위해 국제법은 중요한 도구적 측면이 있다.

제2절 국제법의 법원

국제법의 법원이란 현재 국제적으로 무엇이 구속력을 지닌 법규범인가를 파악하여야 하는 기준이 되는 것을 말한다. 비록 UN의 주요사법기관인 국제사법재판소의 재판준칙으로 마련된 것이지만 국제사법재판소 규정 제38조 1항이 국제법의 법원을 설명하는데 자주 인용된다.

학습연구 ☞ 국제법의 적용

국제사법재판소는 재판소에 회부된 분쟁을 국제법에 따라 재판하는 것을 임무로 하며, 다음을 적용한다.

① 분쟁국에 의하여 명백히 인정된 규칙을 확립하고 있는 일반적인 또는 특별한 국제협약
② 법으로 수락된 일반관행의 증거로서의 관습법
③ 문명국에 의하여 인정된 법의 일반원칙
④ 법칙결정의 보조수단으로서의 사법판결 및 제국의 가장 우수한 국제법 학자의 학설. 다만 제59조의 규정에 따를 것을 조건으로 한다.

---

(1) 조약

조약은 국제법 주체들이 국제법의 규율 하에 일정한 법률효과를 발생시키기 위하여 체결한 국제적 합의이고, 이에 대해서는 조약법 부분에서 별도로 살펴본다.

(2) 국제관습법

국제관습법은 이견이 있기는 하지만 "법적 확신을 획득한 일반적 관행"으로 정의 되는 것이 일반적이다. 주로 관행이 먼저 성립한 후 법적 확신이 추가되는 형태로 성립하지만, 오늘날에서는 일정한 원칙에 대한 국제사회의 폭넓은 지지가 먼저 형성되고 그에 따른 합의를 실행하는 순으로 국제관습법이 형성되기도 한다.

"일반적 관행"은 많은 국가들의 공통적이고 폭 넓은 관행이 계속적으로 일관성있게 행해질 때 인정된다. 그리고 그러한 일반적 관행은 특정 행위의 허용 또는 금지가 법에 기한 것이라고 인식되어야 국제관습법이 될 수 있다.

하지만 국제관습법은 그 존재 여부 자체의 입증이 어려울 뿐 아니라 관행이 언제 관습법으로 변화하는지 그 정확한 시간적 경계를 판정하는 것도 어려운 것이 사실이다. 더욱이 관습의 존재와 준수를 객관적으로 확인할 제도적 장치가 결여되어 있다는 현실적인 한계도 가지고 있다. 그리하여 오늘날 국제법의 법원으로서 조약의 중요성이 상대적으로 보다 부각된다고 보고 있다.

(3) 법의 일반원칙

법의 일반원칙은적 각국 국내법에 공통된 원칙으로서 이를 국제법상 독자 법원으로서 인정되는 것이 현재 통설의 입장이다. 법의 일반원칙은 그것이 바로 국제재판에서 적용되기 보다는 국내법 특히 사법상의 일반원칙이 추구하는 법적 논리가 적당히 변용되어 적용되는 형태를 취한다. 이의 적용과 관련해서는 재판부가 상당한 재량권을 행사하게 된다.

(4) 학설과 판례

학설과 판례는 법적 자체를 창조한다는 것 보다는 오직 법칙 성립 여부를 판단하는 수단으로 활용될 수 있을 뿐이다. 실제로 ICJ규정 제59조는 선례구속성의 원칙을 부인하고 있다. 하지만 법적 안정성의 존중을 위하여 과거 많은 국제재판이 과거의 판례를 인용하고 있으며, 국제판례는 국제법의 확인과 형성에 중요한 기능을 담당하여 왔다. 그리고 저명한 학설도 역사적으로 국내법에서보다 국제법 영역에서 중요한 역할을 해왔다.

(5) 국가의 일방적 행위

국가의 일방적 행위에 의해 조약이나 국제관습법이 성립하지 않고, 많은 경우 일방적 행위는 외교적·정치적 행위일 경우가 많다. 하지만 과거 국제사법재판소는 일방적 선언도 법적 의무를 창출할 수 있음을 인정하였고, UN 국제위원회도 일방적 선언이 공개적으로 발표되고 이를 준수할 의지가 명백하고 구체저긴 용어로 표명된 경우에는 법적 구속력을 창출할 수 있다는 원칙을 채택한 바 있다.

(6) 국제기구의 결의

UN 헌장에 따라 안전보장이사회의 결의는 모든 회원국에 구속력을 지닐 수 있지만, 총회의 결의는 만장일치로 성립되었어도 그 자체로 법적 구속력을 갖지는 않는다. 하지만 UN총회의 결의는 장래의 국제법 발전에 중대한 영향력을 발휘하는 경우가 많고, 국제관습법의 존재를 확인해 주는 역할을 하기도 한다.

(7) 법원 간의 위계

국제사법재판소 규정 제38조 1항은 법원 간의 위계에 대해서는 언급이 없고, 실제로 조약과 국제관습법 간에는 양자의 법적 구속력이 대등하여, 상호 모순이 발생하는 경우 특별법 우선, 후법 우선의 원칙이 적용되는 경우가 많다. 물론 현실적으로 기존 조약과 다른 국제관습법이 형성되었다고 하더라도 개별 국가가 조약의 우선 적용을 주장할 가능성이 많고, 국제관습법은 그 존재 자체가 다투어지는 경우가 많은 점을 고려하면 기존 조약이 특별법 자격으로 우선 적용될 가능성이 큰 것은 사실이다. 법의 일반원칙 등은 보충적 법원으로 작용한다.

제3절 국제법과 국내법의 관계

(1) 국제법과 국내법의 관계이론

① 국내법 우위론

국내법 우위론에 의하면 국내법이 국제법에 우선하며, 양자가 상호 모순되는 경우 국내법이 적용되어야 한다는 이론이다. 19세기까지의 지배적 이론으로서 이는 사실 국제법을 부인하는 결과를 가져올 수 있다.

② 이원론

이원론은 국제법과 국내법을 상호 독립적으로 존재하는 별개의 법체계로 이해한다. 국제법은 국가 간의 관계를 규율하고 국내 문제에는 국내법이 적용된다고 한다. 이 입장에 따르면 양자는 서로 별개의 법질서로서 서로 상대의 영역에 간섭할 일이 없고, 충돌이나 상호 우열의 문제도 발생하지 않는다. 하지만 이 이론은 제한적이기는 하지만 국제법이 개인 간의 관계에서도 직접 적용되는 오늘날의 현실을 설명하지 못한다. 우리 헌법도 조약 등 국제법의 직접 적용을 규정하고 있다.

③ 국제법 우위론

국제법 우위론은 국제법과 국내법의 상호 충돌가능성을 인정하고, 양자가 상호 대립 충돌 시 국제법이 우선적으로 적용되어야 한다는 입장이다. 국내법의 궁극적 근거가 국제법에 있다는 점을 이론적 근거로 하고 있는데 이는 국제법의 역사적 현실과 부합하지 않는다. 국제법 우위론은 이론적으로 규범의 세계에서는 타당할 수 있다고 하더라도, 많은 국가가 자국의 헌법에 위배되는 국제법의 국내적 효력을 부인하는 오늘날 국제법과 국내법의 과계를 설명하는 데에는 한계를 가지고 있다.

④ 이론대립

국제법과 국내법의 관계에 대한 이론은 아직 그 어느 것도 이론과 현실을 모두 만족하게 설명하고 있지 못한다. 결국 이에 관한 논의의 실질적 의의는 국내법원이 국제법을 재판규범으로 직접 활용할 수 있느냐의 여부에 대한 답을 주는 정도이다. 이에 오늘날 대부분의 국제법 교과서는 국제법 질서 속에서의 국내법과 국내법 질서 속에서의 국제법을 나누어 설명하고 있다.

(2) 국제법 질서내의 국내법

국제관계에서는 기본적으로 국제법만이 구속력 있는 법규범으로 인식되고, 개별국가는 국내법을 이유로 국제법을 위반할 수 없다. 국제법에 모순되는 국내법의 처리는 각국의 재량사항이지만, 이로 인하여 해당 국가는 국제법상의 책임을 지게 될 것이다.

학습연구 ☞ 조약법에의 관한 비엔나 협약

제27조(국내법과 조약의 준수) 어느 당사국도 조약의 불이행에 대한 정당화의 방법으로 그 국내법 규정을 원용해서는 아니 된다. 이 규칙은 제46조를 침해하지 아니한다.

※ 국제위법행위에 대한 국가책임에 관한 국제법위원회의 초안(2001)

제3조(국가행위의 국제위법행위로서의 결정) 국가행위의 국제위법성의 결정은 국제법에 의하여 정하여진다. 이는 동일한 행위가 국내법상 적법하다는 결정에 의하여 영향 받지 아니한다.

(3) 국내법 질서내의 국제법

국가마다 국내법 질서 속에서 국제법이 차지하고 있는 위치는 상이하다. 국제법이 국내적으로 수용되어 직접 적용되기도 하고, 국내법으로 변형되어 실현되기도 한다. 우리나라 헌법은 제6조 1항에서 "헌법에 의하여 체결·공포된 조약과 일반적으로 승인된 국제법규는 국내법과 동일한 효력을 가진다"고 규정하고 있고, "일반적으로 승인된 국제법규"는 국제관습법을 의미하는 것으로 해석된다. 이 조문에 의해 국내법원에서 조약과 국제관습법이 국내법으로의 변형 없이도 직접 적용될 수 있다는 점에는 별다른 이견이 없다.

하지만 조약 중에는 국내 입법을 통한 이행을 예정하는 경우도 많으며, 특정 조약이 자기집행적인지 여부가 문제 될 수 있다. 또한, 조약과 국제관습법이 '국내법과 같은 효력을 가진다'는 의미가 무엇인지에 대해서도 학설의 대립이 있다. 형식적 의미의 법률과 동일한 효력을 가진다는 견해가 다수설이나 국회동의를 받지 않고 체결된 조약은 대통령령에 해당하는 것으로 해석하는 입장이 있다.

국내 법률과 조약 간에 내용상 충돌이 있으면 특별법 우선, 후법우선의 원칙에 따라 해결되며, 이는 국제관습법의 경우에도 동일하다고 보는 것이 헌법 조문에 합당한 해석일 것이다.

제4절 국제법의 주체

일반적으로 국제법의 주체는 국제법상의 권리를 향유하거나 의무를 부담할 수 있는 능력과 자결을 가진 법인격체를 의미한다. 전통적으로 국제법에서는 국가만이 국제소송에서 당사자 능력을 가지며, 타국과의 조약을 체결할 수 있고, 타국의 영역 내에서 특권 면제의 혜택을 누릴 수 있다는 점에서 국제법의 주체로 인식되어 왔으나, 오늘날은 제한적이나마 국제기구와 심지어 자연인과 법인도 국제적 법인격을 가질 수 있다는 점이 인정된다. 하지만 여전히 국제기구와 같은 새로운 국제법 주체는 국가들의 합의에 기하여서만 주체로 인정되며, 국가가 승인한 범위나 기간 내에서만 법주체성을 갖는다는 한계를 가지고 있다. 국가와 국제기구에 대해서는 별도의 장에서 논의한다.

제2장 국가

제1절 국가의 의의와 권리 의무

(1) 국가의 의의

국가가 국제적 법인격체라는 점에서 이론이 없지만, 국가의 자격요건이 무엇인가에 대해서는 학자들 간에 견해의 차이가 있다. 1933년 몬테비데오에서 서명된 「국가의 권리 및 의무에 관한 협약」 제1조에 따르면 국가는 첫째 영구적 인민, 둘째 일정하게 확정된 영토, 셋째 정부, 넷째 타국과 관계를 맺을 수 있는 능력을 구비해야 한다.

하지만 그 요건들은 주로 국가로서의 실효성을 판단하는 기준으로 제시되는 것으로 특정 국가의 국가로서의 자격과 관련해서는 완화되어 해석된다. 국민은 그 수에 있어서 최소 기준이 없고, 인종적·종교적·언어적으로 단일해야 하는 것도 아니며, 영토 역시 대강의 국경이 결정되면 국가로 성립될 수 있다. 내전이나 적국의 전시점령으로 일시적으로 전부 또는 일부의 영토에 대한 통제력을 상실하여도 국가는 법적으로 계속 존속한다. 자국 영역에 대해 실효적인 지배권을 행사하는 중앙정부 역시 국가의 자격요건으로서 요구되지만, 일시적으로 그 기능을 못하더라도 국가로서의 지위가 소멸되지는 않는다.

한편, 몬테비데오 조약 제1조의 내용이 국제관습법의 표현으로 간주되기도 하는데, 그 조항상의 자격요건이 갖추어지면 자동적으로 국가로서 인정되는 별개의 문제이다. 오늘날의 국제사회에서는 신생국가의 경우 민족자결의 실현 여부도 중요한 국가의 성립요건으로 고려되고 있다.

(2) 국가의 권리·의무

국가는 국가라는 자격만으로 국제법상 기본적인 권리와 의무를 보유한다. 1949년 UN 국제법위원회는 국가의 권리 의무에 관한 선언초안에서 국가의 독립권, 영역에 대한 관할권, 타국의 국내문제 불간섭 의무, 타국의 내란을 선동하지 않을 의무, 국가간 평등권, 인권과 기본적 자유를 존중할 의무, 국제평화를 확보할 의무, 분쟁의 평화적 해결의무, 무력 불사용 의무, 침략국을 원조하지 않을 의무, 무력사용을 통한 영역취득을 승인하지 않을 의무, 자위권, 국제법상의 의무이행의무 등을 제시하고 있다.

이 중에서 국내문제 불간섭 의무는 오늘날 국제법의 영역 확대, 특히 인권법 분야의 확대로 인해 많은 논란이 되고 있다. UN 헌장 제2조 7항은 본질상 국내문제에 대해 UN도 간섭할 수 없다고 규정하고 있는데, 무엇이 본질적으로 국내문제인지는 인권문제와 민족자결문제에 있어서 매우 민감한 문제이다. 합법적 정부의 요청에 기하여 타국의 국내문제 해결에 조력하는 것은 불간섭의무의 예외로서 인정되지만, 합법적 정부 여부 역시 정부의 승인이라는 고도의 정치적 판단과 연관되어 있다. 이것은 인조적 개입과 관련해서는 중요한 문제로 제기된다.

제2절 국가의 의의와 권리 의무

(1) 국가승인의 의의

국가의 승인은 사실상 존재하고 있는 정치적 통일체가 국제법상 국가자격을 취득하였음을 선언하거나 인정하는 일방적인 행위이다. 국제법상 승인은 정치적 동기에서 정치적 목적을 고려하여 이루어지는데, 해당 승인국과 피승인국 사이에서만 효력을 가진다.

(2) 국가승인의 법적 의미

국가의 승인의 의미와 관련하여 승인을 통해 피승인국에 대한 국가로서의 자격을 부여하는 것이라는 창설적 효과설과 승인은 단순히 이미 성립하고 있는 피승인국의 존재 사실을 확인하는 행위에 불과하다는 선언적 효과설이 대립한다.

창설적 효과설은 국가가 국제법상의 권리 의무의 원천이라고 보는 입장에 근거하며, 이는 과거 유럽세력 등의 제국주의적 영토 확장의 결과를 합법화시켜 주는 승인제도의 역사적 발전과 맥락을 같이한다.

이에 반하여 선언적 효과설은 국제법상 국가의 존재 자체는 자격요건의 구비 여부에 따라 사실적으로 결정되는 것으로서, 승인은 피승인국의 존재를 인정하고, 그를 국제적 법인격체로 취급하겠다는 승인국의 의사 선언에 불과한 것이라고 한다. 오늘날 대다수의 학자들이 선언적 효과설의 입장을 취하고 있다. 한편, 창설적 효과설을 취하는 학자들 중에 승인 의무를 인정하는 견해가 있는데, 이에 따르면 양 이론은 사실상 별 차이가 없게 된다.

(3) 국가 승인의 방법

승인국은 명시적으로 승인의 의사표시를 할 수 있지만 외교관계의 수립이나 국가간 중요한 조약의 체결 등 명백히 국가만을 상대로 취할 수 있는 행위를 통하여 묵시적으로 승인의 의사를 표시할 수도 있다. 하지만 국제기구나 다자조약에의 동시가입, 통상대표부의 설치, 장기간의 양자 회담, 상대국의 여권 인정은 그 자체로 묵시적 승인으로 인정되지 않는다.

(4) 승인의 취소

특정한 실체가 국가로서의 존속이 중단되는 경우 별도의 승인 취소는 필요하지 않다. 정치적인 이유로 기존에 승인한 국가의 승인을 취소하는 경우에는 창설적 효과설에 따르면 승인의 취소(사실상철회)를 통하여 해당 국가에 대해 일종의 법률적 사망선고를 하는 것으로 볼 수도 있지만, 선언적 효과설에 따르면 승인의 취소는 승인 대상이 소멸하지 않는 한 별다른 의미를 갖지 못한다.

(5) 정부의 승인

정부승인이란 해당 정부를 그 국가의 정식의 국제적 대표기관으로서 인정하는 일방적 행위이다. 합헌적 방법에 의한 정권 교체의 경우에는 별도의 정부승인이 요구되지 않지만, 혁명이나 쿠테타와 같이 비합법적 방법에 의한 정권 교체의 경우 별도의 정부 승인 여부가 중요한 의미를 가질 수 있다. 정부 승인 역시 정치적 판단에 의해 이루어지는 경우가 많으며, 신정부의 불승인은 해당 정부에 대한 정치적 불만의 표시로 받아들여진다. 하지만 오늘날 많은 나라들이 에스트라다 주의(타국 정부에 대한 명시적 공시적 승인은 필요하지 않다는 입장)를 채택하여 정부 승인 여부에 대해 공식적인 입장을 밝히지 않은 채, 양국간 필요한 관계만을 추구하는 경향을 보이고 있다.

(6) 국제기구와 승인

국가의 승인을 개별 국가의 일방적 행위이므로 국제기구의 가입이 해당 국제기구의 회원국의 승인을 의미하지 않는다. 따라서 UN 등이 특정 국가나 정부를 승인하는 것은 법적효과보다는 정치적 효과만을 가진다고 볼 수 있다.

(7) 국가승인의 국내법상의 효력

선언적 효과설에 의할 때 승인의 국제법적 의미는 크지 않지만, 국가의 승인은 국내법적으로는 일종의 창설적 효과를 가진다. 승인을 받아야만 피승인국은 승인국의 국내 법원에서 주권면제를 향유하고, 주변국가에 부여되는 권리와 특권을 행사할 수 있기 때문이다. 하지만 오늘날 많은 나라들이 사인의 권리의무에 관한 미승인국의 법률도 준거법으로 수락하고, 미승인국가의 법률행위의 효력도 수락하는 경향을 보이고 있다.

제3절 국가의 승계

일정 영역의 국제관계상 책임 주체가 다른 국가가로 대체되는 것을 국가승계라고 한다. 국가 승계에 관하여 국제법의 원칙은 아직 모호하고 불확실한 부분이 많아서 사실상 개별 국가 승계시마다 상황의 특수성을 반영하여 개별적 합의를 통하여 처리되는 경우가 많다.

(1) 조약 승계

조약상의 권리 의무의 승계와 관련하여서는 「조약에 관한 국가 승계 협약」(1978)이 발효 중에 있다. 이에 따르면 기존 국가간 영토의 일부 승계의 경우 해당 지역에 대한 선행국의 조약이 종료되고 승계국의 조약이 확장 적용되고(조약경계 이동의 원칙), 종속관계로부터 독립한 신생국의 경우 선행국의 조약을 계속 인정할 의무가 없다(백지출발주의). 복수의 국가가 하나의 국가로 통합된 경우에는 별도의 합의가 없다면 통합 이전의 조약이 각기 기존의 적용지역에 한해 계속 적용되며, 기존 국가의 영역의 일부가 분리하여 별도의 승계국을 형성하는 경우 해당 지역에 적용되면 조약은 그대로 적용된다.

한편 인권조약과 관련하여 최근 국제인권단체를 중심으로 인권은 국가가 아닌 그 지역에 거주하는 주민의 권리이므로 국가승계에 따라 해당 주민들의 권리 변동이 있을 수 없다는 주장이 제시된다. 이 견해에 따르면 특정국가가 인권조약의 당사국이 되면, 이후에 해당 국가를 승계한 국가는 자동적으로 해당 조약의 당사국이 된다. 아직 이에 대해서 국제사법재판소나 다른 국제재판소의 입장은 표명되지 않았다.

(2) 국경조약 및 국경제도의 승계

일반적인 조약의 승계와 달리 국경과 관련해서는 일반적으로 국가승계의 유형과 무관하게 기존의 조약이나 제도가 존중되어야 한다는 것이 국제관습법이라고 해석된다. 이는 국경과 관련된 분쟁이 자칫 국제적 무력 분쟁으로 발전할 가능성을 고려한 것이다. 1978년 「조약에 관한 국가 승계 협약」 제11조도 이와 동일한 입장을 취하고 있다.

(3) 재산과 부채의 승계

1983년 「국가재산, 문서 및 부채에 관한 국가 승계 협약」은 국가승계시 국유재산과 부채에 관하여 다루고 있다. 신생독립국의 경우 자국 내에 위치한 선행국의 국유재산의 소유권을 취득하지만, 별도의 합의가 없는 한 부채의 부담은 지지 않는다. 국가통합의 경우에는 선행국의 재산과 부채 모두 승계국으로 이전된다.

제3장 국가의 관할권 행사와 주권면제

제1절 국가의 관할권 행사

(1) 국가관할권의 의의

국가의 관할권은 국가가 영역·국민·재산 등에 대하여 행사할 수 있는 권한의 총체로서 국가 주권의 구체적 발현이라고 할 수 있다. 국가의 관할권은 입법기관, 행정기관, 사법기관 등을 통하여 행사되며, 그 행사범위는 국내법에 의해 결정되지만, 국제법이 각국의 관할권행사를 제한하기도 한다. 그리하여 복수의 국가가 동일한 대상에 대하여 관할권을 행사하려는 경우 국제법상 관할권 행사의 원칙에 따라 적절한 균형점을 찾게 된다.

(2) 국내법원의 관할권 행사의 근거

① 속지주의

속지주의는 한 국가의 영토 내에서 발생한 사건에 대하여 영토국가가 관할권을 행사할 수 있다는 원칙이다. 이에 기한 관할권을 영토관할권이라고 한다. 보통 범죄행위 개시국과 범죄결과 발생국 모두 속지주의에 따라 관할권을 행사할 수 있다고 인정된다. 우리나라 형법은 제2조에서 속지주의를 규정하고 있다. 한편 형법 제4조의 기국주의도 속지주의 연장으로 이해될 수 있다.

학습연구 ☞ 속지주의(형법)

제2조(국내법) 본법은 대한민국 영역 내에서 죄를 범한 내국인과 외국인에게 적용한다.
제4조(국외에 있는 내국 선박 등에서 외국인이 범한죄) 본법은 대한민국 영역 외에 있는 대한민국의 선박 또는 항공기 내에서 죄를 범한 외국인에게 적용한다.

---

② 속인주의

국가는 해외에서의 자국민의 행위에 대해서도 관할권을 행사할 수 있다는 것이 속인주의이다. 이에 근거한 관할권을 국적관할권이라고 하는데, 우리 형법은 제3조에서 속인주의를 규정하고 있다.

학습연구 ☞ 속인주의(형법)

제3조(내국인의 국외법) 본법은 대한민국 영역 외에서 죄를 범한 내국인에게 적용한다.

---

③ 보호주의

보호주의는 외국에서 발생한 외국인의 행위라 할지라도 그로 인하여 국가적 이익을 침해당한 국가는 관할권을 행사할 수 있다는 원칙이다. 외국인의 행위가 그 행위가 일어난 곳의 현지법을 위반했는지 여부는 중요하지 않다. 이에 근거한 관할권을 보호관할권이라고 한다. 우리 형법은 제5조에서 보호주의를 규정하고 있다.

학습연구 ☞ 보호주의(형법 : 국가적 법익 침해 시)

제5조(외국인의 국외범) 본법은 대한민국 영역 외에서 다음에 기재한 죄를 범한 외국인에게 적용한다.
1. 내란의 죄
2. 외환의 죄
3. 국기에 관한 죄
4. 통화에 관한 죄
5. 유가증권, 우표와 인지에 관한 죄
6. 문서 관한 죄 중 제225조 내지 제230조
7. 인장에 관한 죄 중 제238조

---

④ 피해자 국적주의

피해자 국적주의는 외국인이 자국민을 상대로 행한 범죄에 대하여 국가가 관할권을 행사할 수 있다는 원칙이다. 보호주의가 주로 국가적 법익의 보호를 목적으로 하는데 비해 피해자 국적주의는 개인적 법익의 보호를 목적으로 한다. 우리 형법은 제6조에서 규정하고 있다.

학습연구 ☞ 피해자 국적주의(형법 : 개인적 법익침해 시)

제6조(대한민국과 대한민국국민에 대한 국외범) 본법은 대한민국영역 외에서 대한민국 또는 대한민국 국민에 대하여 전조에 기재한 이외의 죄를 범한 외국인에게 적용한다. 단, 행위지의 법률에 의하여 범죄를 구성하지 아니하거나 소추 또는 형의 집행을 면제할 경우네는 예외로 한다.

---

⑤ 보편주의

보편주의는 특정한 범죄에 대하여 어떤 국가든지 관할권을 행사할 수 있다는 원칙이다. 대체로 제노사이드, 해적 등에 대하여는 보편적 관할권에 근거하여 어느 국가나 관할권을 행사할 수 있다는 데 견해가 일치하며 세계주의라고도 한다.

(3) 관할권 행사의 경합

동일한 사람의 동일한 행위에 대하여 여러 국가의 관할권이 경합할 수도 있다. 가령, 미국인이 한국에서 범죄를 저지른 경우, 우리나라는 속지주의에 따라 관할권이 있으며, 미국은 속인주의에 의하여 관할권을 가질 수 있다. 속지주의 및 속인주의 이외의 근거에 기한 관할권에 대해서는 속지주의와 속인주의가 우선하지만, 속지주의와 속인주의가 경합하는 경우 어느 관할권이 우선하는지에 관해서는 명확한 원칙이 확립되어 있지 않아 범인의 신병을 확보한 어느 국가도 형사관할권을 행사할 수 있다. 다만, 유럽인권재판소는 2001년 속지주의 관할권이 속인주의 관할권에 우선한다는 판결을 내란 바 있다.

한편 관할권 경합으로 이중처벌이 발생할 수 있다. 우리 형법 제7조도 "외국에서 형의 전부 또는 일부의 집행을 받은 자에 대하여는 형을 감경 또는 면제할 수 있다"고 하고 있어 이중처벌의 가능성을 인정하고 있다. 일사부재리원칙은 동일 관할권 내에서의 이중처벌을 금지하는 것이어서 관할권 경합의 경우 적용되지 않는다.

(4) 국제법에 의한 관할권의 행사의 제한

국가 간 관할권 경합과 관련하여 조약에 의해 관할권 행사에 제한을 설정해 놓는 경우가 있다. 주한 미군 주둔군지위협정(SOFA)이 그 예이다. 그리고 조약 이외에 주권면제의 법리나 외교사절 등에 대한 면제 등에 의하여 국가의 관할권 행사가 제한되기도 한다.

제2절 국가의 주권면제

(1) 주권면제의 의의

주권면제는 국가가 외국의 법정에 스스로 제소하든가 자발적으로 응소하지 않는 한 그 외국 법원의 관할권에 복종하도록 강제되지 않는다는 원칙을 말한다. 모든 국가는 외국에 대하여 이를 인정해야 할 국제법상의 의무를 진다. 주권면제는 국가가 타국의 재판관할권으로부터 면제된다는 것이지, 해당국의 법률의 적용 자체를 받지 않는다거나 위법행위에 대한 법적 책임의 성립 자체를 부인하는 것이 아니다.

(2) 주권면제이론

① 절대적 주권면제이론

주권면제가 주장되던 초기부터 주장된 것으로 주권국가는 어떠한 경우에도 타국의 관할권으로부터 면제된다는 원칙이다.

② 제한적 주권면제이론

제한적 주권면제이론은 국가의 행동을 주권적 행위와 상업적 행위로 구별하여 전자에 한하여 주권면제가 인정된다는 원칙이다. 19세기 말부터 국제적으로 보호무역주의가 대두되어 국가의 경제 분야에 대한 관여가 증대되었는데, 순수한 영리목적의 경제활동에도 주권면제가 인정되어야 하는 지에 대해 의문이 제기되었다. 그러나가 21세기 들어 공산주의 국가와 외국의 사기업 간의 거래상의 분쟁의 경우 공산주의 국가가 부당하게 주권면제의 혜택을 받는다는 문제의식이 생기면서 상업적 행위에 대해서는 국가의 주권 면제이론을 가지고 있지만, 항상 주권적 활동과 상업적 활동의 구별이 용이한 것은 아니다.

(3) 강제집행으로부터의 면제

외국에 대한 주권면제와 외국재산에 대한 강제조치는 별개의 문제로 취급되어, 외국법원의 관할권에 동의를 하였다고 하더라도 외국이 그로 인한 재판에 기하여 강제조치를 취할 때에는 그 국가의 승인을 받아야 한다.

(4) 국제법 위반행위와 주권면제

주권면제는 법적 책임의 성립 자체를 부인하는 것이 아니고 단순히 외국의 재판관할권으로부터의 자유를 의미한다. 그러므로 국가가 국제법을 위반한 경우, 그 행위에 대해 국제재판소는 관할권을 행사할 수 있으며, 이 경우 주권면제이론은 적용되지 않는다.

(5) 국가행위이론과의 관계

주권면제와 유사한 개념으로 미국 법원의 국내법상의 원칙으로 발전된 국가행위 이론이 있다. 이는 일국의 법원은 타국의 자국 영역 내에서 행한 행위에 대하여 사법적 심사를 하지 않겠다는 원칙으로 일종의 사법적 자제의 표현이다. 국가행위이론과 주권면제이론은 모두 국내법원이 외국의 행위에 대해 위법성을 심사할 수 없다는 결론을 제시한자는 점에서 공통점을 가지지만, 국가행위이론은 아직 국제법상의 원칙인지에 대해서는 의견이 일치하지 않고 있다.

제3절 외교면제

(1) 외교사절

외교사절은 국가의 외교업무 수행을 목적으로 타국에 파견되는 자이다. 국가의 일상적인 외교활동은 외교사절, 즉 상대국에 파견된 자국 외교사절이나 저국에 주재하는 상대국의 외교사절을 통하여 진행된다.

(2) 외교사절의 특권과 면제

① 법적성격

일반 외국인과 달리 외교관에 대하여는 접수국에서 릴정한 특권과 면제가 인정된다. 이는 그가 대표하는 외교공관 직무의 효율적 수행을 보장하기 위해 인정되는 것이므로, 외교관 개인의 권리이기보다는 그를 파견한 국가의 권리이다. 특권과 면제는 외교관이 개인적으로 포기할 수 없다.

② 공관의 불가침

공관지역은 불가침이어서 현지 관헌은 공관장의 동의 없이 출입할 수 없다. 공관지역과 그

안의 기타 재산은 강제집행으로부터 면제되며, 접수국은 어떠한 침입이나 손해로부터도 공관의 안녕을 보호해야 할 의무를 부담한다. 단 공관은 여전히 접수국의 영토로서, 현지법이 적용된다는 사실은 주의해야 한다.

③ 서류와 문서, 통신의 불가침

공관의 문서와 서류는 언제 어디서나 불가침이다. 양국간 외교관계가 단절되거나 무력충돌이 발생한 경우에도 공관의 재산과 문서는 보호되어야 한다.

④ 신체의 불가침

외교관의 신체는 불가침이어서, 어떠한 형태의 체포 또는 구금도 당하지 않는다. 단 외교관이 위법행위에 대한 정당방위로서의 물리력 사용이나 일시적 억류조치 등은 허용된다.

⑤ 사저, 개인서류, 개인 재산의 불가침

외교관의 개인주거와 개인 재산 역시 불가침이다.

⑥ 재판관할권으로부터의 면제

외교관은 접수국의 형사, 민사 또는 행정 재판관할권 등 모든 재판관할권으로부터 면제된다. 외교관에 대해서는 강제집행도 할 수 없다.

(3) 영사제도

역사적으로 외교사절제도보다 더 오래된 것으로 영사제도가 있다. 영사는 본국을 외교적으로 대표하지는 않으며, 주로 자국의 경제적 이익을 보호하기 위해 선임된다. 영사는 자국민 보호, 여권과 입국사증 처리, 혼인·상속 등과 같은 사법상의 문제처리 등 비정치적·상업적 업무를 주로 한다. 하지만 영사도 파견국의 공무원으로서 국가기관으로서의 성격을 지니며, 사실상 외교 채널의 역할을 하기도 한다. 영사도 자신이 대표하는 활동범위 내에서 국제관습법과 국제협정에 의하여 특권과 면제를 향유할 수 있다.

제4장 국가책임

제1절 서 론

어떤 법체제이냐를 불문하고 위법행위를 범했을 경우에는 그 위법행위에 상응하는 책임을 져야 한다는 것이 기본 법리이고, 이는 국제법에서도 그대로 적용된다. 더 이상 주권이라는 개념은 국제적 책임으로부터 국가를 보호하지 못하고, 국제의무 위반국은 그에 상응한 배상의무를 진다.

제2절 국가책임의 성립요건

(1) 성립요건

UN총회 산하의 국제법위원회는 2001년 '국제우이법행위에 대한 국가책임에 관한 규정초안'을 채택하였다. 그 초안에 따르면 국가 책임은 국가의 국제의무 위반행위로부터 발생한다. 과거에는 국가책임의 고의·과실 내지 손해발생이 요구된다는 주장이 있었는데, 국제법위원회 초안은 국가 책임의 성립요건으로 국가의 행위와 국제 의무 위반 두 가지만을 제시하였다. 아직 고의·과실 내지 손해발생의 필요 여부에 대한 일반적인 원칙은 수립되어 있지 않다. 이하에서는 그 초안상의 국가책임 성립요건을 살펴본다.

(2) 국가의 행위

국가책임이 인정되기 위해서는 우선 해당 행위가 국가에 귀속될 수 있어야 한다. 국가는 결국 개인을 통하여 행동하고, 개인의 행동이 국가책임을 유발하는 국가의 행위가 되기 위해서는 행위자와 국가간에 특별한 관계가 존재해야 한다.

국가기관의 행위는 기관의 성격과 관계없이 그리고 지위 고하를 막론하고 모두 국가의 행위로 귀속된다. 국가기관의 행위가 상업적 성격을 지니고 있어도 귀속될 수 있다. 설령 권한을 초과하거나 지시를 위반한 행위라도 국가의 행위로 간주된다.

국가기관이 아니더라도 공권력을 행사할 권한을 부여받은 개인이나 단체의 행위는 국가의 행위로 귀속된다. 국가의 새 정부를 구상하는 데 성공한 반란단체의 행위도 그 국가의 행위로 간주된다. 그 밖에 국가가 특정행위를 추인하여 자신의 행위로 승인하고 채택할 수 있으며, 공공당국의 부재 또는 마비로 인해 공권력의 행사가 요구되는 상황에서 개인 또는 집단이 사실상의 공권력을 행사하였다면 그 행위 역시 국가의 행위로 간주된다.

(3) 국제의무의 위반

국가의 책임이 인정되기 위해서는 국가의 행위로 귀속되는 행위가 국제법상의 의무를 위반해야 한다. 국제의무는 조약, 국제관습법, 심지어 국가의 일방적 행위로 발생할 수 있다. 의무의 위반 여부는 국제법에 의해 결정되므로, 국가의 행위가 국내법을 위반한 행위라도 국제의무에 위반되지 않는 한 국제위법행위로는 되지 않는다. 반면 국가는 자신의 행위가 국내법에 부합한다고 하더라도 국제위법행위의 책임을 면할 수 없다. 국제법위원회는 이와 관련하여 유효한 동의(consent), 합법적인 자위조치(self defence), 대응조치(countermeasure), 불가항력(force majeure), 위난(distress), 긴급피난(necessiry)의 6가지를 위법성조각사유로 제시하고 있다.

제3절 국가책임의 내용

국제위법행위가 발생하여 유책국은 위반행위를 중단해야 하고 피해의 완전한 배상의무를 진다. 배상(reparation) 의무는 상황에 따라서 원상회복(restitiution), 금전배상(compensation), 만족(satisfaction)의 하나 또는 복합적 형태를 취한다. 한편 필요한 경우 유책국은 재발방지에 관한 적절한 보장과 보증을 해야 한다.

제4절 국가책임의 추궁과 외교적 보호권의 행사

(1) 책임추궁의 주체

국제의무 위반으로 인한 피해국은 유책국에 대하여 국가책임을 추궁할 있으며, 상황에 따라서는 피해국이 아닌 국가도 국가책임을 추궁할 수 있다.

(2) 대응조치

유책국의 국제의무 위반행위에 의해 피해를 입은 국가는 유책국을 대상으로 그 의무이행을 강제하기 위해 상응하는 의무 불이행으로 대응할 수 있다. 대응조치는 그 자체만으로는 국제위법행위에 해당하지만, 상대방의 선행위법행위에 대응하여 취해진 조치로서 위법성이 조각된다.

(3) 외교적 보호권의 행사

국제위법행위로 인해 자국민이 피해를 입은 경우, 피해자의 국적국이 그를 보호하고 손해에 대한 배상을 청구하기 위해 외교적 보호권을 행사할 수 있다. 외교적 보호권은 자국민의 피해는 곧 국적국의 피해라는 Vattel의 의제를 전제로 하는 것으로 이의 행사를 통해 자국민은 국제법의 보호를 받게 된다. 특히 과거에는 오직 국가만이 국제법의 주체인 시기에는 외교적 보호권의 행사가 사실상 개인에 대한 국제법상의 유일한 구제책으로 집작된다. 외교적보호권은 국적국에 의해 행사되어야 하는데, 이와 관련하여 국적계속의 권칙이 적용된다. 그리고 국적국과 피해자 간에 진정한 유대를 요하는 ICJ 판결도 있지만 국제법위원회는 세계화와 인구의 빈번한 국제이동을 고려하여 의도적으로 외교적 보호 규정초안에 진정한 유대 요건을 포함시키지 않았다.

제5장 조약법

제1절 조약의 의의

조약이란 국제법 주체들이 일정한 법률효과를 발생시키기 위해 체결한 국제법의 규율을 받는 국제적 합의이다. 법적 구속력을 부여하려는 의도가 없는 공동성명, 신사협정, 정치적 선언

등은 조약이 아니다.

조약과 관련하여서는 1969년 채택된 「조약법에 관한 비엔나 협약」이 1980년 발효하여, 2010년 말 기준 111개국이 가입해 있다. 비엔나 협약은 가입국 수 이상의 의미를 지닌 조약으로 평가되어, 그 내용의 대부분이 국제관습법으로 인정되고 있다. 아래에서는 비엔나 협약의 내용을 중심으로 살펴본다.

제2절 조약의 체결

조약체결권자나 그로부터 전권위임장을 받은 자가 국가를 대표하여 조약을 협상, 체결하게 되는데, 조약에 대한 국가의 기속적 동의는 서명, 조약을 구성하는 문서의 교환, 비준·수락·승인·가입 또는 기타 합의된 방법에 의해 표시된다. 다자조약의 체결과 관련하여 조약의 내용을 공식으로 확정하는 회의 등에서의 채택(adooption)은 그 자체만으로는 어떠한 법적의무도 창설하지 않는다.

제3절 조약의 발효와 적용

조약은 발효가 되어야 구속력을 발휘한다. 대개 조약은 서명이나 비준을 기준으로 즉시 발효하거나, 일정한 시차를 두고 발효한다. 조약이 발효하면 원칙적으로 조약은 당사국이 국제법상 책임을 지는 전 영역에 대하여 적용된다.

제4절 조약의 유보

(1) 조약의 유보

조약의 유보란 조약을 서명·비준·수락·승인 또는 가입할 때 특정 국가가 조약상 특정 조항의 법적 효과를 배제시키거나 변경시키기 위해 하는 일방적 선언이다. 비엔나 협약은 유보에 대한 광범위한 자유를 인정하고 있지만, 조약에 의하여 유보가 금지되어 있거나 조약의 대상 및 목적과 양립할 수 있는 유보는 허용되지 않는다.

(2) 유보에 대한 수락과 이의

일국의 조약의 유보에 대하여 다른 당사국은 몇 가지 입장을 취할 수 있다. 우선 첨부된 유보가 조약의 대상과 목적에 반하여 허용될 수 없는 유보라고 주장할 수 있고, 허용될 수 있는 유보라고 판단하는 경우를 수락하거나 유보에 반대할 수 있다. 허용될 수 있는 유보에 대해 반대하는 경우 조약관계의 성립의 인정 여부도 결정할 수 있다.

(3) 유보의 효과

유보는 일방적 선언이지만 그 효과는 상호적이어서 유보국과 다른 당사국 간에는 유보의 내용이 서로 적용되지 않는다. 타국이 일국의 유보를 수락하는 것은 유보국과 수락국 사이에 조약관계가 성립함을 의미하는데, 유보국과 유보에 반대하는 국가 간에도 조약관계는 성립하는 것이 원칙이다. 만약 유보로 인하여 조약관계의 성립을 부인하려는 국가는 그러한 의사표시를 하여야 한다. 그러한 의사표시를 하지 않은 경우, 유보에 대한 타국의 수락과 반대는 사실상 동일한 법적 효과를 가진다.

(4) 해석선언

때로는 조약에 가입하면서 해석선언이란 명칭으로 조건을 첨부하는 국가도 있는데, 해석선언이 때로는 위장된 형태의 유보일 수 있다.

제5절 조약의 해석

비엔나 협약은 조약은 조약문의 문제 및 조약의 대상과 목적으로 보아 그 조약의 문언에 부여되는 통상적 의미에 따라 성실하게 해석되어야 한다고 규정한다. 이에 따르면 조약의 문언의 통상적 의미가 해석의 출발점으로 제시되고 있는데, 이는 조약의 대상과 목적, 그리고 문맥, 신의 성실의 원칙에 맞게 해석되어야 한다. 이러한 해석의 원칙은 국제관습법의 표현으로 간주되고 있다.

제6절 조약의 무효와 종료

비엔나 협약은 조약이 무효가 되는 사유로서 조약체결권에 관한 국내법규의 위반, 대표권 초과한 동의, 조약 동의에 본질적 기초를 이루는 사실이나 사태에 관한 착오, 상대방의 기만적 행위, 국가대표에 대한 강박, 국가 자체에 대한 강박 등을 제시하고 있다.

한편 조약은 조약 자체의 규정, 기존 조약을 대체하는 새로운 조약의 체결, 조약 대상의 영구적 소멸, 조약 당사국의 중대한 위반 내지 전제가 되는 사정의 근본적 변경 등에 의해 종료된다. 조약의 일부만이 종료될 수도 있고, 다자조약의 경우 일부 당사국에 대하여만 조약 종료의 효과가 발생할 수도 있다.

제6장 국가 영역과 해양법

제1절 국가영역

(1) 국가영역의 의의

국가 영역이란 배타적 지배를 할 수 있는 장소적 범위이다. 국가는 자국 영역에 대하여 영주주권을 보유하여 배타적 관할권을 행사할 수 있다. 국가 영역은 크게 영토, 영수, 영공으로 구분되며, 영수에는 내수와 영해가 포함된다. 영공은 영토와 영수의 상공으로서, 통상 대기권 지역까지만 포함한다. 대륙붕과 배타적 경제수역에 대해서는 국가는 영주주권을 보유하지 아니하며, 일정한 주권적 권리를 향유할 뿐이다.

국가간 영역의 경계를 국경이라고 부르는데, 이것은 1차적으로 인접국가간의 합의를 통하여 결정된다. 그러나 대부분의 국경은 오랜 역사 속에서 지형지물에 따라 자연스럽게 형성되었으며, 보통 산맥은 분수령, 교량은 중간선, 하천은 중간선이 경계가 되었다. 단 가항하천의 경우 일반적으로 중심수류를 경계로 삼는 탈웨그(Talweg)의 법칙이 적용된다.

(2) 영역의 취득 권원

영토주권은 주로 선점과 시효, 할양, 첨부 등에 의하여 취득된다

① 선점

국가가 무주지를 영토취득의 의사를 가지고 실효적으로 지배하는 것을 선점이라고 한다. 선점론은 과거 유럽국가들의 제국주의적 식민지 확정의 결과를 합법화시켜 주는 기능을 하는 이론이었으나, 여전히 기존 영토에 대한 권원을 역사적으로 증명하는 데 유용하다. 국제법상 선점은 실효적이어야 하는데, 그 실효적 지배는 권원의 취득뿐만 아니라 권원의 유지에도 요구된다. 실효성의 판단기준은 시대와 장소 등에 따라 달라질 수 있다.

② 시효

시효는 사법상의 취득시효가 국제법에 도입된 것으로 타국의 영토를 장기적으로 평온하게 공개적으로 점유함으로써 확립되는 권원이다. 시효가 완성되기 위해 어느 정도의 기간이 필요한지에 대해서는 아직 확립된 기준이 없다. 시효 주장은 최초의 점유가 불법임을 승인하는 결과가 되어 실제 영토 분쟁에서 많이 주장되지는 않는다.

③ 할양

국가간 합의에 의해 영역의 일부 또는 전부를 이전하는 것을 할양이라고 한다. 할양은 미국이 1867년 러시아로부터 알래스카를 매입한 경우처럼 양국 간의 실질적인 합의에 의해 이루어지는 경우도 있지만, 많은 경우 실질적으로 정복에 해당하는 경우가 많았다.

④ 정복

정복은 일국이 타국의 일부 또는 전부를 병합의 의사를 가지고 실효적 영속적으로 점령한 경우에 성립한다. 현대법상 정복에 의한 영역취득은 인정되지 않는다. 정복은 국가간의 문제로서 국가 내의 내란과는 무관하다.

⑤ 첨부

첨부는 자연현상에 의한 영토변경을 의미하는데, 그에 따르면 퇴적작용에 의한 해안선이나

강의 수로가 변경된 경우 별도의 합의가 없는 한 국경도 그에 따라 자동적으로 변경된다.

(3) 역사적 응고이론

영토분쟁이 위의 특정한 영토취득 권원에 의하여 판정되는 경우는 매우 드물다. 이에 최근에는 영역주권 확립과정에 대한 포괄적 접근방식으로 장기간의 이용, 합의, 승인, 묵인 등과 같은 다양한 요인에 의하여 영역주권이 응고되어 간다는 이론이 제기된다. 이에 대해서는 권원취득의 불법성을 묵인하는 것으로 강대국에만 유리한 이론이라거나 민족자결권이나 무기사용금지 등의 원칙과 충돌되는 결과를 가져올 수 있다는 비판이 제기된다.

제2절 해양법

(1) 해양법의 의의

해양은 오래 전부터 인류에게 교통의 통로이자 자원의 보고였다. 바다에 대한 인류의 활용은 갈수록 확대되고 있으며, 이에 인근 바다에 대한 관할권을 확대하려는 연안국들과 공해자유의 원칙을 고수하려는 전통적 해양 강국들 사이에 갈등 가능성이 증가하고 있다. 그리하여 국제사회는 1958년 제1차 해양법회의가 열린 이래로 여러 문제에 대한 국제적 합의를 도출하기 위해 노력하여 왔다. 결국 1982년 「UN 해양법 협약」이 채택되었고, 오늘날 160여 국가가 당사국이 되기에 이르렀다. 이하에서는 UN 해양법을 중심으로 해양법의 중요 내용을 살펴본다.

(2) 기선

① 기선의 의의

연안국이 관할권을 행사하는 영해, 접속수역, 경제수역 등의 측정 기준선을 기선이라고 한다. 기선의 육지 측 수역은 내수가 되며, 이는 영해보다 한층 강화된 주권의 행사가 가능하다. 기선 외곽에는 국제해양법이 적용된다.

② 기선의 종류

기선에는 공인된 해도상의 저조선인 통상기선과 연안 부근의 일정한 지점을 연결하는 직선기선 두 가지가 있다. 보통 직선기선은 해안선이 복잡하게 굴곡되거나 해안선 가까이 일련의 섬이 산재하여 통상기선을 기준으로 한 경계확정이 쉽지 않을 때 적용된다.

(3) 만

일정한 만의 수역은 내수로 인정된다. 만은 그 자연적 입구의 폭이 24해리 이하로서, 입구 기선을 지름으로 하는 반원을 그렸을 때 만 안쪽의 수역이 이 반원의 면적보다 커야 한다. 하지만 그와 같은 요건을 충족하지 못한 경우에도 역사적 만인 경우에는 그 수역이 내수로서 인정된다.

(4) 섬

섬(island)이란 만조 시에도 수면 위로 나오는 자연적으로 형성된 육지지역을 말한다. 모든 섬은 그 크기와 관계없이 영해를 가지며, 원칙적으로 섬의 연안이 기선이 된다. 하지만 인간이 거주할 수 없거나 독자적인 경제활동을 유지할 수 없는 암석(rocks)은 배타적 경제수역이나 대륙붕을 갖지 못한다.

(5) 영해

영해란 연안국의 기선 외곽에 설정된 일정 폭의 바다로서, 그 폭은 12해리까지 설정할 수 있다. 영해에 대하여 연안국은 주권을 행사하며, 그 주권은 영해의 상공, 해저, 하층토에도 미친다. 영해는 해양법이 적용되기 시작하는 출발점이기도 한다. 영해에 대한 연안국의 관할권 행사나 영토나 내수에 대한 관할권과 비교하여 상당부분 제한된다.

(6) 접속수역

접속수역은 영해에 접속한 수역으로 연안국이 영토나 영해에서의 관세·재정·출입국관리 또는 위생에 관한 법령의 위반방지 내지 위반자에 대한 관할권 행사를 위해 설정한다. 접속수역은 영해기선으로부터 24해리 이내에서 설정 가능하다.

(7) 배타적 경제수역

배타적 경제수역이란 연안국이 그 수역 내의 어업을 자신의 배타적 관할 하에 두기 위해 설정하는 것으로 기선으로부터 200해리 이내에서 설정할 수 있다. 연안국은 배타적 경제수역에서 생물 및 무생물 등의 천연자원의 탐사, 개발, 보존 및 관리를 목적으로 하는 일정한 주권적 권리를 가진다. 영해와 달리 상공은 포함하지 않으며, 해저와 하층토는 포함한다.

(8) 대륙붕

대륙붕은 영해 외곽에서 육지영토의 자연적 연장을 통하여 대륙변계의 외연까지의 해저 및 하층토를 말한다. 육지의 연장으로서 대륙붕은 200해리를 초과할 수 있으나, 상부수역이나 상공은 포함하지 않고, 해저와 하층토만 포함한다. 대륙붕의 경우 일반적으로 배타적 경제수역과는 달리 연안국의 권리 주장이나 실효적 점유가 없어도 연안국에게 당연히 인정되는 권리로 인식된다.

(9) 공해

공해는 국가의 내수·영해·배타적 경제수역 등에 해당되지 않는 해양의 모든 부분을 말한다. 공해의 상공에 대해서도 공해제도가 적용되나, 그 해저와 하층토에 대하여는 별도의 대륙붕 또는 심해저 제도가 적용된다. 공해자유의 원칙에 따라 어느 국가도 공해의 일부를 자국의 주권 하에 둘 수 없으며, 공해에서의 선박은 원칙적으로 기국의 배타적 관할권에 속한다.

(10) 심해저

심해저는 국가관할권 한계 밖의 해저·해상 및 그 하층토를 말한다. 그 법적 지위와 관련하여 선진국과 개도국 사이에 근본적인 대립이 있었으나 해양법 협약에서는 인류공동의 유산으로 규정하고 있다. 그리하여 어떤 국가도 심해저와 그 자원에 대하여 주권이나 주권적 권리를 주장할 수 없고, 심해저와 그 자원은 인류 전체의 이익을 위해서만 활용될 수 있다.

(11) 해양법 협약상의 분쟁해결제도

당사국 간의 원만한 합의를 통하여 해양법 협약의 해석·적용에 관한 분쟁이 해결되지 않는다면 당사국에게는 당사국이 서명·비준 시 선택한 해양법 협약상의 강제절차가 적용될 수 있다. 국제해양법재판소, 국제사법재판소, 중재재판 및 특별중재재판이 그것이다. 당사국이 협약의 서명·비준 시 특별한 선택을 하지 않은 경우에는 중재재판 절차가 적용될 수 있다.

제7장 국제기구와 국제분쟁의 해결

제1절 국제기구의 의의

국제기구란 두 개 이상의 국가가 일정한 목적을 달성하기 위하여 일정한 임무를 부여하여 설립한 기구를 말한다. 제1차 세계대전 후 탄생한 국제연맹은 국제기구 발전에 새로운 장을 열었고, 제2차 세계대전 이후에는 수많은 국제기구가 탄생하여 오늘날 다양한 분야에서 다양한 형태로 활동하고 있다. 국제기구는 원칙적으로 국가를 회원으로 하며, 국제기구 자체가 국제법상의 법인격을 인정받고 있다. 국제기구는 독자적인 책임능력을 가지며, 국제기구의 특권과 면제에 관하여는 주권면제 또는 외교사절에 관한 법리가 유추적용된다.

제2절 국제연합(UN)

UN은 제2차 세계대전 이후에 국제연맹을 대신하여 세계질서 담당하기 위하여 탄생하였다.

미국과 소련 양국의 적극적 참여로 범세계적 기구로 출범한 국제연합은 자신의 존재목적이 국제평화와 안전을 유지하고 인권의 존중에 있음을 헌장 제1조에서 밝히고 있다. 국제연합은 그 안에 총회, 안전보장이사회, 경제사회이사회, 신탁통치이사회, 국제사법재판소, 사무국 등의 주요 기관과 다수의 전문기구를 설치하여 거의 모든 국제 업무를 취급하고 있다.

(1) 유엔총회

총회는 국제연합의 모든 회원국으로 구성되며, 각 회원국은 평등한 투표권을 가진다. 총회의 형식적 권한은 광범위하여 헌장의 범위 안에 있는 모든 문제에 대해서 토의할 수 있다. 하지만 총회의 결의는 그 자체로 구속력이 없고 권고적 효력만을 가진다.

(2) 안전조장이사회

안전보장이사회는 국제평화와 안전에 관한 제1차적 책임기관으로서 5개의 상임이사국과 총회에서 선출하는 10개의 비상임이사국으로 구성된다. 안보라는 회원국에 대하여 구속력 있는 결정을 내릴 수 있는데, 상임이사국은 절차상 이외의 문제에 대해서는 이른바 거부권을 가지고 있다.

제3절 국제분쟁의 평화적 해결

(1) 국제분쟁의 의의

국제분쟁은 국가 간의 분쟁으로서 일국의 청구에 의해 타국의 적극적 반대가 있는 경우 그 존재가 인정된다. 국가 간의 분쟁은 반드시 국제법 위반을 전제로 하는 것은 아니고, 그 성격에 따라 법률적 분쟁과 정치적 분쟁으로 구분되기도 한다. 국제 분쟁의 발생이 바람직한 것은 아니지만, 어느 정도 분쟁은 피할 수 없는 것이 현실이다.

(2) 국제분쟁의 평화적 해결

UN헌장은 어떠한 분쟁이라도 그 분쟁의 계속이 국제평화와 안전의 유지를 위태롭게 할 우려가 있는 경우 당사자가 먼저 교섭, 주선, 심사, 중개, 조정, 중재재판, 각종 국제재판소에 사법적 해결, 지역적 기관 또는 지역적 협정, 기타 당사자가 선택하는 평화적 수단을 이용하여 해결하도록 규정하고 있다. 이상의 국제분쟁의 해결방법은 크게 법적 구속력이 없는 비사법적 해결방안과 법적 구속력이 있는 사법적 해결방안으로 구분된다.

① 국제분쟁의 비사법적 해결

주선은 제3자가 분쟁의 내용에는 개입하지 않으면서 당사자 간의 외교교섭의 타결에 조의 견을 조정하고자 하는 것이다. 심사는 제3자가 분쟁의 원인 사실을 명확히 하는 것이고, 조정은 제3하여 해결조건까지 제시하는 것이다. 비사법적 해결 방안은 모두 분쟁당사국에 대하여 법적구속력을 가지지 못하지만, 비용이나 사건의 소모가 적은 장점을 가지고 있다.

② 국제분쟁의 사법적 해결

국제분쟁의 사법적 해결에는 중재재판과 국제사법재판소(ICJ)와 같은 상설국제재판소 등을 통한 해결방안이 있다. 중재재판의 경우 분쟁당사국이 재판관과 재판의 준칙을 결정 하지만, 그 결과가 분쟁당사국에 대하여 구속력을 지닌다는 점에서 조정과 구별된다. 국제사법재판소는 해당 사건에 대하여 관할권이 성립하는 경우 그에 대해 판결을 내리기도 하고, 국제기구의 요청 하에 특정 문제에 대해 권고적 의견을 제시할 수도 있다. 국제사법재판소의 판결은 당사국에게만 효력이 미치는 것이 원칙이고 선례 구속력이 인정되지 않는다. 국제사법재판소의 권고적 의견은 비록 법적 구속력이 없지만 국제사회에서 종종 국제법의 유권해석으로 인정된다.

제4절 국제사회에서의 무력 사용

제2차 세계대전 이전에는 국가의 무력사용이 국제관습법과 각종 조약에 의하여 규율되기는 하였지만 무력 사용이 일반적으로 금지되지는 않았다. 하지만 UN헌장은 원칙적으로 자위권 이외의 일체의 무력 사용을 금지하고 있으며, 무력 사용의 금지는 회원국의 주요한 의무이다. 단 유엔 안전보장이사회는 필요한 경우 군사조치를 취할 수 있는데, 많은 경우 안보리가 개별 회원국들이 국제평화와 안전의 유지 또는 회복을 위해 무력을 사용하는 것을 허용하는 방식을 취하고 있다. 군사력 이외의 정치적·경제적 압력은 헌장에서 금지되는 무력 사용에 포함되지 않는다는 것이 다수의 견해이다.

제5절 현대국제법의 추세

 제2차 세계대전을 바탕으로 급격히 성장한 현대 국제법은 각국의 협력 등에 힘입어 다양한 분야에서 놀라운 발전을 거듭하고 있다. 국제경제를 규율하기 위한 국제경제법 내지 국제거래법이 등장하고, 상설적 국제형사재판소가 탄생하였을 뿐 아니라 국제인권법, 국제환경법, 우주항공법 등의 새로운 분야들이 자리를 잡아 가고 있다. 또한 비국가 행위자의 중요성이 커지면서 기존의 주권 국가 중심의 국제법 틀에 근본적인 수정이 가해지고 있다. 이러한 변화는 국제사회가 하나의 글로벌 공동체로 발전하고 있음이다.

Chapter VI

상법 일반

제1장 상법의 개요

제2장 회사법

제3장 보험법

제6편 상법 일반

제1장 상법의 개요

제1절 상법전의 구성

우리 상법전은 총칙·상행위·회사·보험·해상·항공운송의 총 936조로 구성되어 있다.

구 분	내 용
제1편 총칙	상인, 상업사용인, 상호, 상업장부, 상업등기, 영업양도
제2편 상행위	통칙, 매매, 상호계산, 익명조합, 대리상, 중개업, 위탁매매업, 운송주선업, 운송업, 공중접객업, 창고업
제3편 회사	통칙, 합명회사, 합자회사, 유한책임회사, 주식회사, 유한회사, 외국회사, 벌칙
제4편 보험	통칙, 손해보험, 인보험
제5편 해상	해상기업, 운송과 용선, 해상위험
제6편 항공운송	통칙, 운송, 지상 제3자의 손해에 대한 책임

제2절 상법의 개념

(1) 형식적의미의 상법

형식적 의미의 상법이란 「상법」이라고 하는 명칭을 가진 제정된 법전을 말한다.

(2) 실질적의미의 상법

실질적 의미의 상법은 기업적 거래관계를 규율하는 법규의 전체를 말한다. 이것은 상법의 적용대상인 생활관계를 중심으로 상법을 이론적, 통일적으로 파악하려는 개념으로, 기업에 관하여 규율하는 특별사법을 말한다. 상법전 외에 보험업법, 은행법, 증권거래법 등이 특별법을 포함하며 공법적 규정까지 포함한다.

제3절 상법의 특성

구 분		내 용
기업조직에 관한 특성	자본의 조달과 집중	익명조합, 회사제도, 회사합병, 선박공유, 선박담보권
	노력의 보충	상업사용인, 대리상, 중개인, 위탁매매인, 합명회사
	기업의 유지 도모	기업재산과 사용재산의 구분, 기업주의 성명과 별개의 상호제도, 1인 주식회사
	위험부담의 경감	인적 유한책임제도, 보험제도, 공동해손제도
기업 활동에 관한 특성	상행위의 유상성	상인의 보수청구권, 법정이자청구권
	간이·신속주의	상행위의 대리, 계약청약의 효력, 계약청약에 대한 낙부통지의무, 상사채권의 단기소멸시효, 상호계산
	공시주의	상업등기, 다수의 등기사항, 주식회사 대차대조표 공고, 재무제표 등의 비치
	외관주의	부실등기를 한 자의 책임, 명의대여자의 책임, 표현지배인의 권한, 표현대표이사의 행위에 대한 회사의 책임
	책임의 가중	목적물의 검사 및 하자통지의무, 목적물의 보관의무, 다수 채무자의 책임
	책임의 완화	고가물임을 명시하지 않은 운송물에 대한 운송인 등의 책임, 고가물임을 명시하지 아니한 임차물에 대한 공중접객업자의 책임, 배상액의 책임

개성의 상실	개입권, 개입의무, 발기인의 인수·납입담보책임, 대리인의 이행의무
계약자유의 원칙	당사자의 합의가 없는 경우에 기업활동에 관한 규정은 임의법규
계약내용의 정형성	주식과 사채의 청약방식 법정, 정찰제매매, 보통거래약관

학습연구 ☞ 상사에 관한 법규의 적용순서

상사자치법 ➡ 상사특별법령 및 상사조약 ➡ 상법전 ➡ 상관습법 ➡ 민사자치법 ➡ 민사특별법령 및 민사조약 ➡ 민법전 ➡ 민사관습법

※ 상사자치법은 회사 기타 단체의 자치법규인 정관을 말한다.

제4절 상법총칙

(1) 상인

상인이란 형식적으로 기업과 관련된 권리·의무의 귀속자를 말한다.

(2) 상인의 종류

① 당연상인 : 자기명의로 상해위를 하는 자를 당연상인이라고 한다. 자기명의로 한다는 것은 명의자가 상행위로 인하여 생기는 권리·의무의 주체가 된다는 것을 의미한다. 영으로 한다는 함은 영리를 목적으로 동종의 행위를 계속·반복적으로 하는 것을 말한다.

② 의제상인 : 상행위에 속하지 않는 행위라도 일정한 형식을 갖추고 상인적 방법으로 영업을 하는 자를 상인으로 본다. 즉, 점포, 기타 유사한 설비에 의하여 상인적 방법으로 영업을 하는 자는 상행위를 하지 아니하더라도 상인으로 인정한다.

③ 소상인 : 소상인이란 당연상인이나 의제상인의 요건을 구비하였더라도 영업의 규모가 근소하여 기업성이 희박한 상인을 말한다. 자본금액 1천만원 미만의 상인으로서 회사가 아닌 자를 소상인으로 본다.

(3) 상업사용인(기업보조자)

상업사용인이란 특정한 상인에 종속하여 영업상의 노무에 종사하는 자를 말한다. 상업사용인은 특정한 상인에 종속된 비독립적인 보조자이며, 영업상의 노무에 종사하는 자이다.

① 지배인

㉠ 의의 : 지배인은 영업주에 갈음하여 그 영업에 관한 재판상 또는 재판 외의 모든 행위를 할 수 있는 포괄적 대리권을 가진 상업사용인이다.

㉡ 공동지배인 : 영업주는 수인의 지배인으로 하여금 대리권을 공동으로 행사하게 할 수 있는데, 이 경우의 지배인을 공동지배인이라고 한다. 공동지배인은 수동대리에 있어서는 각자 단독으로 상대방의 의사표시를 수행할 수 있으나, 능동대리의 경우에는 반드시 공동으로 대리하여야 한다.

㉢ 표현지배인 : 상법은 대리권이 수여되지 않았음에도 불구하고 대리권이 수여된 것과 같은 외관이 존재하는 경우에, 지배인이 아니면서 본점 또는 지점의 영업주임 기타 유사한 명칭을 가진 사용인(본부장, 지점장, 영업소장, 출장소장, 등)은 재판 외의 행위에 관하여 본점 또는 지점의 지배인과 동일한 권한이 있는 것으로 보아, 영업주가 선의의 제3자에 대하여 책임을 부담하도록 한다. 이들을 표현지배인이라고 하며, 외관법리에 의하여 외관을 신뢰한 자를 보호하여 거래의 안전을 보호하기 위한 제도이다.

② 부분적 포괄대리권을 가진 사용인 : 영업의 특정한 종류 또는 특정한 사항에 대한 위임을 받은 사용인은 그에 관한 재판 외의 모든 행위를 할 수 있는 권한이 있으며, 여기에는 부장, 차장, 과장, 계장, 주임 등이 속한다. 이러한 상업사용인의 부분적 대리권에 대한 제한은 선의의 제3자에게 대항하지 못한다.

③ 물건판매점포의 사용인 : 물건을 판매하는 점포의 사용인은 선의의 제3자에 대하여 그 판매에 관한 모든 대리권이 있는 것으로 의제된다. 외관법리에 의하여 판매에 관한 권한이 있다고 믿은 선의의 제3자를 보호하는데 목적이 있다.

④ 상업사용인의 의무

　㉠ 겸업금지의 의무 : 상업사용인은 영업주의 허락없이 자기 또는 제3자의 재산으로 영업주의 영업분류에 속한 거래를 하지 못한다.

　㉡ 충실의무 : 상업사용인은 영업주의 허락없이 다른 회사의 무한책임사원·이사 또는 다른 상인의 사용인이 되지 못한다.

제5절 상행위

(1) 상행위의 의의와 기본적 상행위

　㉠ 개념 : 상행위는 실질적으로 영리에 관한 행위이며, 형식적으로는 상법과 특별법에서 상행위로 규정된 행위이다. 상법 제46조에서는 22가지의 기본적 상행위를 열거하고 있다.

　㉡ 종류(22가지)

　　ⓐ 동산, 부동산, 유기증권 기타의 재산의 매매
　　ⓑ 동산, 부동산, 유기증권 기타의 재산의 임대차
　　ⓒ 제조, 가공 또는 수선에 관한 행위
　　ⓓ 전기, 전파, 가스 또는 물의 공급에 관한 행위
　　ⓔ 작업 또는 노무의 도급의 인수
　　ⓕ 출판, 인쇄 또는 촬영에 관한 행위
　　ⓖ 광고, 통신 또는 정보에 관한 행위
　　ⓗ 수신·여신·환 기타의 금융거래
　　ⓘ 공중이 이용하는 시설에 의한 거래
　　ⓙ 상행위의 대리의 인수
　　ⓚ 중개에 관한 행위
　　ⓛ 위탁매매 기타의 주선에 관한 행위
　　ⓜ 운송의 인수
　　ⓝ 임치의 인수

ⓞ 신탁의 인수
ⓟ 상호부금 기타 유사한 행위
ⓠ 보험
ⓡ 광물 또는 토석의 채취에 관한 행위
ⓢ 기계·시설 그 밖의 재산의 금융리스에 관한 행위
ⓣ 상호·상표 등의 사용허락에 의한 영업행위
ⓤ 영업상 채권의 매입·회수 등에 관한 행위
ⓥ 신용카드, 전자화폐 등을 이용한 지급결제 업무의 인수

(2) 상행위법 통칙

구 분	내 용
민법총칙에 대한 특칙	• 대리 : 민법은 본인의 이익을 위하여 현명주의(본인을 위한 것이라는 의사표시)를 원칙으로 하나, 상법은 비현명주의를 채택하고 있다. 즉, 본인을 위한 것임을 표시하지 않아도 본인에 대하여 효력이 있다. • 대리권의 소멸 : 민법에 의하면 본인의 사망에 의하여 대리권이 소멸하나, 상법에서는 소멸하지 않는다. • 채권의 소멸시효 : 민법은 10년, 상행위로 인한 채권은 5년
물권편에 대한 특칙	• 유질계약의 허용(채무변제기 전의 계약으로, 질권자에게 변제에 갈음하여 질물의 소유권을 취득하게 하는 것) • 민법상의 유치권보다 그 요건을 완화한 상사유치권
채권편에 대한 특칙	• 상인의 보수청구권 • 상인 간의 금전소비대차의 경우에 법률이자청구권 • 청약의 효력 • 물건보관의무 • 채무의 이행 • 다수채무자 간의 연대책임(민법은 분할책임주의) • 주채무자와 보증인의 연대책임

(3) 상행위법업의 기본내용

① 상사매매

② 상호계산 : 상호계산이란 상인간 또는 상인과 비상인간에 있어서 상시 거래관계가 있는 경우에 일정기간 내의 거래로 인한 채권·채무의 총액에 대하여 상계하고, 그 잔액을 지급할 것을 약정하는 계약을 말한다.

③ 익명조합 : 익명조합이란 당사자의 일방이 상대방의 영업을 위하여 출자하고, 상대방은 영업으로 인한 이익을 분배할 것을 약정하는 계약을 말한다.

④ 합자조합 : 합자조합이란 조합의 업무집행자로서 조합의 채무에 대하여 무한책임을 지는 조합원과 출자가액을 한도로 하여 유한책임을 지는 조합원이 상호출자하여 공동사업을 경영할 것을 약정하는 계약을 말한다.

⑤ 대리상 : 대리상이란 일정한 상인을 위하여 상업사용인이 아니면서 상시 그 영업부에 속하는 거래의 대리 또는 중개를 영업으로 하는 자이다.

⑥ 중개업

⑦ 위탁매매업 : 위탁매매인이란 자기의 명의로써 타인의 계산으로 물건 또는 유가증권의 매매를 영업으로 하는 자이다.

　㉠ 「자기의 명의로써」 한다는 것은 위탁매매인이 법률적으로 한다는 것은 매매의 당사자로서 제3자에 대한 관계에 있어서 권리·의무의 주체가 된다는 뜻이다.

　㉡ 「타인의 계산으로」 한다는 것은 경제적인 효과가 모두 타인에게 귀속된다는 것이다.

⑧ 운송주선업·운송업

⑨ 공중접객업

⑩ 금융리스업·가맹업

⑪ 창고업

⑫ 채권매입업

제2장 회사법

제1절 회사의 의의 및 특성

(1) 회사의 의의

회사는 상행위나 그 밖의 영리를 목적으로 하여 설립한 법인을 의미한다.

(2) 회사의 특성

① 영리성 : 회사의 설립등기

② 사단성 : 회사는 사단으로서 2인 이상의 사원의 결합체이다. 사원이 2인 이상이어야 한다는 것은 회사의 성립요건이며 존속요건이므로, 사원이 1인인 경우에는 해산사유가 된다. 다만, 주식회사의 경우에는 주주가 1인이더라고 해산사유에 해당하지 않으므로 1인 회사를 인정하는 것이 판례·통설이다.

③ 법인성 : 상법상의 모든 회사는 법인이다.

제2절 회사설립에 관한 입법주의

(1) 자유설립주의 :

회사의 설립에 있어서 아무런 제한을 받지 않고 복수인이 동업을 위하여 사단의 실체를 형성함으로써 회사가 설립되는 것이다.

(2) 특허주의

이것은 군주의 특허가 있거나 국가의 특별입법이 있어야만 회사를 설립할 수 있는 것을 말한다.

(3) 면허주의

미리 제정된 일반법에 의거하여 행정처분으로 법인격을 인정하는 것이다.

(4) 준칙주의

우리나라의 원칙으로 회사설립요건을 법정하고 이 요건을 구비하면 회사의 설립을 인정하는 것이다. 우리나라의 주식회사의 경우는 설립의 요건을 엄중하게 규정함과 동시에 설립에 관한 발기인 등의 책임을 가중하여 엄격한 준칙주의를 채택하고 있다.

제3절 회사의 분류

(1) 인적회사와 물적회사

① 인적회사 : 인적결합, 인적 신뢰관계가 존립기반, 합명회사
② 물적회사 : 자본적 결합, 회사재산이 존립기반, 주식회사

(2) 개인주의적 회사와 단체주의적 회사

① 개인주의적 회사 : 사원이 원칙적으로 업무집행, 합명회사와 합자회사
② 단체주의적 회사 : 사원 이외의 제3자 기관이 업무집행, 주식회사

(3) 내국회사와 외국회사

① 내국회사 : 한국법에 따라 설립된 회사, 본점 소재지와 무관
② 외국회사 : 외국법에 따라 설립된 회사. 본점 소재지와 무관

(4) 일반법에 의한 회사와 특별법에 의한 회사

① 일반법에 의한 회사 : 상법의 규정만이 적용되는 회사
② 특별법에 의한 회사 : 은행법, 보험법, 증권거래법 등의 특별법에 따른 회사

(5) 상법상의 회사

회사 종류의 법적 기준은 사원의 책임의 한계에 있다. 즉, 회사의 종류는 회사의 채무에 대한 사원의 책임이 일정액을 한도로 하는 유한책임인가 또는 무한책임인가 하는 점과 또 사원의 책임이 회사채권자에 대한 직접책임인가 또는 회사재산만으로 책임을 지는 간접책임인가에 따라 구별될 수 있다.

① 합명회사

㉠ 2인 이상의 무한책임사원이 정관을 작성하고 상업등기를 함으로써 성립한다.

㉡ 무한책임사원이란 회사채권자에게 직접·연대·무한의 책임을 지는 사원을 의미한다.

㉢ 원칙적으로 모든 사원은 회사의 업무집행과 회사대표에 있어서 권리와 의무를 가진다.

㉣ 합명회사는 인적결합이 강한 소수인의 공동기업에 적합한 회사로서 지분을 자유로이 양도하지 못하며, 모든 사원의 재산총액과 개인적 능력이 직접 회사의 신용의 기초가 된다.

㉤ 내부관계에 있어서는 정관 또는 상법에 특별한 규정이 없는 한, 민법상의 조합에 관한 규정이 준용된다.

㉥ 재산뿐만 아니라 노무 및 신용도 출자로서 인정된다.

㉦ 사원의 수가 1인이 된 때 회사는 해산되나, 다른 상원을 가입시켜 회사를 계속할 수 있다.

② 합자회사

㉠ 합자회사는 회사채무에 대하여 직접책임을 지는 무한책임사원과 유한책임사원으로 구성되는 이원적인 조직의 회사이다. 이것은 합명회사의 형태에 자본적 결합성이 가미된 중간형태로서, 실질적으로는 합명회사와 유사하다.

㉡ 합자회사에 관하여 특별한 규정이 없을 때에는 합명회사의 규정을 준용한다.

ⓒ 유한책임상원은 업무집행이나 회사대표에 대한 권한이 없으며, 유한책임사원의 지분은 무한책임사원 전원의 동의로 양도할 수 있다.
ⓔ 무한책임사원의 출자는 합명회사의 사원과 같지만, 유한책임사원의 출자는 금전 기타의 재산만으로 하여야 한다.

③ 유한책임회사

ⓐ 인적 자산의 중요성이 높아짐에 따라 인적 자산을 적절히 수용할 수 있도록 공동기업 또는 회사 형태를 취하면서 내부적으로는 조합의 실질을 갖추고 외부적으로는 사원의 유한책임이 확보되는 기업 형태이다.
ⓑ 업무집행조합원과 유한책임조합원으로 구성된 합자조합을 신설하고, 사원에게 유한책임을 인정하면서도 회사의 설립·운영과 기관 구성 등의 면에서 사적 자치를 폭 넓게 인정한다.
ⓒ 유한책임회사는 사모투자펀드와 같은 펀드나 벤처기업 등 새로운 기업 형태에 대한 수요에 부응하기 위한 회사의 종류이다.

④ 유한회사

ⓐ 유한회사는 주식회사와 마찬가지로 모든 사원이 회사채권자에게 자기의 출자액을 한도로 하여, 유한책임을 지는 사원만으로 구성되는 회사이다.
ⓑ 비교적 소수인에 의한 중소규모의 기업경영에 적합한 회사로서 주식회사와 달리 비공중성·비공개성을 띤다.
ⓒ 회사의 자본은 다수의 균등액으로 분할되고, 모든 상원은 그가 인수한 출자가액에 대한 출자의무를 질 뿐 회사채권자에 대하여는 아무런 책임을 지지 않는다.
ⓓ 사원의 총수가 제한되고 사원 이외의 타인에 대한 지분의 양도가 제한되며, 또한 사원의 지분에 대하여는 증권을 발행하지 못한다.
ⓔ 유한회사는 폐쇄적이고 비공개적이므로, 공시주의 및 법의 간섭이 완화되어 있어서 설립절차와 조직이 간단하고, 대차대조표를 공고하지 않아도 된다.

⑤ 주식회사

㉠ 주식회사의 의의 : 주식회사란 사단성과 법인성이 뚜렷한 회사로서, 주식으로 세분화된 일정한 자본을 가지고 사원(주주)은 주식인수가액을 한도로 하여 출자의무를 부담할 뿐 회사의 채무에 대하여 아무런 책임을 지지 않는 회사라고 할 수 있다.

ⓐ 자본단체
* 주식회사는 자본중심의 단체로서 물적회사의 대표적 단체이다.
* 주식회사의 자본은 회사가 발행한 주식의 액면총액을 의미한다.

ⓑ 주식제도
* 주식은 첫째로 자본의 구성분자인 금액을 의미하며, 둘째로 주식회사의 사원의 지위 또는 자격을 의미한다.
* 주식회사에 있어서의 지분은 균등한 비율적 단위로 구분된 주식으로 표현되며, 주식회사의 자본은 전부 주식으로 나누어져야 하고, 주식의 금액은 균일하여야 한다.

ⓒ 주주의 유한책임 : 주식회사의 주주는 회사에 대하여 그가 가지는 주식의 인수가액을 한도로 출자의무를 부담할 뿐이다. 이것을 주주의 유한책임의 원칙이라고 한다.

㉡ 주식회사법의 특색

ⓐ 강행법규성 : 외부관계뿐만 아니라 내부관계에 대해서도 강행법규로 규정되어 있다.

ⓑ 공시주의 : 회사에 관한 중요사항을 공개하여 주주와 회사채권자등을 불측의 손해로부터 보호한다.

ⓒ 법률적 관계의 집단적 처리

ⓓ 벌칙의 강화 : 민사상 손해배상책임과 더불어 형벌도 부과

㉢ 주식회사의 설립

ⓐ 발기설립 : 발기인이 회사설립시에 발행하는 주식의 총수를 인수하여 회사를 설

립한다. 납입을 해태하는 때에는 일반원칙에 의하여 채무불이행의 경우와 같이 다루며, 이사와 감사도 간단하게 선임할 수 있다.

ⓑ 모집설립 : 회사설립시에 발행하는 주식의 총수 중에서 발기인이 일부만을 인수하고 잔여부분에 대해서는 주주를 모집하여 설립한다. 납입의 해태에 대해서는 실권 절차가 인정되고 이사와 감사는 창립총회에서 선임한다.

학습연구 ☞ 회사의 능력

1. 상법상의 회사는 모두 법인이므로, 자연인과 같은 일반적인 권리능력을 가진다.
2. 법인인 회사는 그 성질상 자연인에게 특유한 신체・생명에 관한 권리의 친권, 상속권, 부양의무 등의 신분상의 권리를 가질 수 있다.
3. 명예권, 신용권, 재산권 등은 가질 수 있다.
4. 법인은 그 성질상 상업사용인은 될 수 없지만 발기인, 주주, 유한책임사원은 될 수 있다.
5. 회사는 다른 회사의 무한책임사원이 되지 못한다(상법 제173조)

제3장 보험법

제1절 보험의 개념

(1) 보험의 의의

보험은 동일한 위험에 놓여 있는 다수의 사람이 하나의 공동위험단체를 구성하여 통계적 기초에 의하여 산출된 금액(보험료)을 내어 기금을 마련하고, 우연한 사고를 당한 사람에게 재산적 급여를 함으로써, 경제생활의 불안을 제거하고자 하는 제도이다.

(2) 보험의 종류

보험에는 손해보험과 인보험이 있다.

(3) 보험계약

① 보험계약의 의의 : 보험계약은 당사자 일방이 약정한 보험료를 지급하고 상대방이 재산 또는 생명이나 신체에 관하여 불확정한 사고가 생길 경우에 일정한 보험금액 기타의 급여를 지급할 것을 약정하는 것이다(상법 제638조)

② 보험계약의 성질

   ㉠ 불요식 낙성계약 : 당사자 쌍방의 의사의 합치에 의하여 성립하고 다른 급여를 요하지 아니한다.

   ㉡ 유상·쌍무계약성 : 보험계약은 보험계약자가 보험료를 지급하고 보험자는 보험사고가 생길 경우에 일정한 급여를 할 것을 약정하는 유상계약이며, 보험자의 보험금 지급의무와 보험계약자의 보험료 지급의무가 대가관계에 있는 쌍무계약이다.

   ㉢ 상행위성 : 영업으로 하는 위험의 인수는 상행위이다.

   ㉣ 사행계약성 : 보험계약에 있어서 보험자의 급여의무는 미리 보험자가 보험료를 수령하였음에도 불구하고, 우연한 사고가 생긴 때에만 발생하므로 보험계약은 사행계약이라고 할 수 있다.

   ㉤ 선의계약성 : 보험계약은 우연한 사고의 발생을 전제로 보험자의 책임을 인정하고 있으므로 당사자의 선의성이 강조된다.

   ㉥ 부합계약성 : 보험계약은 다수의 보험가입자를 상대로 하여 대량적으로 체결되므로 보통보험약관에 의하여 체결되는 부합계약이다.

   ㉦ 계속계약성 : 보험계약은 보험기간에 발생한 보험사고에 대하여 보험자가 급여책임을 지는 것이므로 보험기간 동안 계속되는 계속 계약성을 갖는다.

(4) 보험계약의 요소

① 보험계약 관계자

   ㉠ 보험자 : 보험자는 보험사업의 주체로서 보험사고가 발생한 때에 보험금 지급의무를 부담하는 자이다.

ⓒ 보험계약자 : 보험자와 자기의 이름으로 보험계약을 맺은 자로서 보험료 지급의무를 부담한다.

　　ⓒ 피보험자 : 손해보험에 있어서는 피보험이익의 주체로서 보험사고가 발생한 경우에 손해의 배상을 받을 권리가 있는 자이며, 인보험에 있어서는 생명 또는 신체에 관하여 보험에 붙여진 자이다.

　　ⓔ 보험수익자 : 인보험 계약에 보험금 청구권을 가지는 자이다.

　　ⓜ 보험자의 보조자

　　　ⓐ 보험대리상 : 일정한 보험자를 위하여 상시 그 영업부류에 속하는 보험계약의 체결을 대리하거나 중개하는 것을 영업으로 하는 독립된 상인이다.

　　　ⓑ 보험중개인 : 보험자와 보험계약자 사이의 보험계약의 체결을 중개하는 독립된 상인이다.

　　　ⓒ 보험모집인 : 보험자에게 종속되어 보험자를 위하여 보험계약의 체결을 중개하는 자이다.

　　　ⓓ 보험의 : 생명보험에서 피보험자의 신체를 검사하여 위험측정자료를 수집하고, 의사로서의 소견을 보험자에게 제공하여 주는 자이다.

② 보험의 목적

　　⊙ 손해보험의 목적 : 손해보험의 목적인 경제상의 재산으로는 유체물로서의 물건뿐만 아니라 채권이 포함되고 단일물·집합물도 가능하며 특정한 물건이나 포괄적인 물건도 될 수 있다.

　　ⓒ 인보험의 목적 : 인보험의 목적은 자연인으로서 특정인뿐만 아니라 단체의 구성원도 가능하다. 그러나 사망보험의 경우에는 15세 미만자, 심신상실자 또는 심신미약자는 보험의 목적인 피보험자가 되지 못한다.

③ 보험계약의 체결

　　⊙ 보험계약의 성립 : 보험계약은 불요식 낙성계약이므로 보험계약자의 청약과 보험자의 승낙에 의하여 성립한다. 보험자가 보험계약자로부터 보험계약의 청약과 함께

보험료 상당액의 전부 또는 일부의 지급을 받은 때에는 다른 약정이 없으면 30일내에 그 상대방에 대하여 낙부의 통지를 발송하여야 하고, 이를 게을리 한 때에는 승낙한 것으로 보아 그 계약의 성립을 인정하고 있다. 그러나 인보험계약의 피보험자가 신체검사를 받아야 하는 경우에는 그 기간은 신체검사를 받은 날로부터 기산한다.

ⓛ 보험약관의 교부·설명의무 : 보험계약을 체결함에 있어서 보험자는 청약자에게 보험약관을 교부하고 그 약관의 중요한 내용을 알려야 한다. 보험자의 약관의 교부·설명의무를 위반한 때에는 보험계약자는 보험계약이 성립한 날로부터 1월 내에 그 계약을 취소할 수 있다.

ⓒ 고지의무 : 고지의무란 보험계약자와 피보험자가 보험계약을 체결함에 있어서 중요한 사항을 고지하여야 하는 의무이다.

  ⓐ 고지의무자 : 보험계약자와 피보험자는 고지의무가 있다.
  ⓑ 고지의 상대방 : 보험자 또는 고지수령의 권한이 있는 자이다.
  ⓒ 고지의무의 위반의 효과 : 보험사고의 발생 전후를 불문하고 보험자는 보험계약을 해지할 수 있다.

(5) 보험계약의 효과

① 보험자의 의무

  ㉠ 보험증권 교부의무
  ㉡ 보험금 지급의무
  ㉢ 소멸시효 : 보험자의 보험금 지급의무는 2년이 경과하면 소멸시효가 완성된다.

② 보험계약자·피보험자·보험수익자의 의무

  ㉠ 보험료 지급의무
  ㉡ 위험변경·증가의 통지의무
  ㉢ 위험유지의무
  ㉣ 보험사고발생 통지 의무

제2절 손해보험

(1) 손해보험계약의 의의

손해보험계약이란 보험계약자가 약정한 보험료를 지급하고 보험자가 보험의 목적에 대하여 생길 우연한 사고로 피보험자가 입은 재산상의 손해를 보상할 것을 약정함으로써 효력이 생기는 보험계약이다.

(2) 피보험 이익

① 의의 : 피보험 이익이란, 보험의 목적에 대하여 보험사고와 관련하여 피보험자가 가지는 경제적 이익관계이다.

② 피보험 이익의 요건
  ㉠ 피보험 이익은 적법한 이익이어야 한다.
  ㉡ 피보험 이익은 금전으로 산정할 수 있는 경제적인 이익이어야 한다.

(3) 손해보험계약의 효과

① 보험자의 손해배상 의무 : 보험자는 보험사고가 발생한 경우에 일정한 요건에 따라서 피보험자의 재산상의 손해를 보상할 책임이 있다.

② 보험계약자와 피보험자의 손해방지·경감 의무 : 손해보험에 있어서 보험계약자와 피보험자는 보험사고가 발생한 경우에 손해의 방지와 경감을 위하여 노력하여야 한다.

③ 보험자 대위 : 보험자대위란 보험자가 보험사고로 인한 손실을 피보험자에게 보상하여주고 그 피보험자 또는 보험계약자가 보험의 목적이나 제3자에 대하여 가진 권리를 법률상 당연히 취득하는 것을 말한다.

(4) 손해보험의 종류

① 해상보험 : 해상사업에 관한 사고로 인하여 생기는 손해의 보상을 목적으로 하는 손해보험계약이다. 해상보험을 운송보험과 구별하는 이유는 항해에 관한 위험은 육상위험

에 비해 특수성이 있기 때문이다.

② 화재보험 : 화재로 인하여 생긴 손해의 보상으로서 보험금을 지급할 것을 목적으로 하는 손해보험 계약이다.

③ 운송보험 : 운송보험 계약이란 육상운송의 목적인 운송물의 운송에 관한 사고로 인하여 생긴 손해의 보상을 목적으로 하는 손해배상 계약이다.

④ 책임보험 : 책임보험 계약이란 피보험자가 제3자에 대하여 보험기간 중에 생긴 시고로 인하여 손해배상책임을 지게 되는 경우에, 그 손해를 보험자가 보상할 것을 목적으로 하는 손해보험 계약이다.

제3절 인보험

(1) 인보험의 의의

인보험이란 피보험자의 생명 또는 신체에 관하여 보험사고가 생긴 경우에 보험자가 보험계약에 정하는 바에 따라 보험금액, 그 밖의 금여를 하는 보험이다.

(2) 보험자대위의 금지

인보험에 있어서 보험사고가 제3자의 행위로 생긴 경우에 보험금액을 지급한 보험자는 보험사고로 인하여 생긴 보험계약자 또는 보험수익자의 제3자에 대한 권리를 대위하여 행사하지 못한다는 것이 원칙이다.

(3) 인보험의 종류

① 생명보험 : 생명보험 계약이란 당사자의 일방인 보험자가 상대방 또는 제3자의 생사에 관하여 일정한 금액을 지급할 것을 약정하고 이에 대하여 상대방이 보수(보험료)를 지급할 것을 약정하는 보험계약이다.

㉠ 사망보험 : 피보험자의 사망을 보험사고로 한다.

ⓒ 생존보험 : 피보험자의 일정한 시기(연령)까지의 생존을 보험사고로 한다.
ⓒ 생사혼합보험 : 일정한 만기를 정하여 피보험자의 만기 전의 사망과 그 만기시의 생존을 모두 보험사고로 하는 양로보험을 말한다.

② 상해보험 : 상해보험 계약이란 피보험자에게 급격하고 우연한 외부로부터의 사고로 인하여 신체의 상해에 관한 보험사고가 생긴 경우에 당사자의 일방인 보험자가 보험금액 기타의 급여를 할 것을 약정하고 상대방이 이에 대하여 보험료를 지급할 것을 약정하는 보험계약이다.

학습연구 ☞ 손해보험과 인보험의 비교

구분	손해보험	인보험
대상	재산상의 손해 화재보험, 운송보험, 해상보험	생명 또는 신체
종류	책임보험, 자동차보험, 항공보험, 도난보험	생명보험, 상해보험, 질병보험
보험계약상의 이익	피보험자	보험금 수익자
보험기간과 보험료	일반적으로 단기와 일시금 지급	일반적으로 장기과 보험금 지급
보험사고	발생자체, 시기, 방법 등이 불확정한 우연한 사고	보험계약에서 정한 사고
보험금액	보험가액의 범위 내에서 보험금액을 최대한으로 실손해액 기준	약정한 보험금액(정액보험)
보험자대위	긍정	금지

Chapter VII

사회법 일반

제1장 사회법의 개념

제2장 노동법

제3장 사회보장법

제7편 사회법 일반

제1장 사회법의 개념

제1절 근대시민법의 원리와 사회법의 등장 배경

(1) 시민법의 원리

① 시민법의 원리 : 개인주의와 자유주의 입장에서 자유롭고 평등한 각 개인에게 사유재산권을 보장하고 계약의 자유를 인정한다면 스스로 노력하여 자신의 생활을 해결하고, 이에 따라 전체사회의 복지가 증진되어 자유롭고 평등한 사회가 이루어 질 것을 기대한다.

② 시민법 원리의 공헌 : 시민법 원리는 근대자본주의의 경제체제와 결합하여 물질적 풍요와 경제적 번영을 주었다.

(2) 사회법의 등장 배경

① 자본주의 모순과 부조리 발생 : 근대의 자본주의는 극단적인 개인주의, 자유방임주의로 흘러 그것이 점차 고도화함에 따라 여러 가지 모순과 부조리(기업의 집중과 독점화, 소수의 유산자와 무산대중의 대립과 갈등, 주기적인 경제공황, 실업자의 대량방출)를 야기시켰으며, 그 결과 개인의 사회·경제생활은 물론 국민경제 전체가 중대한 위기에 직면하게 되었다.

② 시민법 질서와 자본주의 경제에 대한 비판 : 근대의 시민법 질서와 자본주의 경제체제가 인간에게 형식적인 평등과 형식적인 자유를 보장해 줄 수 있으나, 실질적으로 평등하고 자유로운 생활을 확보해 주기는 무력하다는 비판과 더불어 근대시민법의 원리에 대한 수정이 불가피하다는 주장이 대두되었다.

제2절 사회법

(1) 사회법의 의의

근대시민법의 원리에 수정을 가함으로써 초기의 독점자본주의가 가져온 여러 가지 사회·경제적 폐해를 합리적으로 해결하기 위해서 비교적 근대에 등장한 새로운 법이다. 그러나 사회법은 자본주의 부분적 모순을 수정하기 위한 법이지 자본주의 부정을 의미하는 사회주의법은 아니다. 사회법은 근로자들에게 인간다운 생존을 보장하기 위하여 사법 중에서 일부를 특별히 분리하여 발전시킨 것이다.

(2) 사회법의 종류

일반적으로 노동법, 경제법, 사회보장법을 의미한다.

학습연구 ☞ 사회법의 등장 배경

(근대자본주의 문제점)	(해결방안)
① 실업자 근로자의 임금문제 발생 ➡	노동법 등장
② 물가상승과 독과점의 폐해 ➡	경제법 등장
③ 노인, 아동, 빈곤의 문제 ➡	사회보장법 등장

제2장 노동법

제1절 노동법 서설

(1) 노동법의 개념

노동법은 종속노동관계에 관한 법이라고 할 수 있다. 종속노동관계는 다른 사람이 정한 조건에서 다른 사람의 지휘·감독아래 노동력을 제공하는 관계를 말한다.

(2) 노동법의 목적

노동법은 자본주의 경제체제하에서, 사용자와 관계에서 종속적인 지위에 있는 노동자들의 근로관계를 규정하는 법규의 총체로서, 헌법 제10조가 보장하는 그들의 인간으로서의 존엄성을 확보하고 헌법 제34조가 보장하는 인간다운 생활을 보장해 주며, 노동력의 재생산을 가능하게 함으로써 노동인격의 완성을 실현하는 데 궁극적인 목적이 있다.

(3) 노동법의 경향

노동법이 다른 법영역에 대하여 가지는 외면적 특색을 노동법의 경향이라고 말한다. 노동법의 경향은 시간적인 면에서 유동적·진보적 경향을 나타나고, 공간적인 면에서는 세계적·통일적 경향으로 나타난다.

① 유동적·진보적 경향

㉠ 노동법은 자본주의 사회의 산물이므로 자본주의 사회의 발전에 대응하여 노동법도 유동적이고 진보적인 경향을 갖지 않을 수 없게 된다.

㉡ 이러한 노동법의 유동적이고 진보적인 경향으로 노동법의 규제대상은 점차 확대되는 경향을 보이고 있다.

② 세계적·통일적 경향

㉠ 노동법은 자본주의 사회의 발전에 대응하여 성립된 법이므로, 비록 시대와 장소에 따라 약간의 차이는 있을지라도 자본주의 본질이 어느 나라에 있어서나 동일한 이상 노동법도 어느 나라에서나 공통적인 경향을 갖는다. 더욱이 교통과 통신의 발달에 따라 국제 경제의 발전이 세계적인 규모로 확대됨에 따라 노동법의 세계화 경향을 더욱 촉진시키고 있다.

㉡ 노동법의 세계적·통일적 경향은 이미 19세기 중엽부터 나타났으나 1919년 국제노동기구(ILO)의 성립으로 구체화되었다.

(4) 노동법의 종류

노동법은 크게 개별적 노사관계법과 집단적 노사관계법으로 부분된다.

① 개별적 노사관계법(근로계약법)

　㉠ 특징 : 개별적 근로관계는 개별 근로자의 사용자간의 근로계약의 체결을 통하여 설립되는 근로관계가 그 중심을 이루고 있다. 따라서, 근로계약의 체결, 근로관계 당사자의 권리·의무, 근로관계에 앉어서의 불이행, 근로관계의 이전과 소멸 등에 관한 문제들이 개별적 노사관계법의 주된 내용들이다.

　㉡ 종류 : 개별적 노사관계법 중 가장 중심이 되는 법이 근로기준법이다. 근로기준법은 근로시간, 휴일·휴가, 가산임금, 해고 등의 근로조건들을 규정하고 있으나, 최저임금에 대해서는 최저임금법이, 작업환경과 안전에 대해서는 산업안전보전법이, 산업재해와 그 보상에 관해서는 산업재해보상법이, 남녀평등 대우에 관해서는 남녀고용평등과 일·가정 양립 지원에 관한 법률이 각각 별도로 제정되어 근로기준법을 보완하고 있다.

② 집단적 노사관계법(노동조합법)

　㉠ 특징 : 집단적 노사관계법은 근로자들의 단결을 중심으로 전개되는 노사간의 집단적 관계에 관한 법규를 총괄하는 개념으로서, 개별적 노사관계법을 보강하는 역할을 담당하는 것이라고 할 수 있다.

　㉡ 종류 : 노동조합 및 노동관계조정법, 노동위원회법, 교원의 노동조합설립 및 운영 등에 관한 법률, 국가공무원법, 공무원 직장협의회 설립·운용에 관한 법률

(5) 노동법의 법원

① 성문노동법 : 다른 법의 법원과 동일하게 성문의 법원인 헌법, 법률, 명령과 조약이 노동법의 법원이 된다.

② 노동법의 특수한 법원 : 단체협약·조합규약·취업규칙·근로계약 등은 그 관련범위 내에서 노·사 양측의 권리·의무를 규정하고 있으므로 노동법의 법원으로서의 지위

를 가진다.
　㉠ 단체협약 : 노동조합과 사용자 사이에 체결되는 규범계약이다.
　㉡ 노동조합규약 : 기본권으로서의 단결권을 기초로 하여 단체활동을 수행할 수 있는 근로자단체의 조직과 운영에 관한 사항을 정한 자치규범으로서 법원으로서의 지위를 갖는다.
　㉢ 취업규칙 : 사용자가 다수의 개별적 근로관계의 처리상의 편의를 위하여 근로계약의 내용이 되는 사항과 복무규정 및 직장질서를 규율하는 역할을 담당한다.
　㉣ 근로계약 : 근로관계를 형성시키는 법률행위로서 사적자치에 기초한 자유로운 의사에 근거하여 근로자와 사용자 사이의 중요한 권리·의무를 규율한다.
　㉤ 사용자의 지시 : 사용자의 지시권은 강행법규나 단체협약의 규정에 의하여 행사될 수 없으며 또한 근로자의 취업조건이 계약 또는 취업규칙에 자세히 규정되어 있는 경우에는 그 범위에서 지시권의 행사범위는 상대적으로 축소된다.
　㉥ 경영관행 : 경영관행은 일종의 사실인 관습으로서 당사자가 그 관행에 의한다거나 의하지 않는다는 의사가 명백하지 않은 경우에 근로관계의 내용을 형성하는 효력을 가지며 또한 재판규범으로서의 법원성을 가진다.
③ 법원의 적용순서 : 헌법 〉 법률 또는 조약 〉 명령 〉 단체협약 〉 취업규칙 〉 근로계약 〉 사용자의 지시 등으로 적용된다.

(6) 근로의 권리와 근로3권

① 근로의 권리 : 근로의 권리란 근로자가 자신의 의사·능력에 따라 근로관계를 형성·유지하고, 근로의 기회를 얻지 못한 경우에는 근로 기회의 제공을 국가에 대하여 청구할 수 있는 권리를 의미한다.
② 근로3권 : 근로3권이란 근로조건의 향상을 위하여 근로자가 가지는 기본권, 즉 단결권·단체교섭권·단체행동권을 의미한다.
　㉠ 단결권 : 단결권이란 근로조건의 향상(유지·개선)을 목적으로 사용자와 대등한 교섭 주체로서의 단체(노동조합)를 자주적으로 구성할 수 있는 권리를 의미한다.

ⓒ 단체교섭권 : 단체교섭권이란 노조의 대표가 근로조건에 관하여 사용자와 단체협약의 체결 기타 사항에 관하여 교섭할 수 있는 권리와 단체협약을 체결할 수 있는 권리를 말한다.

ⓒ 단체행동권 : 단체행동권이란 노동관계 당사자가 임금 및 근로조건 등을 정하는 단체협약을 체결함에 있어서, 보다 유리한 결과를 자신에게 가져오게 하기 위하여 행사하는 최후의 투쟁수단을 의미한다. 노동쟁의란 조동조건에 관하여 노사간에 발생한 분쟁상태를 말하며, 단체적 투쟁에 있어 가장 본질적인 권리라 할 수 있다.

제2절 근로기준법

(1) 근로기준법의 목적

근로기준법은 헌법에 따라 근로조건의 기준을 정함으로서 근로자의 기본적 생활을 보장, 향상시키며 균형 있는 국민경제의 발전을 도모하는 것을 목적으로 한다.

(2) 근로기준법상의 기본원칙

① 법정기준을 이유로 하는 근로조건의 저하금지 : 이 법에서는 근로조건은 최저기준이므로 근로관계 당사자는 이 기준을 이유로 근로조건을 낮출 수 없다.

② 근로조건의 노사대등 결정 : 근로조건은 근로자와 사용자가 동등한 지위에서 자유의사에 따라 결정하여야 한다.

③ 근로조건의 준수 : 근로자와 사용자는 각자가 단체협약, 취업규칙과 근로계약을 지키고 성실하게 이행할 의무가 있다.

④ 균등한 처우 : 사용자는 근로자에 대하여 남녀의 성을 이유로 차별적 대우를 하지 못하고, 국적·신앙 또는 사회적 신분을 이유로 근로조건에 대한 차별적 대우를 하지 못한다.

⑤ 강제근로의 금지 : 사용자는 폭행, 협박, 감금 그 밖에 정신상 또는 신체상의 자유를

부당하게 구속하는 수단으로써 근로자의 자유의사에 어긋나는 근로를 강요하지 못한다.

⑥ 폭행의 금지 : 사용자는 사고의 발생이나 그 밖의 어떠한 이유로도 근로자에게 폭행을 하지 못한다.

⑦ 중간착취의 배제 : 누구든지 법률에 따르지 아니하고는 영리로 다른 사람의 취업에 개입하거나 중간인으로서 이익을 취득하지 못한다.

⑧ 공민권 행사의 보장 : 사용자는 근로자가 근로시간 중에 선거권, 그 밖의 공민권 행사 또는 공적 업무를 집행하기 위하여 필요한 시간을 청구하면 거부하지 못한다. 다만, 그 권리행사가 공적인 직무를 수행하는 데에 지장이 없으면 청구한 시간을 변경할 수 있다.

(3) 근로기준법의 적용범위

① 원칙 : 상시 5명의 근로자를 사용하는 모든 사업 또는 사업장에 적용된다.

② 예외 : 동거한 친족만을 사용하는 사업 또는 사업장과 가사사용인에 대하여는 근로기준법을 적용하지 아니한다.

(4) 근로기준법의 적용대상

구 분	내 용
근로자	"근로자"란 작업의 종류와 관계없이 임금을 목적으로 사업이나 사업장에 근로를 제공하는 자를 말한다.
사용자	"사용자"란 사업주 또는 사업경영 담당자, 그 밖에 근로자에 관한 사항에 대하여 사업주를 위하여 행위하는 자를 말한다.

(5) 근로계약

① 의의 : 근로계약이란 근로자가 사용자에게 근로를 제공하고 사용자는 이에 대하여 임

금을 지급하는 것을 목적으로 체결된 계약을 말한다.
② 근로기준법 위반의 근로계약의 효력 : 근로기준법에 정하는 기준에 미치지 못하는 근로조건을 정한 근로계약은 그 부분에 한하여 무효로 한다. 무효로 된 부분은 근로기준법에서 정한 기준에 따른다.
③ 근로계약의 기간 : 근로기준법상 계약기간에는 제한이 없다. 다만, 기간제 근로자의 경우 근로계약은 2년을 초과할 수 없다(기간제 및 단시간근로자의 보호 등에 관한 법률 제4조)
④ 근로조건의 명시 : 사용자는 근로계약을 체결할 때에 근로자에게 임금, 소정근로시간, 휴일, 연차 유급휴가, 그 밖의 근로조건을 명시하여야 한다.
⑤ 단시간 근로자의 근무조건 : 단시간 근로자의 근로조건은 그 사업장의 같은 종류의 업무에 종사하는 통상 근로자의 근로시간을 기준으로 산정한 비율에 따라 결정되어야 한다.
⑥ 근로조건의 위반
  ㉠ 근로조건의 명시규정에 따라 근로조건이 사실과 다를 경우에 근로자는 근로조건을 위반으로 손해의 배상을 청구할 수 있으며, 즉시 근로계약을 해제할 수 있다.
  ㉡ 근로자가 손해배상을 청구할 경우에는 노동위원회에 신청할 수 있으며, 근로계약이 해제되었을 경우에는 사용자는 취업을 목적으로 거주를 변경하는 근로자에게 귀향여비를 지급하여야 한다.
⑦ 전차금 상계의 금지 : 사용자는 전차금이나 그 밖에 근로할 것을 조건으로 하는 전대채권과 임금을 상계하지 못한다.
⑧ 해고
  ㉠ 부당해고 등의 제한 : 사용자는 근로자에게 정당한 이유없이 해고, 휴직, 정직, 전직, 감봉, 그 밖의 징벌을 하지 못한다.
  ㉡ 경영상의 이유에 의한 해고의 제한
    ⓐ 사용자가 경영상 이유에 의하여 근로자를 해고하려면 긴박한 경영상의 필요가 있어야 한다. 이 경우 경영악화를 방지하기 위한 사업의 양도·인수·합병은 긴박

한 경영상의 필요가 있는 것으로 본다.

ⓑ 사용자는 해고를 피하기 위한 방법과 해고의 기준 등에 관하여 그 사업 또는 사업장에 근로자의 과반수로 조직된 노동조합이 있는 경우에는 그 노동조합, 근로자의 과반수로 조직된 노동조합이 없는 경우에는 근로자의 과반수를 대표하는자, 즉, 근로자대표에게 해고를 하려는 말의 50일 전까지 통보하고 성실하게 협의하여야 한다.

ⓒ 해고의 예고 : 사용자는 근로자를 해고(경영상 이유에 의한 해고를 포함)하려면 적어도 30일 전에 예고를 하여야 하고, 30일 전에 예고를 하지 아니하였을 때에는 30일분 이상의 통상임금을 지급하여야 한다.

ⓓ 해고사유 등의 서면통지 : 사용자는 근로자를 해고하려면 해고사유와 해고시기를 서면으로 통지하여야 한다. 근로자에 대한 해고는 서면으로 통지하여야 그 효력이 있다.

ⓔ 부당해고 등의 구제신청 : 사용자가 근로자에게 정당한 이유 없이 해고, 휴직, 정직, 전직, 감봉, 그 밖의 징벌을 하면 근로자는 노동위원회에 그 구제를 신청할 수 있다.

(6) 임금채권의 우선변제

① 임금, 재해보상금, 그 밖에 근로관계로 인한 채권은 사용자의 총재산에 대하여 질권·저당권 또는 「동산·채권 등의 담보에 관한 법률」에 따른 담보권에 따라 담보된 채권 외에는 조세·공과금 및 다는 채권에 우선하여 변제되어야 한다. 다만, 질권·저당권 또는 「동산·채권 등의 담보에 관한 법률」에 담보권에 우선하는 조세·공과금에 대하여는 그러하지 아니하다.

② ①에도 불구하고 다음의 어느 하나에 해당하는 채권은 사용자의 총재산에 대하여 질권·저당권 또는 「동산·채권 등의 담보에 관한 법률」에 따른 담보권에 따라 담보된 채권, 조세·공과금 및 다른 채권에 우선하여 변제되어야 한다.

㉠ 최종 3개월분의 임금
㉡ 재해보상금

학습연구 ☞ 사용자의 총재산에 대한 채권변제의 우선순위

1 1순위 : 최종 3개월분의 임금, 재해보상금
2 2순위 : 질권·저당권 또는「동산·채권 등의 담보에 관한 법률」에 따른 담보권에 우선하는 조세·공과금
3 3순위 : 사용자의 총재산에 대하여 질권·저당권 또는「동산·채권 등의 담보에 관한 법률」에 따른 담보권에 의하여 담보된 채권
4 4순위 : 최종 3개월분의 임금과 재해보상금을 제외한 임금·퇴직금 기타 근로관계로 인한 채권
5 5순위 : 조세·공과금 및 다른(일반) 채권

(7) 임금

① 임금의 의의 : 임금이란 사용자가 근로의 대가로 근로자에게 임금, 봉급, 그 밖에 어떠한 명칭으로든지 지급하는 일체의 금품을 말한다.

② 평균임금과 통상임금

구 분	내 용
평균임금	평균임금이란 이를 산정하여야 할 사유가 발생한 날 이전 3개월 동안에 그 근로자에게 지급된 임금의 총액을 그 기간의 총일수로 나눈 금액을 말한다.
통상임금	통상임금이란 근로자에게 정기적·일률적으로 소정근로 또는 총근로에 대하여 지급하기로 정하여진 금액·일급 금액·주급 금액·월급 금액 또는 도급 금액을 말한다.

③ 임금의 지급

㉠ 임금은 통화로 직접 근로자에게 그 전액을 지급하여야 한다.
㉡ 임금은 매월 1회 이상 일정한 날짜를 정하여 지급하여야 한다.

④ 휴업수당 : 사용자의 귀책사유로 휴업하는 경우에 사용자는 휴업기간 동안 그 근로자에게 평균임금의 100분의 70 이상의 수당을 지급하여야 한다. 다만, 평균임금의 100분의 70에 해당하는 금액이 통상임금을 초과하는 경우에는 통상임금을 휴업수당으로 지급할 수 있다.

(8) 근로시간

① 1주간의 근로시간은 휴게시간을 제외하고 40시간을 초과할 수 없다.

② 1일의 근로시간은 휴게시간을 제외하고 8시간을 초과할 수 없다.

③ 근로시간을 산정함에 있어 작업을 위하여 근로자가 사용자의 지휘·감독 아래에 있는 대기시간 등은 근로시간으로 본다.

(9) 휴게시간

① 사용자는 근로시간이 4시간인 경우에는 30분 이상, 8시간인 경우에는 1시간 이상의 휴게시간을 근로시간 도중에 주어야 한다.

② 휴게시간은 근로자가 자유롭게 이용할 수 있다.

(10) 휴일

사용자는 근로자에게 1주일에 평균 1회 이상의 유급휴일을 주어야 한다.

제3절 노동조합 및 노동관계조정법

(1) 법의 목적

이 법은 헌법에 의한 근로자의 단결권·단체교섭권 및 단체행동권을 보장하여 근로조건의 유지·개선과 근로자의 경제적·사회적 지위의 향상을 도모하고, 노동관계를 공정하게 조정하여 노동쟁의를 예방·해결함으로써 산업평화의 유지와 국민경제의 발전에 이바지함을 목적으로 한다.

(2) 노동조합

① 노동조합의 조직·가입 : 근로자는 자유로이 노동조합을 조직하거나 이에 가입할 수 있다. 다만, 공무원과 교원에 대하여는 따로 법률에 정한다.

② 노동조합의 보호 : 이 법에 의하여 설립된 노동조합이 아니면(법외 노조) 노동위원회에 노동쟁의의 조정 및 부당노동행위의 구제를 신청할 수 없다. 또한, 노동조합이라는 명칭을 사용할 수 없다.

③ 조합원에 대한 차별금지 : 노동조합의 조합원은 어떠한 경우에도 인종, 종교, 성별, 연령, 신체의 조건, 고용형태, 정당 또는 신분에 의하여 차별대우를 받지 아니한다.

④ 조합원의 권리와 의무 : 노동조합의 조합원은 균등하게 그 노동조합의 모든 문제에 참여 할 권리와 의무를 가진다. 다만, 노동조합은 그 규약으로 조합비를 납부하지 아니하는 조합원의 권리를 제한할 수 있다.

⑤ 표결권의 특례 : 노동조합이 특정 조합원에 관한 사항을 의결할 경우에는 그 조합원은 표결권이 없다.

⑥ 노동조합의 전임자

㉠ 근로자는 단체협약으로 정하거나 사용자의 동의가 있는 경우에는 근로계약 소정의 근로를 제공하지 아니하고 노동조합의 업무에만 종사할 수 있다.

㉡ 노동조합의 업무에만 종사하는 자(전임자)는 그 전임기간 동안 사용자로부터 어떠한 급여도 지급받아서는 아니된다.

(3) 용어의 정의

구 분	내 용
근로자	직업의 종류를 불문하고 임금·급료 기타 이에 준하는 수입에 의하여 생활하는 자

사용자	사업주, 사업의 경영담당자 또는 그 사업의 근로자에 관한 사항에 대하여 사업주를 위하여 행동하는 자를 말한다.
사용자 단체	노동관계에 관하여 그 구성원인 사용자에 대하여 조정 또는 규제할 수 있는 권한을 가진 사용자의 단체를 말한다.
노동 조합	근로자가 주체가 되어 자주적으로 단결하여 근로조건의 유지·개선 기타 근로자의 경제적·사회적 지위의 향상을 도모함을 목적으로 조직하는 단체 또는 연합단체를 말한다. 《노동조합으로 보지 않는 경우》 ① 사용자 또는 항상 그의 이익을 대표하여 행동하는 자의 참가를 허용하는 경우 ② 경비의 주된 부분을 사용자로부터 원조 받는 경우 ③ 공제·수양 기타 복리사업만을 목적으로 하는 경우 ④ 근로자가 아닌 자의 가입을 허용하는 경우. 다만, 해고된 자가 노동위원회에 부당노동행위의 구제신청을 한 경우에는 중앙노동위원회의 재심판정이 있을 때까지는 근로자가 아닌 자로 해석하여서는 아니된다. ⑤ 주로 정치운동을 목적으로 하는 경우
노동 쟁의	노동조합과 사용자 또는 사용단체 (이하"노동관계 당사자" 라 한다)간에 임금·근로시간·복지·해고 기타 대우 등 근로조건의 결정에 관한 주장의 불일치로 인하여 발생한 분쟁상태를 말한다.
쟁의 행위	파업·태업·직장폐쇄 기타 노동관계 당사자가 그 주장을 관철할 목적으로 행하는 행위와 이에 대항하는 행위로서 업무의 정상적인 운영을 저해하는 행위를 말한다.

(4) 단체교섭 및 단체협약

① 교섭 및 체결권한 : 노동조합의 대표자는 그 노동조합 또는 조합원을 위하여 사용자나 사용자단체와 교섭하고 단체협약을 체결할 권한을 가진다.

② 교섭 등의 원칙

㉠ 노동조합과 사용자 또는 사용자단체는 신의에 따라 성실히 교섭하고 단체협약을 체

결하여야 하며 그 권한을 남용하여서는 아니된다.

ⓒ 노동조합과 사용자 또는 사용자단체는 정당한 이유 없이 교섭 또는 단체협약의 체결을 거부하거나 해태하여서는 아니된다.

③ 단체협약의 작성

㉠ 단체협약은 서면으로 작성하여 당사자 쌍방이 서명 또는 날인하여야 한다.

ⓒ 단체협약의 당사자는 단체협약의 체결일로부터 15일 이내에 이를 행정관청에게 신고하여야 한다.

④ 단체협약의 유효기간

㉠ 단체협약에는 2년을 초과하는 유효기간을 정할 수 없다.

ⓒ 단체협약에 그 유효기간을 정하지 아니한 경우 또는 2년을 초과하는 유효기간을 정한 경우에 그 유효기간은 2년으로 한다.

⑤ 단체협약의 효력

㉠ 단체협약에 정한 근로조건 기타 근로자의 대우에 관한 기준에 위반하는 취업규칙 또는 근로계약의 부분은 무효로 한다.

ⓒ 근로계약에 규정되지 아니한 사항 또는 단체협약에 정한 근로조건 기타 근로자의 대우에 관한 기준에 위반하여 무효로 된 취업규칙 또는 근로계약의 부분은 단체협약에 정한 기준에 의한다.

⑥ 단체협약의 구속력

㉠ 일반적 구속력 : 하나의 사업 또는 사업장에 상시 사용되는 동종의 근로자 과반수 이상이 하나의 단체협약의 적용을 받게 된 때에는 당해사업 또는 사업장에 사용되는 다른 동종의 근로자에 대하여도 당해 단체협약이 적용된다.

ⓒ 지역적 구속력 : 하나의 지역에 있어서 종업하는 동종의 근로자 3분의 2 이상이 하나의 단체협약의 적용을 받게 된 때에는 행정관청은 당해 단체협약의 당사자의 쌍방 또는 일방의 신청에 의하거나 그 직권으로 노동위원회의 의결을 얻어 당해 지역에서 종업하는 다른 동종의 근로자와 사용자에 대하여도 당해 단체협약을 적용한다는 결정을 할 수 있다.

(5) 쟁의행위

① 쟁의행위의 기본원칙

㉠ 쟁의행위는 그 목적·방법 및 절차에 있어서 법령 기타 사회질서에 위반되어서는 아니된다.

㉡ 조합원은 노동조합에 의하여 주도되지 아니한 쟁의행위를 하여서는 아니된다.

② 노동조합의 지도와 책임

㉠ 쟁의행위는 그 쟁의행위와 관계없는 자 또는 근로를 제공하고자 하는 자의 출입·조업 기타 정상적인 업무를 방해하는 방법으로 행하여져서는 아니되며, 쟁의행위의 참가를 호소하거나 설득하는 행위로서 폭행·협박을 사용하여서는 아니된다.

㉡ 작업시설의 손상이나 원료·제품의 변질 또는 부패를 방지하기 위한 작업은 쟁의행위 기간 중에도 정상적으로 수행되어야 한다.

㉢ 노동조합은 쟁의행위가 정상적으로 수행될 수 있도록 지도·관리·통제할 책임이 있다.

③ 근로자의 구속제한

근로자는 쟁의행위 기간 중에는 현행범 이외에는 이 법 위반을 이유로 구속되지 아니한다.

④ 쟁의행위와 제한과 금지

㉠ 노동조합의 쟁의행위는 그 조합원의 직접·비밀·무기명투표에 의한 조합원의 과반수 찬성으로 결정하지 아니하면 이를 행할 수 없다.

㉡ 「방위사업법」에 의하여 지정된 주요 방위사업체에 종사하는 근로자중 전력, 용수 및 주로 방산물자를 생산하는 업무에 종사하는 자는 쟁의행위를 할 수 없으며, 주로 방산물자를 생산하는 업무에 종사하는 자의 범위는 대통령령으로 정한다.

⑤ 폭력행위 등의 금지

㉠ 쟁의행위는 폭력이나 파괴행위 또는 생산 기타 주요업무에 관련되는 시설과 이에

준하는 시설로서 대통령령이 정하는 시설을 점거하는 형태로 이를 행할 수 없다.

ⓒ 사업장의 안전보호시설에 대하여 정상적인 유지·운영을 정지·폐지 또는 방해하는 행위는 쟁의행위로서 이를 행할 수 없다.

⑥ 필수 유지업무에 대한 쟁의행위의 제한

필수유지업무의 정당한 유지·운영을 정지·폐지 또는 방해하는 행위는 쟁의행위로서 이를 행할 수 없다.

⑦ 사용자의 채용제한

㉠ 사용자는 쟁의행위 기간 중 그 쟁의행위로 중단된 업무의 수행을 위하여 당해사업과 관계없는 자를 채용 또는 대체할 수 없다.

㉡ 사용자는 쟁의행위기간 중 그 쟁의행위로 중단된 업무를 도급 하도급 줄 수 없다.

㉢ 필수공익사업의 경우에 사용자는 당해 사업 또는 사업장 파업참가자의 100분의 50을 초과하지 않는 범위 안에서 채용 또는 대체하거나 도급 또는 하도급 줄 수 있다.

⑧ 쟁의행위 기간 중의 임금지급 요구의 금지

㉠ 사용자는 쟁의행위에 참가하여 근로를 제공하지 아니한 근로자에 대하여는 그 기간 중의 임금을 지급할 의무가 없다.

㉡ 노동조합은 쟁의행위 기간에 대한 임금의 지급을 요구하여 이를 관철할 목적으로 쟁의행위를 하여서는 아니된다.

⑨ 사용자의 쟁의행위(직장폐쇄)

㉠ 사용자는 노동조합이 쟁의행위를 개시한 이후에만 직장폐쇄를 할 수 있다.

㉡ 사용자는 직장폐쇄를 할 경우에는 미리 행정관청 및 노동위원회에 각각 신고하여야 한다.

⑩ 손해배상청구의 제한 : 사용자는 이 법에 의한 단체교섭 또는 쟁의행위로 인하여 손해를 입은 경우에 노동조합 또는 근로자에 대하여 그 배상을 청구할 수 없다.

⑪ **정당행위에 대한 형사면책** : 위법성조각사유로서 형법 제20조의 규정(정당행위)은 노동조합이 단체교섭·쟁의행위 기타의 행위로서 이 법의 목적을 달성하기 위하여 한 정당한 행위에 대하여 적용된다. 다만, 어떠한 경우에도 파괴행위는 정당한 행위로 해석되어서는 아니된다.

학습연구 ☞ 공익사업 · 필수공익사업 · 필수유지업무

구 분	내 용
공익사업	공중의 일상생활과 밀접한 관련이 있거나 국민경제에 미치는 영향이 큰 사업으로서 다음의 사업을 말한다. ① 정기노선 여객운수사업 및 항공운수사업 ② 수도사업, 전기사업, 가스사업, 석유정제사업 및 석유공급사업 ③ 공중위생사업, 의료사업 및 혈액공급사업 ④ 은행 및 조폐사업 ⑤ 방송 및 통신사업
필수공익 사업	공익사업으로서 그 업무의 정지 또는 폐지가 공중의 일상생활을 현저히 위태롭게 하거나 국민경제를 현저히 저해하고 그 업무의 대체가 용이하지 아니한 다음의 사업을 말한다. ① 철도사업, 도시철도사업 및 항공운수사업 ② 수도사업, 전기사업, 가스사업, 석유정제사업 및 석유공급사업 ③ 병원사업 및 혈액공급사업 ④ 통신사업
필수유지 업무	필수공익사업의 업무 중 그 업무가 정지되거나 폐지되는 경우 공중의 생명·건강 또는 신체의 안전이나 공중의 일상생활을 현저히 위태롭게 하는 업무로서 대통령령이 정하는 업무를 말한다.

학습연구 ☞ 쟁의행위의 종류

종 류	내 용
스트라이크 (동맹파업)	조합원이 단결하여 노동을 거부하는 것으로 동일산업체의 전면파업을 제네스트(General Strike)라 한다.
태업 (사보타지)	동맹파업을 하지 않고 노동자가 일치해서 고의적으로 작업을 태만히 한다든지 나쁜 제품을 만들기도 하여 요구를 관철시키는 것을 말한다.
보이콧	노동쟁의 수단의 의미로는 노동자가 동맹하여 그 공장의 제품을 사지 않고 더 나아가 대중에까지 호소·협력하여 사용자를 당황하게 하는 것을 말한다.
피켓팅	노동자들이 공장 또는 직장의 입구에서 줄을 지어 서 있는 것을 말한다. 이는 파업의 방해자나 배신자를 감시하는 효과가 있다.
시위	노동자들이 시가를 행진하면서 집단으로 시위하는 것을 말한다.
생산관리	근로자가 직접 공장을 관리하고 경영해 나가는 행위를 말한다.
공장폐쇄	사용자 측에서 취하는 행동으로 사용자 측이 노동자 측의 요구를 거부하고 공장문을 일시적으로 닫아 버리는 것을 말한다.

(6) 부당노동행위

① 부당노동행위의 개념 : 불공정한 노동관행이나 사용자의 반조합적인 부당한 행위를 일컫는 말이다. 이 제도는 근로자의 단결의 종류, 단체행동의 자유에 대한 사용자의 부당한 간섭·압박으로부터 개개근로자 또는 노동조합을 보호함으로써 노사간의 공정한 관계를 유지하려고 하는 행정적인 구제제도이다.

② 금지되는 부당노동행위의 내용

㉠ 근로자가 노동조합에 가입 또는 가입하려고 하였거나 노동조합을 조직하려고 하였거나 기타 노동조합의 업무를 위한 정당한 행위를 한 것을 이유로 그 근로자를 해고하거나 그 근로자에게 불이익을 주는 행위

ⓒ 근로자가 어느 노동조합에 가입하지 아니할 것 또는 탈퇴할 것을 고용조건으로 하거나 특정한 노동조합의 조합원이 될 것을 고용조건으로 하는 행위. 다만, 노동조합이 당해 사업장에 종사하는 근로자의 3분의 2 이상을 대표하고 있을 때에는 근로자가 그 노동조합의 조합원이 될 것을 고용조건으로 하는 단체협약의 체결은 예외로 하며, 이 경우 사용자는 근로자가 당해 노동조합에서 제명된 것을 이유로 신분상 불이익한 행위를 할 수 없다.

ⓒ 노동조합의 대표자 또는 노동조합으로부터 위임을 받은 자와의 단체협약체결 기타의 단체교섭을 정단한 이유 없이 거부하거나 해태하는 행위.

ⓒ 근로자가 노동조합을 조직 또는 운영하는 것을 지배하거나 이에 개입하는 행위와 노동조합의 전임자에게 급여를 지원하거나 노동조합의 운영비를 원조하는 행위 다만, 근로자가 근로시간 중에 사용자와 협의 또는 교섭하는 것을 사용자가 허용함은 무방하며, 또한 근로자의 후생자금 또는 경제상의 불행 기타 재해의 방지와 구제 등을 위한 기금의 기부와 최소한의 규모의 노동조합사무소의 제공은 예외로 한다.

ⓒ 근로자가 정당한 단체행위에 참가한 것을 이유로 하거나 또는 노동위원회에 대하여 사용자가 이 조의 규정에 위반한 것을 신고하거나 그에 관한 증언을 하거나 기타 행정관청에 증거를 제출한 것을 이유로 그 근로자를 해고하거나 그 근로자에게 불이익을 주는 행위

③ 구제신청

㉠ 사용자와 부당노동행위로 인하여 그 권리를 침해당한 근로자 또는 노동조합은 노동위원회에 그 구제를 신청할 수 있다.

㉡ 구제의 신청은 부당노동행위가 있은 날(계속하는 행위는 그 종료일)부터 3월 이내에 이를 행하여야 한다.

제3장 사회보장법

제1절 사회보장법의 의의

(1) 의의

모든 국민은 인간다운 생활을 할 수 있도록 최저생활을 보장하고, 국민 개개인이 생활의 수준을 향상시킬 수 있도록 제도와 여건을 조성하여 복지사회를 실현하는 기능을 하는 법의 총체를 말한다.

(2) 내용

사회보험, 사회부조(공적부조), 사회복지서비스, 복지제도 등으로 구성되어 있다.

(3) 특징

다른 의 사회인으로서의 사회법(노동법, 경제법)과 달리 사회보장법은 계약관계나 재산거래관계를 매개로 하지 않고, 생활주체로서의 생활상의 필요에 부응하여 국가가 직접적으로 생활 보호조치를 강구하고 거기에 생존권의 확립을 도모하는 법이다.

제2절 사회보장기본법

(1) 사회보장기본법의 목적

이 법은 사회보장에 관한 국민의 권리와 국가 및 지방자치단체의 책임을 정하고, 사회보장정책의 수립·추진과 관련 제도에 관한 기본적인 사항을 규정함으로써 국민의 복지증진을 기여함을 목적으로 한다.

(2) 기본이념

사회보장은 모든 국민이 다양한 사회적 위험으로부터 벗어나 행복하고 인간다운 생활을 향유할 수 있도록 자립을 지원하며, 사회참여·자아실현에 필요한 제도와 여건을 조성하여 사회통합과 행복한 복지사회를 실현하는 것을 기본 이념으로 한다.

(3) 용어의 정의

구 분	내 용
사회보장	"사회보장"이란 출산, 양육, 실업, 노령, 장애, 질병, 빈곤 및 사망 등의 사회적 위험으로부터 모든 국민을 보호하고 국민 삶의 질을 향상시키는 데 필요한 소득·서비스를 보장하는 사회보험, 공공부조, 사회서비스를 말한다.
사회보험	국민에게 발생하는 사회적 위험을 보험방식에 의하여 대처함으로써 국민건강과 소득을 보장하는 제도를 말한다.
공공부조	국가와 지방자치단체의 책임하에 생활유지능력이 없거나 생활이 어려운 국민의 최저생활을 보장하고 자립을 지원하는 제도를 말한다.
사회서비스	"사회서비스"란 국가·지방자치단체 및 민간부문의 도움이 필요한 모든 국민에게 복지, 보건의료, 교육, 고용, 주거, 문화, 환경 등의 분야에서 인간다운 생활을 보장하고 상담, 재활, 돌봄, 정보의 제공, 관련 시설의 이용, 역량 개발, 사회참여 지원을 통하여 국민의 삶의 질이 향상되도록 지원하는 제도이다.
평생사회안전망	"평생사회안전망"이란 생애주기에 걸쳐 보편적으로 충족되어야 하는 기본욕구와 특정한 사회위험에 의하여 발생하는 특수욕구를 동시에 고려하여 소득·서비스를 보장하는 맞춤형 사회보장제도를 말한다.

(4) 국가와 지방자치단체의 책임

① 국가와 지방자치단체는 모든 국민의 인간다운 생활을 유지·증진하는 책임을 가진다.

② 국가와 지방자치단체는 사회보장에 관한 책임과 역할을 합리적으로 분담하여야 한다.

③ 국가와 지방자치단체는 국가 발전수준에 부응하고 사회환경의 변화에 선제적으로 대응하여 지속가능한 사회보장제도를 확립하고 매년 이에 필요한 재원을 조달하여야 한다.

④ 국가는 사회보장제도의 안정적인 운영을 위하여 중장기 사회보장 재정추계를 격년으로 실시하여 이를 공표하여야 한다.

(5) 상호주의(외국인에 대한 적용)

국내에 거주하는 외국인에게 사회보장제도를 적용할 때에는 상호주의의 원칙에 따르되, 관계법령에서 정하는 바에 따른다.

(6) 사회보장수급권

모든 국민은 사회보장 관계 법령에서 정하는 바에 따라 사회보장급여를 받을 권리(사회보장수급권)를 가진다.

(7) 사회보장수급권의 보호

사회보장수급권은 관계 법령에서 정하는 바에 따라 다른 사람에게 양도하거나 담보로 제공할 수 없으며, 이를 압류할 수 없다.

(8) 사회보장수급권의 포기

① 사회보장수급권은 정당한 권한이 있는 기관에 서면으로 통지하여 포기할 수 있다.

② 사회보장수급권의 포기는 취소할 수 있다.

③ 사회보장수급권을 포기하는 것이 다른 사람에게 피해를 주거나 사회보장에 관한 관계 법령에 위반되는 경우에는 사회보장수급권을 포기할 수 없다.

(9) 불법행위에 대한 구상

제3자의 불법행위로 피해를 입은 국민이 그로 인하여 사회보장수급권을 가지게 된 경우, 사회보장제도를 운영하는 자는 불법행위의 책임이 있는 자에 대하여는 관계 법령에서 정하는 바에 따라 구상권을 행사할 수 있다.

학습연구 ☞ 사회보험과 공공부조의 비교

구 분	사회보험	공공부조
의 의	• 장래위험에 대비(사전적 성격) • 능력주의에 기초	• 빈곤자의 생존권 보호(사후적 성격) • 평등주의에 기초
재 원	공동부담의 원칙 : 사용자와 수혜자의 보험료와 국가의 보조금	공비부담 : 국가 및 지방자치단체가 전적으로 공적 비용(조세)으로만 부담
특 성	• 부담능력의 원칙, 강제가입의 원칙 • 근로의욕의 고취	• 무능력자 대상으로 개별적 선정 • 소득재분배효과가 큼
단 점	보험료의 부담능력이 없을 때는 혜택이 없음	• 국민의 나태심 유발 우려 • 정부의 재정부담 가중
예	국민건강보험, 연금보험, 고용보험, 산업재해보상보험	의료급여, 국민기초생활보장, 보훈사업 재해구호제도

Chapter VIII

행정법 일반

제1장 행정법의 개요

제2장 행정조직법

제3장 행정작용법

제4장 행정의 실효성 확보수단

제5장 행정상 손해전보

제6장 행정쟁송

제8편 행정법 일반

제1장 행정법의 개요

제1절 행정의 개념과 행정법의 의의

(1) 행정의 개념

행정법의 규율 대상으로서 행정은 그 관념이 역사적으로 성립·발전한 것이다. 즉, 절대군주의 통치권 가운데 입법권과 사법권이 분화·독립되고 나머지의 국가기능이 행정으로 파악되었다.

① 형식적 의미의 행정 : 국가작용의 성질을 묻지 않고 현실적인 국가기관의 제도상의 권한을 기준으로, 입법기관의 권한에 속하는 작용이 입법이고, 사법기관의 권한에 속하는 작용이 사법이며, 행정기관의 권한에 속하는 작용이 행정이라고 하는 견해를 말한다.

② 실질적 의미의 행정 : 국가작용의 성질상 차이가 있음을 전제로 그 성질을 기준으로 행정·입법·사법을 구별하려는 입장이다. 실질적 의미의 행정은 법 아래에서 사법 이외의 일체의 국가목적을 현실적·구체적으로 실현하기 위하여 행하여지는 전체로서의 통일성을 가지는 계속적 사회형성 활동이다.

(2) 행정의 분류

① 주체에 의한 분류

㉠ 국가행정 : 국가가 직접 그 기관을 통하여 하는 행정을 말한다.
㉡ 자치행정 : 지방자치단체 기타 공공단체가 주체로 되어 행하는 행정을 말한다.
㉢ 위임행정 : 국가나 공공단체가 자기의 사무를 다른 공공단체나 그 기관 또는 사인에게 위임하여 처리하게 하는 것을 말한다(공무수탁사인)

② 대상에 의한 분류 : 건축행정·학교행정·재무행정 등과 같이 행정작용의 대상에 따른 분류이다.

③ 목적에 의한 분류

㉠ 국가 목적적 행정 : 국가자체의 존립과 활동을 직접 목적으로 하는 행정(재무·외무·군사·사법행정)

㉡ 사회 목적적 행정 : 사회의 질서유지와 사회공공의 이익증진을 목적으로 하는 행정(질서·복리·경찰 행정)

④ 내용에 의한 분류

㉠ 질서행정 : 위해의 방지에 의하여 사회공공의 안녕질서를 유지함을 그 목적으로 하는 행정(교통정리, 영업규제, 감염병 예방활동 등)

㉡ 급부행정 : 국민전체에 대한 일반적인 생활배려와 개개의 시민에 대한 급부의 보장을 통해 사회국가 원리를 실현하는 행정

ⓐ 공급행정 : 현대사회에서의 일상생활상 필요불가결한 공공역무를 제공하는 행정활동이다(교통·통신시설, 보건·복지 시설의 제공 등)

ⓑ 사회보장행정 : 헌법상 국민의 인간다운 생활을 할 권리와 국가의 사회보장·사회복지 증진에 따라 직접 개인을 대상으로 하여 행하여지는 급부활동(공적부조·사회보험·사회복지 활동 등)

ⓒ 조성행정 : 사회구조 정책의 일환으로 개인을 대상으로 하여 행하여지는 급부활동(청소년의 보호·육성, 지식·기술의 제공 등)

㉢ 유도행정 : 사회·경제·문화생활 등을 규제·지원하는 등의 조치에 의하여 일정한 방향으로 유도하고 개선하기 위하여 행하는 행정(행정계획, 보조금 지급 등)

㉣ 계획행정 : 일정한 목적을 달성하기 위하여 국가와 사회의 제 작용을 미리 계획·형성하는 행정(건축계획, 보존계획 등)

㉤ 공과행정 : 소요재원을 마련하기 위하여 조세, 기타 공과금을 징수하고 관리하는 행정이다.

ⓑ 조달행정 : 행정목적달성에 필요한 인적・물적 수간을 취득하고 관리하는 행정이다.

⑤ 수단에 의한 분류

㉠ 권력행정(고권적 행정) : 행정주체가 공권력을 발동하여 국민에 대하여 일방적으로 명령・강제하는 행정작용을 말한다(경찰행정, 조세행정 등)

㉡ 비권력적 행정 : 행정주체가 특히 명령・강제 등의 수단을 사용하지 않고 그의 목적을 달성하거나, 성질상 명령이나 강제를 사용하지 않는 영역에서 행하는 행정(행정지도, 공법상의 계약 등)

⑥ 상대방에 대한 효과에 따른 분류

㉠ 수익적 행정 : 제한되었던 자유를 회복시켜주거나 새로운 권리・이익을 부여하는 행정작용(허가, 특허 등)

㉡ 참익적 행정 : 자유 또는 권익을 제한・침해하거나 새로운 의무・부담을 과하는 행정작용(과세행정, 징집행정)

㉢ 복효적 행정 : 수익적 효과와 침익적 효과가 동시에 발생하는 행정작용

(3) 행정법의 의의

행정법은 '행정의 조직・작용 및 구제에 관한 국내공법'이다. 행정법은 공법이라는 점에서 민법・상법과 같은 사법과 구별되고, 국내법이라는 점에서 국제법과 구별되며, 행저에 관한 법이라는 점에서 다같이 국내공법인 헌법・입법법(국회법)・사법법(형법・형사소송법등)과 구별된다.

제2절 행정법의 특성

구 분		내 용
형식상의 특성	성문법주의 원칙	행정작용은 공공성으로 인하여 획일적이고 강행적인 규율을 원칙으로 한다. 국민들의 법적 안정성과 예측가능성을 보장한다.
	형식의 다양성	행정의 규율대상의 복잡성, 전문성, 유동성으로 법형식도 법률, 명령, 조례, 규칙, 공고, 고시 등 다양하다.
성질상의 특성	재량성	공익과 구체적 합목적성의 실현을 위하여 행정청에 재량을 부여하는 경우가 많다.
	획일성·강행성	다수의 이해관계인과 그 공공성으로 획일적·강행적이다.
	기술성·수단성	행정법은 행적목적의 합리적 실현을 도모하여 기술적·수단적 성질을 가진다.
	명령성	국민에 대하여 의무를 명하는 명령규정이 일반적이다.
내용상의 특성	행정주체의 우월성	행정주체의 실효성을 확보하기 위하여 행정주체에게 우월한 법적 힘을 인정한다.
	공익 추구성	공익적 견지에서 사법과 다른 특별한 규율을 하는 경우가 많다.
	집단성·평등성	행정법은 불특정다수인을 상대로 하는 집단적 성질을 띠며 집단구성원 상호 간의 평등성을 내용으로 함이 원칙이다.

제3절 행정법의 일반원칙

(1) 평등원칙

① 의의 : 행정작용에 있어서 특별한 합리적 사유가 없는 한, 행정객체인 국민을 공평하게 처우하여야 한다는 원칙이다. 평등원칙은 헌법적 효력을 가지므로 그에 위반된 국가작용은 위헌·위법한 것이 많다.

② 파생원칙(행정의 자기구속의 법리) : 평등원칙은 행정의 실체상 행정의 자기구속으로 나타난다. 이는 동종의 사안에 대하여 제3자에게 한 것과 동일한 결정을 상대방에게 하도록 행정청이 구속을 받음을 의미하며, 평등의 원칙을 근거로 한다.

학습연구 ☞ 평등의 원칙에 위반되는 판례 -------------------

1 동일한 징계사유에 해당하는 공무원 중 1인게만 파면처분을 하고, 나머지 3명을 견책처분한 경우
2 선행단계에서는 사회단체등록신청을 받아들이면서도, 후행단체에게는 합리적인 이유 없이 등록신청을 반려한 경우

---

(2) 비례의 원칙(과잉금지의 원칙)

① 의의 : 행정법상의 비례원칙은 행정작용에 있어 목적실현을 위한 수단과 당해 목적 사이에는 합리적인 비례관계가 있어야 한다는 것을 말한다.

② 내용 : 적합성의 원칙, 필요성의 원칙, 협의의 비례원칙

학습연구 ☞ 비례의 원칙에 위반되는 판례

1 대중음식점 경영자에게 1차 위반사실에 대해 바로 2개월의 영업정지를 명한 처분
2 유죄가 확정되지 않은 미결수용자에게 재소자용 의류를 입게 하는 것

(3) 부당결부금지의 원칙

① 의의 : 부당결부금의 원칙은 행정작용을 함에 있어서는 그와 실체적 관련이 없는 상대방의 반대급부를 조건으로 하여서는 안된다는 원칙이다(호텔건축의 허가를 하면서 인근공원에 미화사업을 할 것을 조건으로 하는 것). 이를 위반한 국가작용은 위헌·위법이 된다.

② 근거 : 자의의 금지, 법치국가의 원리, 광의의 비례원칙

학습연구 ☞ 부당부결금지에 위반되는 판례

---

1 주택사업계획승인을 하면서 그 주택과 아무런 관련이 없는 토지를 기부체납 하도록 하는 부관을 붙인 경우
2 오토바이(제2종 소형)를 음주하였음을 이유로 이륜자동차 이외의 다른 차종을 운전할 수 있는 제1종 대형면허를 취소한 경우

---

(4) 신뢰의 원칙

① 의의 : 신뢰보호의 원칙은 행정기관의 일정한(명시적, 묵시적)언동의 정당성 또는 존속성에 대한 개인의 보호가치 있는 신뢰를 보호해 주는 원칙을 말한다. 영미법상의 금반언의 법리도 같은 이념을 가진 것이다.

② 근거 : 신의칙설, 법적안정성설

학습연구 ☞ 신뢰의 원칙의 요건을 밝힌 판례

행정상의 법률관계에 있어서 행정상의 행위에 대하여 신뢰보호의 원칙이 적용되기 위하여는
1 행정청이 개인에 대하여 신뢰의 대상이 되는 공적인 견해표명을 하여야 하고
2 행정청의 견해표명이 정당하다고 신뢰한데 대하여 그 개인에게 귀책사유가 없어야 하며
3 그 개인이 견해표명을 신뢰하고 이에 따라 어떠한 행위를 하였어야 하며,
4 행정청이 위 견해표명에 반하는 처분을 함으로써 그 견해표명을 신뢰한 개인의 이익이 침해되는 결과가 초래되어야 하는 것이며, 이러한 요건을 충족할 때에는 공익 또는 제3자의 정당한 이익을 현저히 해할 우려가 있는 경우가 아닌 한, 행정청의 처분은 신뢰보호의 원칙에 반하는 행위로서 위법하다고 볼 것이다.

제4절 행정상 법률관계

(1) 행정조직법적 관계

① 행정기관 상호간 또는 행정조직의 내부적 관계는 권리주체간의 관계는 아니므로, 권리의무관계가 아니라 직무권한에 관한 관계이다.

② 국가와 지방자치단체의 관계는 행정주체 상호간의 관계로서 감독관계 또는 협의관계에 해당한다.

(2) 행정작용법적 관계

행정주체와 국민간의 관계로, 행정법의 규율 대상인 행정법관계(공법관계)와 사법의 적용을 받는 사법관계(국고관계)가 있다.

① 공법관계 : 우월한 공권력의 주체인 행정주체와 국민간의 관계로 본래적 의미의 공법관계(행정법관계)이다. 이에 대한 쟁송은 행정소송에 의한다.

② 관리관계 : 행정주체가 공물·공기업 등을 관리·경영하는 것과 같이 공권력의 주체로서가 아니라 재산 또는 사업의 관리주체의 지위와 국민에 대한 관계이다. 공행정작용으로서 공공복리와 밀접한 관련이 있는 경우에만 공법규정이 적용된다(수도공급관계, 교육관계). 따라서, 특별한 규정이 없는 한 사법원리가 적용되고 법적 분쟁은 민사소송에 의하게 된다.

③ 사법관계(국고관계) : 행정주체가 사법상 재산권의 주체, 즉, 국고로서 일반사인을 대하는 경우에는 사인 상호간의 관계처럼 사법의 적용을 받게 된다(국유재산의 불하, 물품구매, 공사도급계약, 지하철 이용관계, 전화 이용관계)

제5절 행정법관계의 당사자

(1) 행정주체

① 의의 : 행정법관계에 있어서 행정권을 행사하고, 그의 법적 효과가 궁극적으로 귀속되

는 당사자를 행정주체라 한다. 행정주체는 공법상 당사자소송의 당사자가 되고, 행정상 손실보상이나 행정상 손해배상의 상대방이 된다.

② 행정주체의 종류

㉠ 공공단체

ⓐ 지방자치단체 : 보통지방자치단체와 특별지방자치단체가 있다.

ⓑ 공공조합 : 특정한 행정목적을 위하여 일정한 자격을 가진 사람의 결합체에 공법상의 법인격이 부여된 것(변호사회, 상공회의소 등)

ⓒ 영조물법인 : 특정한 행정목적에 제공된 인적·물적 종합시설에 공법상의 법인격이 부여된 것을 말한다(각종 공사, 국책은행, 서울대병원 등)

ⓓ 공법상 재단 : 국가나 지방자치단체가 출연한 재산을 관리하기 위하여 설립된 재단법인인 공공단체를 말한다(한국학술진흥재단, 한국정심문화연구원)

㉡ 공무수탁사인 : 공무수탁사인은 국가 또는 지방자치단체로부터 법령에 의하여 공권력의 행사를 수탁 받은 사인으로서 그 범위 내에서 행정주체의 지위에 서는 사인을 말한다(토지수용에 있어서 사인인 사업시행자, 경찰사무 또는 호적사무를 수행하는 상선의 선장, 학위를 수여하는 사립대학 총장 등)

(2) 행정객체

행정객체란 행정주체에 대하여 그 상대방이 되는 자를 말한다. 공공단체나 사인이 행정객체가 된다. 국가는 의무자는 될 수 있어도 행정객체는 될 수 없다.

제6절 행정법관계의 특질

(1) 법적합성

행정이 공익실현작용이라는 점에서 행정권은 사인과 같은 의사자치를 향유할 수 없고 행정작용은 원칙적으로 엄격한 법적 기속을 받는다.

(2) 공정력

행정행위에 있어서 그 성립에 하자가 있는 경우에는 그 하자가 중대·명백하여 당연무효로 되는 경우를 제외하고는 일단 유효한 행위로 통용되며 그 권한이 있는 기관이 이를 취소하지 전까지는 누구도 그 효력을 부인할 수 없는 힘을 가진다.

(3) 확정력

행정행위의 상대방 기타 관계인이 일정한 기간을 경과하거나 쟁송수단을 다 거친 때에는 행정행위의 효력을 다툴 수 없게 하는 구속력으로 불가쟁력과 불가변력이 있다.

(4) 강제력

행정상의 의무를 상대방이 이행하지 아니할 경우 행정청은 직접 실력을 행사하여 그 이행을 확보하거나(자력집행력), 일정한 제재를 가하여 간접적으로 그 의무이행을 담보할 수 있다(제재력).

(5) 권리·의무의 특수성

행정법관계에 있어서 개인의 권리는 공익적 견지에서 인정되거나 혹은 그 행사가 공익실현과 밀접한 관련을 가지는 결과, 권리가 동시에 의무라는 상대적 성질을 가지는 경우가 적지 않다.

(6) 권리구제 수단의 특수성

행정작용으로 인한 선해의 전보는 행정상 손해배상 또는 행정상 손실보상의 방법에 의하여야 하며, 항고쟁송의 경우 민사사건에 대한 행정사건의 특수성에 비추어 단기출소기간·집행부정지원칙·사정판결 등의 특례가 인정된다.

제7절 행정법상의 법률요건과 법률사실

(1) 법률요건과 법률사실

행정법상의 법률요건이란 행정법관계의 발생·변경·소멸이라는 법률효과를 발생시키는 원인이 되는 사실을 말한다. 이러한 법률요건을 이루는 개개의 사실을 행정법상의 법률사실이라 한다.

(2) 법률사실의 종류

법률사실은 사람의 정신작용을 요소로 하는 용태와 사람의 정신작용을 요소로 하지 않는 사건으로 나누어진다.

① 용태 : 용태는 정신작용을 요소로 하여 구성되는 법률사실이다.

   ㉠ 외부적 용태(행위)

      ⓐ 사법행위 : 사법행위도 공법적 효과를 발생시키는 경우에는 공법상의 법률사실이 된다(사법상의 매매나 증여가 납세의무를 발생시키는 것)

      ⓑ 공법행위 :

        ㉮ 적법행위

          • 법률행위적 공법행위 : 의사표시를 요소로 하고 그 효과의사의 내용에 따라 법률효과가 발생한다(허가·면제·인가·특허 등 행정주체의 공법행위, 신청·출원 등 사인의 공법행위). 시하고 법률의 규정에 의하여 법률효과가 발생한다(확인·공증·통지·수리 등).

        ㉯ 위법행위 : 법규에 반하는 행위(사인의 허위신고, 필요적 청문절차의 결여)

        ㉰ 부당행위 : 자유재량을 그르쳐, 타당성을 잃는 행위

   ㉡ 내부적 용태 : 외부에 표시되지 아니한 정신상태로서 행정법상 효과를 발생시키는 것을 말한다(선의·악의, 고의·과실)

② 사건 : 사람의 정신작용을 요소로 하지 않는 법률사실을 말한다.

제2장 행정조직법

제1절 행정조직법의 의의

국가·공공단체 등 행정조직에 관한 법을 총칭하는 것으로 협의로는 행정조직의 설치·폐지·구성·권한 및 행정기관 상호관계 등에 관한 법을 의미하고, 광의로는 협의의 행정조직법 외에 인적요소(공무원), 물적요소(공물) 및 인적·물적 결합요소(영조물)까지 를 포함한다.

제2절 행정조직법정주의

행정조직에 관한 헌법구체화법의 성격을 가지고 있는 행정조직법은 그 법규적 성질이 인정되며, 법치주의의 적용대상이 되며, 우리 헌법도 그 기본적 사항은 법률로 정하도록 하고있다.

제3절 현대 행정조직의 특성

(1) 행정조직의 통일성·계층성

행정목적의 통일적 수행과 능률성을 확보하기 위하여 명령과 복종에 의하여 규율되는 통일적이고 계층제적인 형태를 갖는다.

(2) 행정조직의 독임성과 합의제의 가미

행정은 사무의 신속한 처리와 책임의 명확성을 위하여 독임형조직을 원칙으로 하나, 경우에 따라 신중성이나 공정성이 특히 요청되는 때에는 합의형 조직(행정위원회)을 채택한다.

(3) 직업공무원제도

현대행정의 복잡화·전문화·기술화에 대응하기 위해 행정조직의 인적 요소로서의 공무원은 직업공무원임을 원칙으로 한다.

(4) 행정조직의 민주성

행정조직은 대외적으로 국민의 민주적 통제하에 놓여 있어야 할 뿐 아니라, 대내적으로도 그 민주성이 제도적으로 보장되어야 한다. 민주성의 원리와 능률성의 원리를 적절히 조화시키는 것은 현대행정의 중요한 과제이다.

제4절 현대 행정기관의 의의 및 종류

(1) 행정기관의 의의

행정기관이란 광의로 국가 또는 공공단체의 행정사무를 담당하는 모든 기관을 의미한다. 협의로는 국가 또는 공공단체 등 행정주체의 의사를 결정하고 표시하는 권한을 가진 기관을 의미한다. 행정기관은 행정주체의 기관으로서 그 사무를 담당하는 데 불과한 것으로 독립적인 법인격을 가지는 권리주체가 아니고 일정한 범위에서의 권한을 가지고 있음에 그친다.

(2) 행정기관의 종류

① 행정관청 : 행정주체를 위하여 그 의사를 결정하고 국민(주민)에 대하여 이를 표시하는 권한을 가진 행정기관을 말한다.

㉠ 독임제 관청 : 각부장관, 처장, 청장 등

㉡ 합의제 관청 : 감사원, 토지수용위원회, 선거관리위원회 등

② 보조기관 : 스스로 국가의사를 결정·표시할 권한은 없고, 행정관청에 소속되어 행정관청의 의사결정·표시에 관하여 보조함을 임무로 하는 행정기관을 말한다(행정각부의 차관, 실장, 국장, 과장 등)

③ 보좌기관 : 행정관청 또는 보조기관을 보좌하는 행정기관을 말한다(대통령비서실장, 각부의 차관보 등)

④ 의결기관 : 행정에 관한 국가의사를 의결의 형식으로 결정하는 권한을 가진 합의제 행정기관을 말하며, 외부에 대하여 표시할 권한이 없는 점에서 행정관청과 다르다(지방의회, 교육위원회 등)

⑤ 집행기관 : 행정청의 결정의사를 실력으로써 구체적으로 집행하는 기관이다(경찰공무원, 세무공무원, 소방공무원 등)

⑥ 감사기관 : 다른 행정기관의 사무처리 등을 감시·검사하는 권한을 가지는 행정기관으로 행정의 적법·타당성의 확보를 그 임무로 한다(감사원)

⑦ 자문기관 : 행정관청의 자문에 응하거나 또는 자발적으로 행정관청의 의사결정에 참고 될 의사를 제공함을 임무로 하는 행정기관이다. 자문기관의 의견은 법적으로 행정관청을 구속하지 않는 점에서 의결기관과 다르다(국가안전보장회의 등)

제3장 행정작용법

제1절 행정입법

(1) 행정입법의 의의

① 행정입법이란 행정권이 법조의 형식으로 일반적·추상적 규범을 정립하는 작용을 말한다. 행정주체가 담당하는 형식적 관점에서 보면 행정작용이나, 실질적 의미에서 보아 입법에 해당한다.

② 행정입법에는 국가행정권에 의한 입법(법규명령, 행정규칙)과 지방자치단체의 자치입법(조례, 규칙, 교육규칙)이 잇다.

(2) 행정입법의 필요성

① 현대행정의 전문화·기술화
② 급속한 사회변화에 대한 능동적·신축적 대응

③ 정치적 중립성
④ 지역적 특수사정에의 대응

(3) 법규명령

① 법규명령의 의의 : 행정권이 정립하는 일반·추상적인 규정으로서 법규성을 지닌 것, 즉 국민과 행정청을 구속하고 재판규범이 되는 성문의 행정입법을 말한다.

② 법규명령의 성질

㉠ 법규명령은 행정주체와 일반국민 모두를 구속한다(일반적·양면적 구속력)

㉡ 법규명령에 위반하는 행위는 위법행위로서 무효 또는 취소사유가 되고 이로 인해 자신의 권한이 침해된 국민은 행정쟁송을 통하여 그 무효확인이나 취소를 청구하거나 손해배상소송을 통하여 손해배상을 청구할 수 있다.

③ 법규명령의 종류

㉠ 수권의 범위·근거에 따른 분류

ⓐ 법률대위명령 : 법률대위명령이란 헌법적 근거에 의해 행정권이 발하는 법률적 효력을 지닌 명령을 말한다. 현행헙법 제76조의 대통령의 긴급명령·긴급재정경제명령이 이에 해당한다.

ⓑ 법률종속명령 : 법률의 명시적 수권에 기하여(위임명령) 혹은 법률의 집행을 위하여(집행명령) 발하는 명령으로서 법류보다 하위의 효력을 가지는 법규명령이다.

구 분	위임명령(보충명령)	집행명령(직권명령)
성 립	상위법률에서 구체적 범위를 정하여 위임한 사항을 규정. 즉, 개별적이고 구체적 근거가 있어야 성립한다.	상위법률이 위임 없이 직권으로 법률의 집행을 위해 필요한 사항을 규정한다. 즉, 개별적이고 구체적인 근거 없이는 헌법 제75조의 포괄적 근거만으로 성립 가능하다.
내 용	위임 받은 범위 내에서 새로운 법규사항 규정 가능함	법규사항을 규정하지만, 위임이 없으므로 새로운 법규사항을 규정할 수 없다.

ⓒ 헌법상 명시적으로 인정되는 법규명령

  ⓐ 헌법 제76조상의 긴급명령과 긴급재정·경제명령 : 법률적 효력의 법규명령

  ⓑ 대통령령(시행령) : 헌법 제75조에 의한 위임명령과 집행명령

  ⓒ 총리령·부령(시행규칙 또는 시행세칙) : 헌법 제95조에 의한 위임명령과 집행명령

  ⓓ 중앙선거관리위원회규칙 : 헌법 제114조 제6항에 의한 위임명령과 집행명령

④ 법규명령의 근거

 ㉠ 법규명령의 제정에는 헌법, 법률 또는 상위명령의 근거가 필요하다.

 ㉡ 대통령의 긴급명령, 긴급재정경제명령은 헌법상의 요건이 충족되는 때에만 발 할 수 있다.

 ㉢ 위임명령은 법률의 수권에 기하여만 발 할 수 있다.

 ㉣ 집행명령은 새로운 입법사항에 관한 규율을 하는 것이므로, 법률의 명시적 수권이 없이도 말할 수 있다.

⑤ 법규명령의 한계

 ㉠ 위임명령의 한계

  ⓐ 포괄적 위임의 금지 : 법치행정의 원리에 의하면 국민의 권리·의무에 관한 사항은 법률로서 규정하여야 하는 바, 일반적·포괄적 위임은 법치주의 설질을 부정하는 것으로서 허용되지 아니하며, 위임은 반드시 구체적으로 범위를 정하여야만 한다.

  ⓑ 국회 전속적 법률사항(헌법상의 입법사항) 위임금지 : 헌법에 의하여 국회의 전속적 법률사항으로 규정된 사항(국적취득요건, 손실보상기준, 조세법률주의, 행정기관 법정주의, 지방자치단체의 종류 등)은 명령에 위임할 수 없고, 명령으로 규정할 수 없다.

  ⓒ 처벌 규정의 위임 : 죄형법정주의와 위임입법의 한계의 요청상 처벌법규를 위임하기 위하여는, 첫째, 특히, 긴급한 필요가 있거나 미리 법률로써 자세히 정할 수 없는 부득이한 사정이 있는 경우에 한정되어야 하며, 둘째, 이러한 경우일지라도 법률에서 범죄의 구성요건은 처벌대상 행위가 어떠한 것이라고 이를 예측할 수 있을 정도로 정하여야 하며, 셋째, 형벌의 종류 및 그 상한과 하한폭을 명확히 규

정 하여야 한다(헌법재판소 판례)

ⓒ 집행명령의 한계 : 집행명령은 상위법령을 시행하는데 필요한 구체적인 절차·형식 등을 규정할 수 있을 뿐이고, 상위법령에 없는 국민의 권리·의무에 관한 새로운 법규사항에 대하여는 규정할 수 없다.

(4) 행정규칙

① 행정규칙의 의의 : 행정규칙이란 행정기관이 법률의 수권 없이 그의 권한의 범위 내에서 정립하는 일반적·추상적인 규율을 말한다.

② 행정규칙의 성질(법규성 여부)

　㉠ 행정규칙이 행정조직 내부관계에서 법적 효력이 없음에는 견해가 일치한다. 즉, 행정규칙을 위반한 공무원은 징계책임의 대상이 되고 특별권력관계의 구성원이 학칙 또는 영조물규칙을 위반한 경우에 징계벌 등을 받게 되는 법적 효과가 발생한다.

　㉡ 외부적 효력을 인정할 것인가에 대하여 학설은 견해가 나뉘어 있다.

　㉢ 판례는 원칙적으로 행정규칙에 법규성을 인정하지 않으나, 예외적으로 법규성을 인정하는 경우도 있다.

③ 행정규칙의 근거와 한계 : 행정규칙은 법령의 구체적 수권 없이 법령이나 상위행정규칙에 반하지 않는 범위 내에서 행정목적의 달성을 위하여 행정청에 의하여 발하여질 수 있으나, 국민의 권리·의무에 관한 사항은 새로이 규정할 수 없다.

학습연구 ☞ 행정규칙의 종류(근무규칙)

1 훈령 : 상급기관이 하급기관에 대하여 상당히 장기간에 걸쳐서 그 권한을 일반적으로 지휘·감독하기위하여 발하는 명령이다.
2 예규 : 법규문서 이외의 문서로서 반복적 행정사무의 기준을 제시하는 것이다.
3 지시 : 상급기관이 직권 또는 하급기관의 문의에 의하여 개별적·구체적으로 발하는 명령이다.
4 일일명령 : 당직, 출장, 시간 외의 근무 등 일일업무에 관한 명령이다.

제2절 행정행위

(1) 행정행위의 개념

① 행정행위는 실정법상 용어가 아니고 학문상 정립된 개념이다.
② 실정법상으로는 허가·인가·면허·특허·금지·확인·공증 등의 용어가 개별적으로 사용되고 있다.

(2) 행정행위의 개념요소

① 행정행위는 행정청의 행위이다.
② 행정행위는 행정청의 법적행위이다.
③ 행정행위는 행정청의 공법행위이다.
④ 행정행위는 구체적 사실에 관한 법집행행위이다.
⑤ 행정행위는 행정청의 공권력의 행사와 그 거부이다.

학습연구 ☞ 실정법상 '처분'의 개념(행정소송법, 행정심판법, 행정절차법)

"처분"이란 행정청이 행하는 구체적 사실에 관한 법집행으로서의 공권력 행사 또는 그 거부와 그 밖에 이에 준하는 행정작용을 말한다.

---

(3) 행정행위의 종류

① 행정주체에 따른 분류

  ㉠ 국가의 행정행위
  ㉡ 공공단체(지방자치단체, 공공조합)의 행정행위
  ㉢ 공권력이 부여된 사인의 행정행위

② 행정행위의 내용에 따른 분류

  ㉠ 법률적 행정행위 : 의사표시를 요소로 하고, 그 효과의사의 내용에 따라서 효과가 발생하는 행정행위이며, 부관을 붙일 수 있다.

ⓒ 준법률적 행정행위 : 의사표시 이외의 정신작용의 표시를 요소로 하고 법규가 정하는 바에 따라 법률적 효과가 발생하는 행위이며, 부관을 붙일 수 없다.

③ 법률효과 성질에 따른 분류

ⓐ 수익적 행정행위 : 국민에게 권리·이익을 부여하거나 권리에 제한을 없애는 행정행위를 말한다.

ⓑ 부담적 행정행위(부과적 행정행위, 침익적 행정행위) : 국민에게 의무를 부과하거나 권리·이익을 거부·침해하는 등 상대방에게 불리한 효과를 발생시키는 행정행위를 말한다.

ⓒ 복효적 행정행위(제3자효 행정행위, 이중효과적 행정행위)

④ 행정주체의 재량 여부에 따른 분류

ⓐ 기속행위 : 엄격하게 법의 기속을 받아 행정주체에게 재량이 없는 행위
ⓑ 재량행위 : 행정주체에게 재량이 있는 행위

⑤ 행정행위 대상에 따른 분류

ⓐ 대인적 행정행위 : 사람의 지식·경험과 같은 개인적 사정에 착안하여 행하여지는 행정행위를 말한다(자동차운전면허, 의사면허 등)

ⓑ 대물적 행정행위 : 물건의 객관적 사정에 착안하여 직접 물건에 대하여 법률상의 자격을 부여하며, 그에 대해 새로운 권리관계나 법률관계를 형성하는 행정행위를 말한다.(공물의 공용 개시, 국립공원의 지정, 건축허가 등)

ⓒ 혼합적 행정행위 : 일정한 자격요건 이외에 물적 요건 등 양쪽 요소를 아울러 정하고 있는 경우의 행정행위를 말한다(석유·가스사업 허가, 유흥주점 영업허가 등)

⑥ 상대방의 협력을 요건 여부에 따른 분류

ⓐ 일방적 행정행위 : 상대방의 의사와 관계 없이 행정청이 직권에 의하여 일방적으로 행하는 행정행위를 말한다(조세부과, 허가의 취소 등)

ⓑ 쌍방적 행정행위 : 상대방의 신청·동의·출원 등에 기하여 행해지는 행정행위를 말한다(상대방의 신청에 의한 허가)

⑦ 행위형식 요부에 따른 분류

㉠ 요식행위(납세 독촉, 대집행 예고 등)
㉡ 불요식행위(주로 법률행위적 행정행위)

⑧ 상대방의 수령 요부에 따른 분류

㉠ 수령을 요하는 행위 : 의사표시가 상대방에게 도달되어야만 효력발생
㉡ 수령을 요하지 않는 행위

(4) 행정행위의 내용

① 법률행위적 행정행위(의사표시에 의한 효과)

㉠ 명령적 행정행위

ⓐ 하명

㉮ 일정한 작위(무허가 철거 명령)·부작위(무단횡단금지), 급무(납세고지), 수인(강제접종결정)의무를 부과하는 행정행위이다.
㉯ 부담적 행정행위이므로 법적 근거가 필요하며, 일방적 행정행위이다. 특별한 규정이 없는 한 원칙적으로 기속행위로 본다.
㉰ 하명의 상대방은 하명의 내용에 따라 의무를 행할 공법상의 의무가 발생한다. 하명에 의한 의무를 이행하지 않는 경우에는 행정상 제재나 강제집행을 받게 되지만, 그에 위반한 행위의 사법적 효과에는 영향을 미치지 않는다.

ⓑ 허가

㉮ 허가란 법령에 의한 『일반적 금지(부작위 의무)』를 특정한 경우에 해제함으로써, 적법하게 일정한 행위를 할 수 있도록 해주는 행정행위이다. 상대적 금지에 대하여만 허가가 가능하고 절대적 금지에 대하여는 허가할 수 없다. 실정법상으로는 허가라는 용어 외에 면허·인가·승인 등의 다양한 용어가 사용되고 있다.
㉯ 허가권자는 허가신청이 법에서 정한 요건을 구비한 경우 허가하여야 하므로, 행정청이 허가 여부를 결정하는 것은 기속행위 내지 기속재량행위로 본다.

- ⓒ 허가는 자연의 자유를 회복시키는 것으로 허가받은 자의 이익을 반사적 이익으로 보는 것이 통설·판례의 태도이다.
ⓒ 면제 : 행정주체가 국민에게 부과한 작위·수인·급부의무를 해제하는 행정행위로서, 의무의 해제라는 점에서는 허가와 같으나 허가는 부작위의무를 해제하는 행위인 반면, 면제는 작위·수인·급부의무를 해제하는 행위라는 점에서 다르다.
ⓒ 형성적 행정행위 : 형성적 행정행위는 국민에게 특정한 권리·권리능력 또는 포괄적 법률관계 기타의 법률상 힘을 발생·변경·소멸시키는 행정행위를 말한다.
  ⓐ 특허
    ㉮ 특정인에 대하여 새로이 일정한 권리·권리능력 또는 포괄적 법률관계 기타의 법률상의 힘을 부여하는 행정행위를 말한다. 설권행위라고도 한다.
    ㉯ 특허는 설권행위인 형성적 행정행위이며, 특허를 할 것인가의 여부는 특별한 규정이 없는 한 자유재량행위에 속한다.
    ㉰ 특정의 상대방에게 권리·능력 등의 법률상의 힘이 발생하므로 특허에 대한 침해는 권리침해가 된다.
  ⓑ 인가
    ㉮ 행정객체가 제3자와의 사이에서 하는 법률적 행위를 행정주체가 보충하여 그 법률상 효력을 완성시켜 주는 행정행위를 말한다(공공조합의 설립인가, 정관승인 등).
    ㉯ 당사자의 법률적 행위의 효력을 보충하는 것이므로 반드시 당사자의 신청이 있는 경우에만 가능하며, 수정인가는 허용되지 않는다.
    ㉰ 기본행위에는 하자가 있으나 인가행위가 적법한 경우에 다투어야 할 소송의 대상은 기본행위이지 인가행위가 아니다. 기본행위는 유효하지만 인가가 무효이거나 취소되면 무인가 행위가 된다.
② 준법률행위적 행정행위(법률의 규정에 의한 효과)
  ㉠ 확인
    ⓐ 특정한 법률사실 또는 법률관계에 관하여 의문이나 다툼이 있는 경우 행정청이 이를 공적으로 판단, 확정하는 행정행위를 말한다(교과서 검정인정, 당선인 결정 등).

ⓑ 불가변력이 발생하며, 확인의 효과는 확인의 대상의 존속시까지 소급한다.

ⓒ 공증

ⓐ 특정한 사실 또는 법률관계의 존재를 공적으로 증명하는 행정행위이다. 공적으로 증명한 해위가 진실이 아닐 수 있으며, 때문에 공증은 반증에 의해 번복 될 수 있다(등기·등록, 여권발급, 영수증 교부 등)

ⓑ 공증의 효과로는 공증된 사항에 공적 증거력이 생긴다. 공적 증거력은 반증이 있을 때까지만 일응 진정한 것으로 추정되므로 누구나 행정청 또는 법원의 취소를 기다릴 필요 없이 번복할 수 있다.

ⓒ 통지

ⓐ 통지는 특정인 또는 불특정다수인에 대하여 특정한 사항을 알리는 행정행위이다.

ⓑ 통지에는 과거의 객관적 사실을 알리는 '관념의 통지'(당연퇴직 통보)와 앞으로 어떤 행위를 하겠다는 의사를 알리는 '의사의 통지(납세독촉)가 있다.

ⓔ 수리

ⓐ 수리는 타인의 행위를 유효한 행위로서 받아들이는 행위이다. 행정청이 타인의 행위를 유효한 것으로 수령하는 의사작용이라는 점에서 단순한 도달이나 접수와는 다르다.

ⓑ 수리거절행위는 불수리의 의사표시로서 소극적 행정행위이며 행정쟁송이 가능하다. 수리의 효과는 각 법령이 정하는 바에 따라 다르다.

(5) 행정행위의 부관

① 부관의 의의 : 행정행위의 부관이란 행정행위의 효과를 제한하기 위하여 행정행위의 주된 내용에 부가되는 부대적 규율을 말한다. 따라서, 부관은 주된 행정행위가 효력을 발생할 수 없을 때에는 당연히 효력을 상실하는 부종성을 갖는다.

② 부관의 종류

㉠ 조건 : 행정행위 효력 발생 또는 소멸은 "장래의 불확실한 사실의 성부"에 의존시키는 부관을 말한다. 조건이 성취되면 별도의 행위가 없더라도 당연히 행정행위의 효력이 발생(정지조건) 또는 소멸(해제조건)하게 된다.

ⓒ 기한 : 행정행위 효력 발생 또는 소멸은 "장래의 확실한 사실의 성부"에 의존시키는 부관을 말한다. 장래 발생이 확실한 사실에 의존케 한다는 점에서 조건과 구별된다 (시기, 종기, 확정기한, 불확정기한)
ⓒ 부담 : 행정행위의 주된 내용에 부가하여 그 행정행위의 상대방에게 작위·부작위·급부·수인 등의 의무를 과하는 부관이다. 부담은 다른 부관과 달리 그 자체가 독립된 하나의 행정행위로서의 성질을 갖는다. 부담의 불이행을 이유로 본 행정행위를 철회할 수 있고, 부담의 불이행을 이유로 그 이후의 단계적 조치를 거부하는 것도 가능하며, 독립하여 행정강제·행정벌의 대상이 된다.
ⓔ 철회권의 유보 : 철회권의 유보는 행정행위의 주된 내용에 부가하여 일정한 경우에 당해 행위를 철회할 수 있는 권한을 유보하는 행정청의 의사표시이다.

(6) 행정행위의 효력

① 구속력 : 행정행위가 각각의 규율내용에 따라 당사자 등을 구속하는 실체법적 효과로서, 내용상의 구속력 또는 기속력이라고도 한다. 구속력은 실정법적 근거규정에 의하여 인정되는 효력은 아니고 행정행위에 내재된 가장 근본적인 효력이다.

② 공정력 : 공권력이란 행정행위에 하자가 있더라도 그것이 중대하고 명백하여 당연무효가 아닌 경우에는, 권한이 있는 기관에 의하여 취소될 때까지 일응 유효한 것으로 통용되어 누구든지 그 효력을 부인할 수 없는 힘을 말한다. 예선적 효력이라고도 한다.

③ 확정력(존속력) : 행정행위가 행하여지면 그 행위를 근거로 많은 법률관계가 형성되는데 이에 따라 법적 안정성의 견지에서 일정한 경우 그 행정행위의 효력을 다툴 수 없게 하거나, 행정청 자신의 행위라도 취소나 변경을 제한하는 효력을 제도화한 개념을 확정력 (존속력)이라 한다. 확정력에는 불가쟁력과 불가변력을 포함하는 개념이다.

ⓐ 불가쟁력(형식적 확정력) : 쟁송절차의 제소기간의 경과, 또는 심급종료로 인하여 행정행위의 상대방 기타 관계인이 더 이상 그 효력을 다툴 수 없게 되는 힘으로 형식적 확정력이라고도 한다.

ⓑ 불가변력(실질적 확정력) : 행정행위에 하자가 있거나 사정변경이 있는 경우 행정청은 직권으로 취소나 철회를 할 수 있는 것이 원칙이나, 예외적으로 일정한 행정행위는 그 성질상 행정청(처분청·감독청) 자신도 직권으로 자유로이 이를 취소·변경

・철회할 수 없는 효력을 행정행위의 『불가변력』 또는 『실질적 존속력・확정력』이라 한다.

④ 강제력(자력집행력) : 행정행위에 의하여 부과된 의무를 상대방이 이행하지 않으면 사법행위와는 달리 법원의 힘을 빌리지 아니하고 행정청이 자력으로 그 이행을 강제할 수 있는 효력으로서, 이는 행정행위에 내재하는 효력은 아니며 관련 법규상의 근거가 있어야 한다.

(7) 행정행위의 무효와 취소

① 행정행위의 무효 : 무효인 행정행위는 외관상으로는 행정행위로서 존재하나 처음부터 전혀 법적 효과를 발생하지 않는 행위로서, 누구나 그 독자적 판단과 책임하에서 그 무효임을 주장할 수 있다.

② 행정행위의 취소 : 취소할 수 있는 행정행위는 그 성립에 흠이 있음에도 불구하고 일단 유효한 행위로 통용되어 다른 국가기관 또는 국민을 기속하고 다만 행정쟁송 또는 직권에 의하여 취소됨으로써 비로소 그 효력을 상실한다.

③ 무효와 취소의 구별기준(중대명백설, 통설・판례) : 행정행위의 하자가 중대한 법규위반인 동시에 외관상 명백한 것인 때에는 무효이고, 그에 이르지 않는 단순한 위법인 경우에는 취소의 대상이 된다.

④ 무효와 취소의 구별 실익

   ㉠ 행정소송법상 무효인 행정행위에 대하여는 무효 등 확인소송을 제기하여 그 무효확인을 구할 수 있는 바, 무효 등 확인소송에는 취소소송과 달리 출소기간의 제한이 적용되지 않는다.

   ㉡ 당연무효인 행정행위의 효력 여부가 민・형사소송의 선결문제일 경우, 그 수소법원은 당해 행위가 무효임을 판단할 수 있다.

   ㉢ 행정행위가 무효인 경우에는 사정판결제도는 적용되지 않는다.

   ㉣ 선행행위의 하자는 후행행위에 승계되지 않음이 원칙이나, 선행행위가 당연무효인 경우에는 후행행위는 당연히 하자 있는 처분이 된다.

⑤ 행정행위의 무효사유

㉠ 주체의 하자

ⓐ 정당한 권한을 가진 행정기관이 아닌 자의 행위

ⓑ 행정기관의 권한 외의 행위

ⓒ 비정상적인 의사에 기한 행위(행위무능력자의 행위)

㉡ 내용의 하자

ⓐ 법령에 위반한 행위

ⓑ 실현불가능한 행위

ⓒ 불명확한 행위

㉢ 절차의 하자

ⓐ 필요한 통지·통고를 거치지 않은 행위

ⓑ 법률상 필요한 상대방의 신청·동의를 얻지 않고 행한 행위

ⓒ 청문·공청회를 거치지 않은 행위

ⓓ 이해관계인의 참여·협의를 거치지 않은 행위

㉣ 형식의 하자

ⓐ 법령상 문서에 의한 행위를 구두로 한 행위

ⓑ 이유부기 등의 필요적 기재사항을 결한 행위

⑥ 행정행위의 취소사유

㉠ 주체상의 하자

ⓐ 권한초과의 행위

ⓑ 사기·강박에 의한 행위

ⓒ 착오로 인하여 위법·부당하게 된 행위

ⓓ 증수뢰·부정신고·부정행위 등에 의한 행위

ⓔ 필요한 자문을 결한 행위

㉡ 내용상의 하자

ⓐ 단순위법행위

ⓑ 공익에 반한 행위
ⓒ 선량한 풍속 기타 사회질서에 반하는 행위
ⓒ 절차상의 하자 : 행정의 편의적 절차를 위반한 경우
ⓔ 형식상의 하자 : 경미한 형식상의 하자

제4장 행정의 실효성 확보수단

실효성 확보수단	행정강제 (직접적 수단)	행정상 강제집행	① 대집행(계고 - 통지 - 실행 - 비용징수) ② 집행벌(이행강제금) ③ 직접강제(강제예방접종, 무허가영업소 강제폐쇄) ④ 강제징수(국세징수법상 징수절차)
		행정상 즉시강제	① 대인적 강제 ② 대물적 강제 ③ 대가택적 강제
	행정상 제재 (간접적 수단)	행정벌	① 행정형벌 ② 행정질서벌(과태료)
		기타 수단	공급거부, 공표, 과징금, 관허사업제한 등

제1절 행정상 강제집행

(1) 행정상 강제집행의 의의

행정법상 의무불이행이 있는 경우 행정주체가 의무자의 신체 또는 재산에 실력을 행사함으로써 장래에 향하여 으 의무를 이행시키거나, 이행이 있는 것과 같은 상태를 실현하는 행

정작용을 말한다.

① 행정벌과의 구별 : 행정상 강제집행은 불이행된 의무를 "장래"에 향하여 의무이행을 강제하는 것을 직접 목적으로 하지만, 행정벌은 "과거"의 의무위반에 대한 제재를 가하는 것을 목적으로 한다는 점에서 양자는 구별된다. 양자는 직접적 목적을 달리하므로 같은 의무의 불이행에 대해 양자를 병과한다 하여 일사부재리나 이중처벌이 되지 않는다.

② 행정상 즉시강제와의 구별 : 행정상 강제집행은 의무의 존재 및 그 불이행을 전제로 하는 점에서 이를 전제로 하지 아니하고, 급박한 경우에 행하여지는 행저상 즉시강제와 구별된다.

(2) 행정상 강제집행의 수단

① 대집행

㉠ 대집행의 의의 : 무허가 건물의 철거의무와 같은 대체적 작위의무의 물이행이 있는 경우, 당해 행정청이 의무자가 할 일을 스스로 행하거나(자기집행) 또는 제3자로 하여금 이를 행하게 함(타자집행)으로써 의무의 이행이 있었던 것과 동일한 상태를 실현시킨 후, 그에 관한 비용을 의무자로부터 징수하는 것을 말한다.

㉡ 대집행의 절차

계고 ⇨ 대집행영장에 의한 통지 ⇨ 실행 ⇨ 비용징수

ⓐ 계고 : 의무이행을 최고함과 동시에 일정한 기한까지 그 의무가 이행되지 않는 경우에는 대집행을 한다는 것을 문서로 통지하는 것이다(준법률행위적 행정행위로서 통지)

ⓑ 대집행영장에 의한 통지 : 의무자가 계고를 받고도 지정한 기한까지 의무를 이행하지 않은 경우에는, 당해행정청은 대집행영장에 의하여 대집행의 시기·대집행 책임자의 성명 및 대집행비용의 견적금액을 의무자에게 통지하여야 한다.

ⓒ 실행 : 물리적 실력으로 의무가 이행된 상태를 실현한다(사실행위)

ⓓ 비용징수 : 대집행에 소요된 비용은 납기일을 정하여 의무자에게 문서로 납부를

부과하고 납부하지 않을 경우에는 국세징수의 예에 의하여 강제징수한다.

② 집행벌 : 부작위의무 또는 비대체적 작위의무의 불이행시, 이행강제를 위해 부과하는 금전부담으로서 강제금이라고도 한다. 집행벌은 간접적·심리적 강제이다. 장래의 의무이행을 확보하려는 행정상 강제집행의 수단인 점에서 과거의 의무위반에 대한 제재인 행정벌과 구별되며, 목적·성질이 다르므로 병과될 수 있다. 집행벌은 법정최고액의 한도 내에서 의무이행시까지 반복부과가 가능하다.

③ 직접강제 : 직접강제는 의무자가 의무를 이행하지 않은 경우에 직접 의무자의 신체 또는 재산에 실력을 가하여 의무의 이행이 있었던 상태를 실현하는 것이다. 모든 행정법상 의무의 불이행에 대해 강제하는 점에서 대체적 작위의무에 대한 강제수단인 대집행과 구별된다. 강제예방접종, 무허가영업소의 강제폐쇄 등이 그 예이다.

④ 강제징수 : 행정상 강제징수란 국민이 국가 등 행정주체에 대하여 부담하고 있는 금전급부의무를 이행하지 않은 경우에 행정청이 의무자의 재산에 실력을 가하여 그 의무가 이행된 것과 동일한 상태를 실현하는 행정상 강제집행의 수단이다(독촉 ⇨ 체납처분(압류 ➡ 매각 ➡ 청산)

제2절 행정상 즉시강제

(1) 행정상 즉시강제의 의의

행정상의 즉시강제란 목전에 급박한 행정상 장해를 제거해야 할 필요가 있으나 미리 의무를 부과할 시간적 여유가 없을 때 또는 그 성질상 의무를 부과해서는 목적달성이 곤란할 경우에 직접 국민의 신체 또는 재산에 실력을 가하여 행정상 필요한 상태를 실현하는 작용을 말한다.

(2) 행정상 즉시강제의 수단

① 대인적 강제(사람의 신체에 대한 실력행사)

㉠ 경찰관직무집행법상의 불심검문, 보호조치, 무기의 사용 등

㉡ 감염병예방법상의 강제격리·강제건강진단 등

② 대물적 강제(물건에 대한 실력행사) : 물건 등의 임시영치. 장해물의 제거, 물건의 몰수 등

③ 대가택적 강제 : 점유자·소유자의 의사와 무관하게 가택·창고·영업소 등에 출입하여 행정상 필요한 상태를 실현하는 작용을 말한다.

제3절 행정벌

(1) 행정벌의 의의

행정벌은 행정법상 의무위반에 대한 제재로서 일반통치권에 기하여 부과하는 제재로서의 벌을 말한다. 이는 간접적으로 행정상 의무자에게 심리적 압박을 가하여 행정상 의무이행을 확보하는 제도로서, 행정형벌과 행정질서벌로 나누어 진다.

① 집행벌(이행강제금)과의 구별 : 행정벌이 과거의 의무위반에 대한 제재인 데 반해, 집행벌은 행정의무불이행에 대해 장래에 향하여 그 이행을 확보하기 위하여 과하는 금전부담으로서, 행정상 강제집행의 한 수단이다.

② 형사벌과의 구별 : 행정벌 중 행정형벌과 형사벌의 구별에 대해서는 구별긍정설과 구별부정설이 대립되나, 통설은 행정형벌도 시간의 경과에 따라 반사회성과 반윤리성의 인식이 국민일반에 형성되어지는 경우에는 형사범으로 전환될 수 있으므로 구별은 본질적인 것이 아니고 상대적인 것으로 본다.

(2) 행정형벌

행정법상 의무위반에 대해 형법에 정해진 형벌을 부과하는 것을 말한다. 형벌에는 사형, 징역, 금고, 자격상실, 자격정지, 벌금, 과료 및 몰수가 있다. 행정형벌에는 특별한 규정이 없는 한 원칙적으로 형법총칙이 적용되며, 과벌절차는 형사소송법절차에 의한다. 예외적으로 즉결

심판절차 또는 통고처분절차에 의하는 경우가 있다.

학습연구 ☞ 행정형벌의 절차법적 특수성

행정형벌은 일반적으로 형사소송법이 정하는 절차에 따라 과함이 원칙이나, 통고처분이나 즉결심판과 같은 예외적인 과벌절차가 존재한다.

1

구 분	내 용
의 의	조세범·관세범·출입국사범 및 교통사범 등에 대해 행정청이 정식재판에 갈음 하여 일정한 벌금 또는 과료에 해당하는 금액 또는 물품의 납부를 명하는 것이다.
성 질	정식재판에 갈음하여 신속·간편하게 범칙금의 압부를 명하는 준사법적 행정행위
통고처분절차	경찰서장, 세무서장, 지방국세청장, 국세청장, 관세청장, 출입국 관리소장 등
효 과	통고처분을 받은 자가 그 통고의 내용에 따라 이행할 경우에는 다시 소추할 수 없는 확정판결과 동일한 효력이 발생하며, 통고처분을 받은 자가 법정기간 내에 이행하지 않으면 통고처분은 당연히 효력을 상실하고 행정청의 고발에 의하여 검사의 공소제기에 의한 형사소송절차로 이행된다.

2 즉결심판 : 즉결심판은 20만원 이하의 벌금·구류 또는 과료의 행정벌을 경찰서장의 청구에 의하여 지방법원 또는 시·군법원의 판사가 부과하는 것이다. 이에 불복하는 피고인은 정식재판을 청구할 수 있다.

---

(3) 행정질서벌

행정질서벌은 행정법상의 의무위반에 대한 제재로서 형법에 형명이 없는 벌인 과태료를 과하는 금전적 제재수단을 말하며, 국가의 행정법규위반에 대한 제재로서 과하는 경우와 지방자치단체의 자치법규위반에 대한 제재로서 과하는 경우가 있다. 과태료의 부과·징수 및 재판에 관한 사항은 2007년 12월에 제정된 『질서위반행위규제법』에서 규정하고 있다.

제5장 행정상 손해전보

제1절 행정상 손해배상

(1) 행정상 손해배상의 의의

행정상 손해배상이란 공무원의 위법한 직무집행행위 또는 국가나 지방자치단체의 공공영조물의 설치 또는 관리의 하자로 인하여 개인에게 손해를 가한 경우에 국가나 지방자치단체가 그 손해를 배상하는 것을 말한다.

(2) 손해배상과 손실보상과의 구별

행정상 손해전보제도는 전통적으로 행정상 손해배상과 손실보상의 두 제도를 축으로 발전해 왔다. 오늘날 과실책임에 입각한 손해배상제도가 입증책임의 전환, 과실의 객관화, 무과실책임의 등장으로 손실보상으로 접근하고 있다. 위험책임의 등장으로 양자의 구별이 더욱 상대화 되고 있다.

구 분	손해배상	손실보상
기본이념	개인의 손해에 대한 보상(개인주의적·보상적 정의)	개인이 특별히 부담한 손실에 대한 배분적 정의실현(단체주의적·배분적)
발생원인	위법한 행정작용	적법한 공권력 행사 + 특별한 희생
근 거	헌법 제29조, 국가배상법	헌법 제23조, 일반법은 없고 개별법 규정
전보내용	재산적 손해, 비재산적 손해	재산적 손해
책임자	국가, 지방자치단체	시행자(국가·공공단체·사인)

(3) 우리나라 행정상 손해배상제도

① 공무원의 위법한 직무행위에 대한 손해배상(과실책임)

관련조문

◎ 헌법 제29조 【공무원의 불법행위와 배상책임】

① 공무원의 직무상 불법행위로 손해를 받은 국민은 법률이 정하는 바에 의하여 국가 또는 지방자치단체에 정당한 배상을 청구할 수 있다. 이 경우 공무원 자신의 책임은 면제되지 아니한다.

② 군인·군무원·경찰공무원 기타 법률이 정하는 자가 전투·훈련 등 직무집행과 관련하여 받은 손해에 대하여는 법률이 정하는 보상 외에 국가 또는 공공단체에 공무원의 불법행위로 인한 배상은 청구할 수 없다.

◎ 국가배상법 제2조 【배상책임】

① 국가나 지방자치단체는 공무원 또는 공무를 위임받은 사인(이하 "공무원"이라 한다)이 직무를 집행하면서 고의 또는 과실로 법령을 위반하여 타인에게 손해를 입히거나, 『자동차손해보상 보장법』에 따라 손해배상의 책임이 있는 때에는 이 법에 따라 손해를 배상하여야 한다. 다만, 군인·군무원·경찰공무원 또는 예비군대원이 전투·훈련 등 직무 집행과 관련하여 전사·순직하거나 공상을 입은 경우에 본인이나 그 유족이 다른 법령에 따라 재해보상금·유족연금·상이연금 등의 보상을 지급 받을 수 있을 때에는 이 법 및 『민법』에 따른 손해배상을 청구할 수 없다.

② 제1항 본문의 경우에 공무원에게 고의 또는 중대한 과실이 있으면 국가나 지방자치단체는 그 공무원에게 구상할 수 있다.

---

② 영조물의 설치·관리상의 하자에 대한 손해배상(무과실 책임)

관련조문

◎ 국가배상법 제5조 【공공시설 등의 하자로 인한 책임】

① 도로·하천 그 밖의 공공의 영조물의 설치나 관리에 하자가 있기 때문에 타인에게 손해를 발생하게 하였을 때에는 국가나 지방자치단체는 그 손해를 배상하여야 한다. 이 경우 제2조 제1항 단서, 제3조 및 제3조의 2를 준용한다.

② 제1항을 적용할 때 손해의 원인에 대하여 책임을 질 자가 따로 있으면, 국가나 지방자치단체는 그 자에게 구상할 수 있다.

제2절 행정상 손실보상

관련조문

◎ 헌법 제23조 【재산권의 보장과 제한】
  ① 모든 국민의 재산권은 보장된다. 그 내용과 한계는 법률로 정한다.
  ② 재산권의 행사는 공공복리에 적합하도록 하아여 한다.
  ③ 공공필요에 의한 재산권의 수용·사용 또는 제한 및 그에 대한 보상은 법률로써 하되, 정당한 보상을 지급하여야 한다.

---

(1) 행정상 손실보상의 의의

행정상 손실보상이란 공공필요에 의한 적법한 공권력행사에 의하여 개인의 재산에 가하여진 특별한 손해에 대하여, 전체적인 평등부담의 견지에서 행하여지는 재산적 보상을 말한다.

(2) 손실보상의 근거

① 손해배상과는 달리 손실보상은 공행정작용에 의한 재산권의 침해, 그 자체는 적법한 것임에도 불구하고 그로 인한 손실을 전보하여 주는 것이므로, 그러한 보상의 합리적 이용 내지 근거가 특히 문제된다.

② 정의·공평원칙에 입각하여 공익을 위하여 개인에게 부과된 특별한 희생은 이를 전체의 부담으로 하여 보상하는 것이 정의·공평의 요구에 합치되는 것이라고 본다(특별희생설)

(3) 손실보상의 요건

① 공공 필요에 의한 재산권의·수용·사용·제한일 것

  ㉠ 공공 필요에 의한 침해가 아니면 침해행위 자체가 허용되지 않으며, 위법한 공용침해행위가 된다.

ⓒ 손실보상은 재산권에 대한 침해에 대한 보상이다(토지의 가격상승에 대한 기대와 같은 기대이익은 포함되지 않는다)
② 침해의 주체 : 공공의 필요에 의한 침해이면 행정주체뿐만 아니라 사인도 침해의 주체가 될 수 있다.
③ 적법한 공권력의 행사일 것 : 적법이란 재산권에 대한 침해가 법률에 근거하여 이루어져야 함을 의미하며, 법률이란 국회에서 제정된 형식적 의미의 법률을 의미한다.
④ 특별한 희생이 존재할 것 : 헌법 제23조 2항은 재산권의 행사의 공공복리적합성에 의한 사회적 제약을 밝히고 있다. 사회적 제약에 해당하는 경우에는 당사자가 수인하여야 하고, 손실보상청구를 할 수 없는 것이다. 따라서 헌법 제23조 제3항의 손실보상을 청구 할 수 있기 위해서는 공용침해로 인한 손해가 이어한 사회적 제약을 넘는 특별한 희생(손해)이 존재하여야 한다.

제6장 행정쟁송의 의의

제1절 행정쟁송의 의의

(1) 행정상 법률관계에 있어서의 다툼을 심리·판정하는 절차이다.

(2) 행정주체의 위법·부당한 행정작용으로 인하여 권리·이익을 침해받은 자가 직접 그 효력을 다툴 수 있게 하고, 일정한 판정기관이 그에 대한 유권적 판단을 하는 제도를 통해 법치주의와 국민의 기본권 보장이 구현될 수 있다.

(3) 행정심판과 행정소송

① 행정심판 : 행정기관이 행정법상의 분쟁에 대하여 심리·판정하는 절차이다.
② 행정소송 : 법원이 행정법상의 분쟁에 대하여 심리·판정하는 절차이다.

학습연구 ☞ 행정심판과 행정소송의 비교

구 분	행정심판	행정소송
목 적	행정통제목적이 강함	행정구제적 목적이 강함
성 질	약식 쟁송	정식 쟁송
해당기관	행정기관(행정심판위원회)	법원
판단대상	위법·부당한 처분·부작위	위법한 처분·부작위
부작위에 대한 쟁송	의무이행심판 인정	부작위위법확인소송(의무이행소송 불가)
제기기간	• 처분을 안 날로부터 90일 • 처분이 있은 날로부터 180일	• 처분을 안 날로부터 90일 • 처분이 있은 날로부터 1년
심리절차	• 대심구조, 직권주의 • 구술 또는 서면심리, 비공개	• 대심구조, 당사자주의 • 구두변론주의, 공개
일반법	행정심판법	행정소송법

제2절 행정심판

(1) 행정심판의 의의

① 행정심판은 위법 또는 부당한 처분 기타 공권력의 행사·불행사 등으로 인하여 권리나 이익을 침해당한 자가 행정기관에 대하여 그 시정을 구하는 절차를 말한다.

② 행정심판은 준사법적 절차이면서 동시에 행정행위로서의 성질도 아울러 가진다(행정심판의 이중적 성격). 행정심판의 재결은 또한 그 자체가 행정작용의 하나로서 행정행

위적인 성질을 가진다.

(2) 행정심판의 종류

① 취소심판 : 행정청의 위법 또는 부당한 공권력 행사나 거부 그 밖에 이에 준하는 행정작용으로 인하여 권익을 침해당한 자가 그 취소 또는 변경을 구하는 행정심판을 취소심판이라 한다. 부당한 처분에 대해서도 제기할 수 있다는 점에서 위법한 처분에 대해서만 제기하는 행정소송과 차이가 있다.

② 무효 등 확인심판 : 처분의 효력 유무 또는 존재여부에 대한 확인을 구하는 행정심판이다. 무효확인·유효확인·실효확인·존재확인·부존재확인심판 등이 포함된다.

③ 의무이행심판 : 행정청의 위법 또는 부당한 거부처분이나 부작위에 대하여 일정한 처분을 하도록 하는 심판이다. 행정소송법에서는 부작위위법확인심판만 인정되나 행정심판법에서는 의무이행심판을 인정하고 있다.

(3) 행정심판의 대상(개괄주의)

행정심판법은 행정청의 처분 또는 부작위에 대하여 다른 법률에 특별한 규정이 있는 경우를 제외하고는 이 법에 의하여 행정심판을 제기할 수 있다고 규정하여, 모든 처분 또는 부작위에 대하여 행정심판을 제기할 수 있다.

(4) 행정심판기관(행정심판위원회)

현행 행정심판법은 재결청을 없애고 재결청의 권한을 두게 하여 행정심판위원회가 심리와 의결, 그리고 재결을 모두 수행하게 하였다.

(5) 행정심판의 방식(서면주의)

행정심판청구는 일정한 사항을 기재한 서면(심판청구서)으로 한다.

제3절 행정소송

(1) 행정소송의 의의

행정소송이란 법원이 행정법상 법률관계에 관한 분쟁에 대하여, 당사자의 소의 제기에 의하여, 이를 심리·판단하는 정식재판절차를 말한다.

(2) 행정소송의 특징

① 행정소송은 행정사건을 대상으로 한다. 이 점에서 사법상 법률관계에 관한 분쟁을 심판하는 민사소송이나, 국가형벌권의 발동을 심판하는 형사소송과 구별된다.

② 행정소송은 독립된 지위에 있는 법원이 대심구조·구두변론 등 당사자의 권리보호 절차를 거쳐 심판하는 정식쟁송이다. 이 점에서 행정심판 기타 약식쟁송과 구별된다.

③ 행정소송은 법원이 행하는 사법작용이다. 이러한 점에서 행정작용 및 입법작용과 구별된다.

(3) 행정소송의 종류

① 성질에 의한 분류

㉠ 형성의 소 : 형성의 소는 기존의 행정법상 법률관계의 변동을 구하는 소송으로 취소소송이 이에 해당한다. 형성의 효과는 피고인 행정청의 행위를 매개하지 않고 직접 판결에 의해 발생한다는 점에서 집행의 문제를 남기지 않는다.

㉡ 확인의 소 : 확인의 소는 권리 또는 법률관계의 존부의 확인을 구하는 소송이다. 무효 등 확인소송·부작위위법 확인소송과 공법상 법률관계의 존부의 확인을 구하는 당사자소송이 이에 해당한다.

㉢ 이행의 소 : 이행의 소는 이행청구권의 확정과 피고에 대한 이행명령을 구하는 소송으로서, 의무이행소송이나 일정한 이행명령을 구하는 당사자소송이 이에 속한다. 직접 법률관계의 변동을 가져오지 않고 집행의 문제를 남긴다는 점에서 형성의 소와 구별된다.

② 내용에 의한 분류

  ㉠ 항고소송 : 행정청의 처분 등이나 부작위에 대하여 제기하는 소송
  ㉡ 당사자소송 : 행정청의 처분 등을 원인으로 하는 법률관계에 관한 소송, 그 밖에 공법상의 법률관계에 관한 소송으로서, 그 법률관계의 한쪽 당사자를 피고로 하는 소송이다.
  ㉢ 민중소송 : 국가 또는 공공단체의 기관이 법률에 위반되는 행위를 한 때에 직접 자기의 법률상 이익과 관계 없이 그 시정을 구하기 위하여 제기하는 소송
  ㉣ 기관소송 : 국가 또는 공공단체의 기관 상호간에 있어서의 권한의 존부, 또는 그 행사에 관한 다툼이 있을 때에 이에 대하여 제기하는 소송. 다만, 헌법재판소법 제2조의 규정에 의하여 헌법재판소의 관장사항으로 되는 소송을 말한다.

(4) 항고소송

① 취소소송

  ㉠ 취소소송의 의의 : 취소소송은 행정청의 위법한 처분 등을 취소 또는 변경하는 소송을 말한다.
  ㉡ 취소판결의 효력
    ⓐ 기판력 : 취소소송의 판결이 확정되면 확정된 판단내용은 당사자 및 법원을 구속하여, 후소에서 당사자 및 법원은 동일사항에 대하여 확정판결의 내용과 모순되는 주장·판단을 할 수 없는데 이러한 효력을 기판력이라 한다.
    ⓑ 형성력 : 처분을 취소하는 판결이 확정되면 당해 처분은 행정청이 다시 이를 취소하지 아니하여도 소급적으로 효력을 상실하여 처음부터 없었던 것과 같은 상태로 되는데 이러한 취소판결의 효력을 형성력이라 한다.
    ⓒ 기속력 : 취소판결의 기속력은 처분 등을 취소하는 확정판결이나 그 내용에 따라 당사자인 행정청과 관계행정청을 기속하는 효력을 말한다. 기속력에 위반된 행정행위는 위법행위로서 무효 또는 취소 원인이 된다.
    ⓓ 간접강제 : 행정청이 취소판결의 취지에 따른 처분을 하지 아니하는 경우는, 제1

심 수소법원은 당사자의 신청에 의하여 결정으로써 처분을 하여야 할 상당한 기간을 정하고, 행정청이 그 기간 내에 처분을 하지 아니하는 때에는 그 지연기간에 따라 일정한 배상을 할 것을 명하거나, 즉시 손해배상을 할 것을 명할 수 있는데, 이를 간접강제라고 한다.

② 무효 등 확인소송 : 무효 등 확인소송이란 행정청의 처분 등의 유무 또는 존재여부를 확인하는 소송을 말한다. 무효확인소송·유효확인소송·실효확인소송·존재확인소송·부존재확인소송 등이 있다. 판례는 무효인 처분의 무효확인을 취소송의 형식으로 제기할 수 있고, 아울러 무효 등 확인소송에는 취소를 구하는 취지까지 포함된 것으로 본다.

③ 부작위위법 확인소송 : 행정청이 당사자의 신청에 대하여 상당한 기간 내에 일정한 처분을 하여야 할 법률상의 의무가 있음에도 불구하고, 이를 하지 아니하는 경우 그 위법 확인을 구하는 소송이다.

(5) 당사자 소송

① 당사자소송의 의의 : 행정청의 처분 등을 원인으로 하는 법률관계에 관한 소송. 그 밖에 공법상의 법률관계에 관한 소송으로서 그 법률관계의 일방당사자를 피고로 하는 소송이다.

② 항고소송과의 비교 : 항고소송은 행정청의 공권력행사(처분)를 직접 소송물로 하고 행정청을 피고로 하는 데 반하여, 당사자소송은 행정청에 의한 공권력의 행사·불행사의 결과로 생긴 법률관계를 포함하여 그 밖의 공법상의 법률관계에 관한 대등한 당사자 사이의 법률상의 분쟁을 해결하기 위한 수단이다.

③ 민사소송과의 비교 : 당사자 소송은 공법상의 법률관계의 주장을 소송물로 한다는 점에서, 사법상의 법률관계의 주장을 소송물로 하는 민사소송과 구별된다.

(6) 민중소송

① 민중소송의 의의 : 국가 또는 지방자치단체의 기관이 행정법규에 위반되는 행위를 한 때에, 일반선거인·일반주민 등이 직접적인 자기의 법률상 이익과 무관하게 선거인 또는 주민의 지위에서 그 시정을 구하기 위하여 제기하는 소송이다. 법률적 쟁송이

아니므로 이를 제기함에는 법률에서 규정이 있어야 한다.

② 민중소송의 종류

㉠ 선거법상의 민중소송 : 대통령선거·국회의원선거에 관한 소송과 지방의회의원·지방자치단체장의 선거에 관한 소송이다.

㉡ 국민투표법상의 민중소송 : 국민투표의 효력에 관하여 이의가 있는 투표인은 투표인 10만 이상의 찬성을 얻어 중앙선거관리위원회 위원장을 피골 하여, 투표일로부터 20일 이내에 대법원에 제소할 수 있다.

(7) 기관소송

① 기관소송의 의의 : 기관소송이란 국가나 공공단체의 기관 상호간에 권한의 존부 또는 그 행사에 다툼이 있을 때에 제기하는 소송을 말한다.

② 기관소송의 종류

㉠ 지방자치법상의 기관소송 : 자치법 제172조는 지방의회의 의결이 법령에 위반되거나 공익을 현저히 해한다고 판단될 때에, 지방자치단체의 장이 대법원에 제소하는 기관소송을 인정하고 있다.

㉡ 지방교육자치에 관한 법률상의 기관소송 : 『지방교육자치에 관한 법률』 제28조 제3항에서는 교육감이 시·도의회 또는 교육위원회의 의결이 법령에 위반되거나 현저히 공익을 저해한다고 판단되는 경우, 재의결을 요구할 수 있고 재의결된 사항이 법령에 위반된다고 판단되는 경우, 대법원에 제소할 수 있는 기관소송을 인정하고 있다. 교육감이 교육부장관으로부터 제소를 하도록 요청받은 경우에는 대법원에 제소하여야 한다.

〈참고문헌〉

권영성, 헌법학원론(법문사, 2017)
김철수, 헌법학신론(박영사, 2017)
박균성, 행정법강의(박영사, 2018)
성낙인, 헌법학(법문사, 2018)
홍정선, 행정법특강(박영사, 2018)
허 영, 한국헌법론(박영사, 2017)
김영규외 7인, 신법학개론(박영사, 2015)
신호진, 형법요론(문형사, 2019)
김혜정, 형법총론(씨엔씨미디어, 2019)
이창현, 형사소송법(씨엔씨미디어, 2019)
신광은, 형사소송법(웅비, 2018)
김준호, 민법강의(법문사, 2019)
양창수, 민법입문(박영사, 2018)
지원림, 민법강의(홍문사, 2019)
장원석, 상법의 정초(나눔에듀, 2019)
정찬형, 상법강의(박영사, 2019)
전효진, 행정법총론(에스티유니타스, 2019)
박준철, 행정법 SOS(지금, 2019)
류병운, 국제법(형설출판사, 2019)
김현수, 국제법(연경문화사, 2019)
전광석, 사회보장법(신조사, 2018)
최중섭, 사회보장법(법문사, 2015)
박승두, 사회보장법(신세림, 2016)

[저자 약력]

현세준(hyunsa1014@hanmail.net)
숭실대학교 졸업
한세대학교 법무대학원 경찰학 석사
한세대학교 대학원 경찰학 박사
현, 한세대학교 미래지식교육원 교수

이 도서의 국립중앙도서관 출판예정도서목록(CIP)은 서지정보유통지원시스템 홈페이지(http://seoji.nl.go.kr)와 국가자료종합목록시스템(http://www.nl.go.kr/kolisnet)에서 이용하실 수 있습니다.
(CIP제어번호: CIP2019014064)

■ 알기쉬운 법학개론

인 쇄: 2019년 4월 13일
발 행: 2019년 4월 15일
저 자: 현세준
발행인: 안병준
발행처: 우공출판사
주 소: 서울 중구 을지로3가 302-1
전 화: 02-2266-3323 팩 스: 02-2266-3328
등 록: 301-2011-007 등록일: 2011년 1월 12일

ISBN 979-11-86386-14-9 93350   값 20,000원

이 책의 무단전재 또는 복제행위는 저작권법 제136조 제1항에 의거,
5년 이하의 징역 또는 5,000만원 이하의 벌금에 처하게 됩니다.